TERREUR froide

Photos fournies par Stewart Bell, sauf indication contraire
Traduction : Serge Dubuc

**Catalogage avant publication
de Bibliothèque et Archives Canada**

Bell, Stewart

Terreur froide : la filière canadienne du terrorisme international

Traduction de : Cold Terror

1. Terroristes – Canada.   2. Sécurité nationale – Canada.
3. Terrorisme – Canada – Prévention.   4. Terrorisme.   I. Titre.

HV6433.C3B4414 2004   303.6'25'0971   C2004-941522-0

DISTRIBUTEURS EXCLUSIFS :

• Pour le Canada
et les États-Unis :
MESSAGERIES ADP*
955, rue Amherst
Montréal, Québec
H2L 3K4
Tél. : (514) 523-1182
Télécopieur : (514) 939-0406
* Filiale de Sogides ltée

• Pour la France et les autres pays :
INTERFORUM
Immeuble Paryseine, 3, Allée de la Seine
94854 Ivry Cedex
Tél. : 01 49 59 11 89/91
Télécopieur : 01 49 59 11 96
Commandes : Tél. : 02 38 32 71 00
                Télécopieur : 02 38 32 71 28

• Pour la Suisse :
INTERFORUM SUISSE
Case postale 69 - 1701 Fribourg - Suisse
Tél. : (41-26) 460-80-60
Télécopieur : (41-26) 460-80-68
Internet : www.havas.ch
Email : office@havas.ch
DISTRIBUTION : OLF SA
Z.I. 3, Corminbœuf
Case postale 1061
CH-1701 FRIBOURG
Commandes : Tél. : (41-26) 467-53-33
                Télécopieur : (41-26) 467-54-66
                Email : commande@ofl.ch

• Pour la Belgique et le Luxembourg :
INTERFORUM BENELUX
Boulevard de l'Europe 117
B-1301 Wavre
Tél. : (010) 42-03-20
Télécopieur : (010) 41-20-24
http ://www.vups.be
Email : info@vups.be

Pour en savoir davantage sur nos publications,
visitez notre site : **www.edhomme.com**
Autres sites à visiter : www.edjour.com •
www.edtypo.com • www.edvlb.com • www.edhexagone.com

Dépôt légal : 4ᵉ trimestre 2004
Bibliothèque nationale du Québec

ISBN 2-7619-2026-0

Gouvernement du Québec – Programme de crédit
d'impôt pour l'édition de livres – Gestion SODEC –
www.sodec.gouv.qc.ca

L'Éditeur bénéficie du soutien de la Société de
développement des entreprises culturelles du Québec
pour son programme d'édition.

Nous remercions le Conseil des Arts du Canada de l'aide
accordée à notre programme de publication.

Conseil des Arts   Canada Council
du Canada   for the Arts

Nous reconnaissons l'aide financière du gouvernement
du Canada par l'entremise du Programme d'aide au
développement de l'industrie de l'édition (PADIÉ) pour
nos activités d'édition.

Stewart Bell

TERREUR
froide

La filière canadienne
du terrorisme international

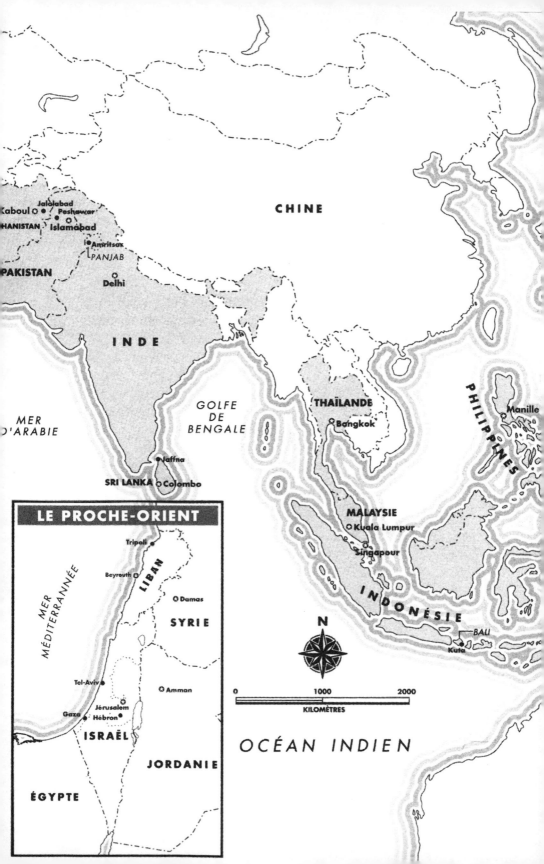

CHINE

Kaboul ● Jalalabad
AFGHANISTAN ○ Islamabad ● Peshawar
PAKISTAN ● Amritsar
PANJAB
○ Delhi

INDE

MER D'ARABIE

GOLFE DE BENGALE

THAÏLANDE
● Bangkok

PHILIPPINES
○ Manille

● Jaffna
SRI LANKA ○ Colombo

MALAYSIE
○ Kuala Lumpur

○ Singapour

INDONÉSIE

N

0   1000   2000
KILOMÈTRES

OCÉAN INDIEN

BALI
Kuta

LE PROCHE-ORIENT

MER MÉDITERRANÉE

Tripoli ●
Beyrouth ○ LIBAN
○ Damas
SYRIE

Tel-Aviv ●
○ Amman
Gaza ● ○ Jérusalem
Hébron ●
ISRAËL
JORDANIE

ÉGYPTE

Je ne connais pas, en ce moment, une cellule connue de la police qui opère au Canada avec l'intention de commettre des actes terroristes au Canada ou ailleurs.

JEAN CHRÉTIEN
CHAMBRE DES COMMUNES
17 septembre 2001

Note de l'auteur

erreur froide raconte l'histoire des terroristes qui ont fait du Canada leur base opérationnelle. Ce livre fait état du carnage que ces criminels ont causé à travers le monde et dénonce l'indolence de nos dirigeants politiques, qui n'ont rien fait pour stopper cette invasion. J'ai recueilli les renseignements qui vous seront révélés ici au fil d'enquêtes journalistiques et de voyages dans des pays où règnent la guerre et la terreur. Bon nombre de mes informations proviennent directement des dossiers des agences canadiennes de renseignement – je crois posséder, en dehors du gouvernement lui-même, la plus importante collection de dossiers de ce genre au pays.

À l'époque où j'ai commencé à écrire ce livre, très peu de gens avaient entendu parler d'Osama bin Laden et les chiffres 9-11 n'évoquaient rien d'autre qu'un numéro de téléphone à composer en cas d'urgence. Mais même avant l'attaque survenue aux États-Unis en 2001, il était clair que le Canada avait un sérieux problème. Mes premiers articles traitant d'infiltration terroriste au Canada datent de 1988 – il y était question des extrémistes sikhs et Arméniens. J'ai par la suite enquêté sur les opérations canadiennes des Tigres tamouls, du Hezbollah et d'Al Qaeda. Après les événements du 11 septembre, j'ai exploré encore plus profondément les rouages des réseaux terroristes islamistes, m'aventurant en Afghanistan et au Pakistan pour observer en première ligne la guerre de terreur qui sévit dans ces pays.

Les deux premiers chapitres du présent ouvrage exposent les origines du terrorisme au Canada. Le chapitre 3 s'intéresse aux activités des groupes terroristes du Proche-Orient au Canada, et plus particulièrement à celles du Hezbollah. Quant aux quatre derniers chapitres, ils relatent l'ascension fulgurante du réseau Al Qaeda au Canada. Plusieurs des noms et des termes utilisés, ainsi que certains extraits de documents ou de témoignages, ont été traduits d'autres langues, notamment de l'arabe. Les sommes mentionnées sont en dollars canadiens, à moins d'indication contraire.

Les discussions concernant le terrorisme sont souvent perçues à tort comme une attaque dirigée contre une ethnie ou une religion en particulier. J'estime donc important de mentionner que ce livre ne prend position contre aucun segment de la société, à l'exception de ces éléments qui recourent au terrorisme pour arriver à leurs fins. *Terreur froide* s'intéresse principalement aux organisations qui ont tenté de faire du Canada le pays de ralliement du terrorisme international et qui, de ce fait, constituent une menace de première importance à la sécurité nationale.

Pour ceux d'entre vous qui ont besoin d'être rassurés en ce sens, je citerai la préface d'un rapport du secrétariat d'État américain intitulé *Patterns of Global Terrorism* : « Dans le présent rapport, toute allusion négative concernant des individus appartenant à un groupe politique, social, ethnique, religieux ou national spécifique ne doit pas être généralisée. Nous ne cherchons pas à insinuer que tous les membres de ces groupes sont des terroristes. Les terroristes ne représentent en fait qu'une infime minorité d'individus particulièrement zélés, et bien souvent fanatiques, au sein des groupes mentionnés. C'est de cette minorité d'extrémistes – et de leurs activités – dont il est question dans ce rapport. »

Introduction

Sur sa photo de police, Ahmed Ressam a l'air particulièrement menaçant. Muscles saillants sous son t-shirt moulant, une grimace arrogante accrochée aux lèvres, le militant du Jihad islamique en impose. En personne, par contre, Ressam paraît abattu et tourmenté : ses yeux sans éclat sont enfoncés dans leurs orbites ; son visage aux traits tirés porte l'ombre d'une barbe naissante ; ses vêtements flottent autour de son corps émacié. Certains prétendent que sa maigreur et son air maladif sont dus au fait qu'il a attrapé la malaria dans les camps d'entraînement d'Osama bin Laden, mais son état pourrait tout aussi bien être une conséquence du stress qui le ronge depuis sa capture.

Pour Ressam, chaque matinée obéit désormais à un rituel spécifique. Il est d'abord conduit au Federal Building du centre-ville de Los Angeles à bord d'un véhicule protégé par des gardes lourdement armés dont le regard est dissimulé derrière les lentilles opaques de lunettes fumées. Les shérifs le font ensuite monter dans l'ascenseur du Palais de justice, le mènent à la salle d'audience et lui enlèvent ses menottes avant de s'adosser, toujours sur le qui-vive, au mur se trouvant juste derrière le siège de l'accusé. Ressam s'affale alors sur sa chaise, croise les jambes d'une façon un peu efféminée, puis revêt le casque d'écoute qui lui permet d'entendre la traduction du débat judiciaire qui le concerne.

Tout au long du procès, je ne peux m'empêcher de fixer Ressam, comme si je m'attendais à ce que le guerrier saint de l'islam qui sommeille en lui se manifeste dans un élan de rage soudaine ou, plus subtilement, par l'entremise de quelque sinistre rictus. Nous sommes après tout en présence d'un homme si dévoué à la cause du Jihad qu'il a dissimulé une bombe – fabriquée selon une méthode apprise en Afghanistan – dans le coffre de sa voiture avec l'intention de faire sauter l'aéroport international de Los Angeles, et ce, en plein cœur de la haute saison.

Je suis si occupé à observer Ressam que j'écoute à peine les témoins qui ont été appelés à la Cour pour retracer les mouvements de l'accusé. Ressam est là, confronté à cette nation que, toute sa vie, on lui a appris à détester : l'Amérique, personnification de Satan, ennemie de l'islam et complice de cette autre entité satanique qu'est Israël. Mais le débordement haineux que j'attends n'arrive jamais. Ressam a l'air aussi calme et inoffensif qu'un bibliothécaire. Or, c'est précisément cela qui est le plus inquiétant.

Les procureurs racontent comment Ressam a quitté son Algérie natale, comment d'autres expatriés l'ont endoctriné et initié à l'islamisme radical. Ressam voulait tant se battre pour la cause du Jihad qu'il s'est rendu au Pakistan et s'est déguisé en femme pour franchir la frontière afghane et atteindre le camp d'entraînement d'Al Qaeda afin d'apprendre le métier de terroriste. Là, il est initié au maniement d'armes, à la fabrication d'explosifs, à la sélection de cibles et à l'art de la dissimulation.

Après plusieurs mois d'entraînement, Ressam retourne dans le pays qui lui sert de base. Ce pays abrite déjà des contingents de toutes les organisations terroristes de la planète et les terroristes y sont libres de conspirer, de recruter de nouveaux éléments, de fabriquer des bombes et d'amasser des fonds pour acheter des armes. C'est dans ce pays qu'ils se réfugient avant de semer la terreur sur la terre.

Ce pays, c'est le Canada.

Le monde regorge de terroristes qui, comme Ressam, sont basés au Canada. On les retrouve à Scarborough et à Peshawar, à Vancouver et au Caire, à Montréal comme à Beyrouth. Dans l'ensemble, ils ont l'air de gens ordinaires. La plupart d'entre eux ont une femme, des enfants, un travail honnête ; ils s'impliquent souvent dans des œuvres charitables et dans les activités religieuses et sociales de leur communauté. Les dossiers secrets de nos services de renseignements révèlent cependant que ces gens en apparence inoffensifs sont en vérité des agents dotés de dangereuses convictions et qu'ils sont prêts à tout, même à tuer, pour défendre leur cause.

Les terroristes canadiens ont causé des ravages aux quatre coins de la planète. Nous savons qu'ils ont participé à l'attentat au camion piégé qui a secoué le World Trade Center en 1993, qu'ils sont à l'origine de plusieurs attentats-suicides en Israël et qu'ils ont collaboré avec l'Armée républicaine irlandaise dans d'autres attentats à la bombe. Ils ont pris part à des assassinats politiques en Inde et au meurtre de touristes en Égypte. Ils étaient responsables de l'attentat au camion piégé de 1996, qui avait tué près d'une centaine de civils dans le centre-ville de Colombo, au Sri Lanka. Leur implication dans l'attentat à la bombe de l'ambassade d'Égypte à Islamabad (dix-sept morts) et dans celui de Bali en octobre 2002 (plus de deux cent morts), n'était plus à prouver. Un terroriste canadien faisait partie du groupe qui avait orchestré l'attentat de Riyad en 2003. La tragédie d'Air India de 1985, l'un des attentats terroristes les plus meurtriers de tous les temps, fut mise en œuvre par des terroristes basés au Canada. Malgré toute cette panoplie d'attaques sanglantes, la plupart des citoyens canadiens n'ont pas conscience que des terroristes évoluent parmi eux et ignorent l'ampleur de leurs opérations clandestines. Qui plus est, les Canadiens ne savent pas que, pendant bon nombre d'années, leurs dirigeants politiques ont toléré et même favorisé la violence terroriste.

Les Canadiens se voient généralement comme des citoyens du monde, bienveillants et pacifiques. Ils continuent de s'identifier aux Casques bleus, ces soldats de la paix qui s'emploient à semer calme et bonté dans les pays où règne la zizanie. Or, dans bien des régions du monde, le Canada n'est plus du tout perçu ainsi. Pour les Sri Lankais, le Canada est le pays qui permet aux Tigres tamouls, ces spécialistes de l'attentat-suicide, d'agir librement et d'amasser des fonds pour financer les attaques terroristes et la sanglante guerre civile qui déchirent le Sri Lanka. Cette image négative du Canada prévaut aussi en Inde, un pays qui, par le passé, a beaucoup souffert de la violence terroriste infligée par des sikhs basés au Canada. Israël, la France, l'Italie, la Turquie, l'Arabie Saoudite, Singapour, les Philippines, l'Indonésie, l'Égypte et le Pakistan ont tous subi la menace de terroristes canadiens. C'est aussi le cas de notre plus proche allié, les États-Unis. Dans un rapport datant de mai 2003, le Centre d'étude de l'immigration de Washington DC révélait que : « Pour bon nombre d'Américains, la plus grande frontière non défendue au monde commence à ressembler à une porte d'entrée longue de 4000 milles à l'usage des terroristes. »

La triste vérité est que, depuis les années 1980, le Canada s'impose comme le pays de prédilection du terrorisme international. L'ex-premier ministre Jean Chrétien se plaisait à répéter que le Canada était le meilleur pays au monde en termes de qualité de vie du fait qu'il se classait au premier rang de l'Indicateur de développement humain des Nations unies. Au cours des deux dernières décennies, le Canada est également devenu le meilleur pays au monde pour les terroristes, fournissant asile, argent, propagande, armes et effectifs aux mouvements extrémistes religieux, ethniques et politiques les plus dangereux de la planète. Par conséquent, ces organisations meurtrières ont importé leurs guerres chez nous et ont fait de notre pays le point de ralliement du terrorisme international.

En 1999, le Comité spécial du Sénat sur la sécurité et les services de renseignement notait dans son rapport que « la plupart des grandes organisations terroristes internationales ont une présence au Canada » et que le Canada était devenu « une terre d'opportunité » pour les terroristes. L'année précédente, Ward Elcock, directeur du Service canadien du renseignement de sécurité (SCRS), était allé plus loin en affirmant : « Mis à part peut-être le cas singulier des États-Unis, il y a plus de groupes terroristes internationaux au Canada que dans n'importe quel autre pays. » Le pire, c'est que les organisations terroristes basées au Canada se sont perfectionnées avec le temps, chacune s'inspirant de l'expérience de ses prédécesseurs pour mieux exploiter les vulnérabilités de la société canadienne. Toutes ces organisations ont introduit la violence, l'extrémisme et l'intolérance au Canada, et ce, en toute impunité.

De tous les pays occidentaux, c'est le Canada qui, en principe, aurait dû être le mieux préparé à cette nouvelle ère du terrorisme. La violence séparatiste qui a sévi au Québec dans les années 1960 et 1970 aurait dû prémunir le Canada contre l'extrémiste radical à venir, malheureusement ce ne fut pas le cas. La menace terroriste n'a d'ailleurs pas tardé à se concrétiser : en 1985, les trois cent vingt-neuf passagers du vol 182 d'Air India trouvaient la mort alors que leur avion explosait en plein vol. Les auteurs de cet attentat étaient des extrémistes sikhs de la Colombie-Britannique. Les Tigres tamouls du Sri Lanka se sont manifestés peu après les groupes militants sikhs, à une époque où la fin de la guerre froide laissait présager une nouvelle ère de paix. Mais tous ces espoirs pacifistes ont volé en éclat devant la poussée de nationalisme ethnique et d'extrémisme religieux des Tigres tamouls. Vinrent ensuite les groupes issus du Proche-Orient, notamment les Palestiniens et le Hezbollah libanais. Une fois implantées dans l'hémisphère nord, ces brigades de la terreur ont adopté des noms reflétant leur nouvelle identité canadienne – les « Tigres des neiges », par exemple ; un confident d'Osama bin Laden fut même baptisé « Al Kanadi », qui veut dire « le Canadien » en arabe.

Les agences gouvernementales chargées de la sécurité nationale ne sont pas parvenues à juguler ce cortège d'organisations terroristes qui persiste à infiltrer le Canada. Même si des contrôles d'identité sont effectués de façon systématique aux postes frontaliers et dans les aéroports, il n'est pas facile d'enquêter sur un individu qui vient d'un pays lointain, déchiré par la guerre et les bouleversements politiques et qui, de surcroît, cherche à cacher son passé et sa véritable identité. Les pays d'où viennent ces gens ne tiennent généralement pas de documents d'archives sur leurs citoyens, ce qui explique pourquoi les autorités canadiennes ne peuvent efficacement passer les terroristes au crible. « Nous n'avons aucune base de données fiable » avouait un ancien haut fonctionnaire des services de renseignement canadiens.

De toute manière, quand un terroriste est identifié, il n'a pas à craindre de conséquences plus graves que la déportation. Et encore ! bon nombre de ceux qui font l'objet d'une ordonnance d'expulsion ne quittent jamais le Canada du fait que notre système judiciaire leur permet de porter leur cause en appel de façon répétée. Il faut dire que chaque enquête menée par les agences antiterroristes canadiennes coûte plus d'un million de dollars aux contribuables et peut s'étendre sur plusieurs années. Le système d'immigration canadien est par ailleurs si biscornu que, parmi les suspects arrêtés, très peu sont déportés. Le leader canadien des Tigres tamouls, Manickavasagam Suresh, a été arrêté en 1995 parce qu'il était considéré comme une menace à la sécurité nationale; or, à la fin de 2003, il se trouvait toujours au Canada. Certains terroristes sont arrêtés, puis disparaissent après avoir été libérés sous caution par un juge d'immigration. Selon un haut fonctionnaire anciennement affecté à la sécurité nationale: « Le Canada a bercé ses citoyens d'un sentiment de sécurité illusoire en refusant de prendre au sérieux les dossiers mis de l'avant par ses services de renseignement. »

En négligeant d'agir promptement, le Canada a ouvert ses portes à Al Qaeda, l'organisation terroriste maintenant considérée comme la plus dangereuse de la planète. Dès ses débuts, Al Qaeda a fait du Canada son quartier général. « Il y a des espions d'Al Qaeda sur le territoire canadien » affirmait un rapport interne du SCRS rédigé dans les jours suivant la tragédie du 11 septembre. Plusieurs agents d'Al Qaeda ont été identifiés dans ce rapport secret, dont un préposé de dépanneur et un professeur qui enseigne dans une école musulmane, tous deux étant de Toronto. Comme c'est le cas dans les camps d'entraînement de bin Laden en Afghanistan, les membres canadiens d'Al Qaeda sont regroupés selon leur pays d'origine: la cellule nord-africaine de Montréal est principalement composée d'Algériens et de Marocains; une autre cellule, basée celle-là à Toronto avec des agents à Vancouver et à Ottawa, est exclusivement égyptienne. Certaines cellules sont particulièrement unies alors que d'autres, plus flottantes, sont constituées de membres hétéroclites. Le rapport du SCRS apporte une précision supplémentaire concernant la menace que représente Al Qaeda: « Leur réseau global inclut des agents basés au Canada, ainsi que de petits groupes d'agents dits 'dormants' qui demeurent latents jusqu'à leur activation. Cette structure souple fait d'Al Qaeda une organisation imprévisible et très menaçante pour la sécurité nationale canadienne. »

Non content de faillir à son devoir en négligeant d'arrêter les terroristes, le gouvernement canadien les a aidés de façon active. Alors même qu'Ahmed Ressam s'apprêtait à se joindre au Jihad, nos dirigeants lui délivraient un passeport canadien en dépit du fait qu'il n'était pas citoyen canadien. Ahmed Khadr, l'un des principaux conseillers de bin Laden, bénéficiait du soutien financier de l'Agence canadienne de développement international. Arrêté au Pakistan, il fut libéré suite à une intervention directe du premier ministre du Canada. Quand l'organisation terroriste sikhe des Babbar Khalsa a voulu fonder une filiale canadienne, elle a obtenu l'autorisation de s'enregistrer comme organisme de charité, ce qui a permis à des meurtriers notoires d'émettre des reçus d'impôt pour blanchir leur argent souillé du sang de leurs victimes. Plusieurs politiciens libéraux de premier plan ont participé à des rassemblements organisés par les Tigres tamouls à Toronto. Le ministre des affaires étrangères Bill Graham a refusé de proscrire Hezbollah, prétextant qu'il s'agissait d'un collectif « d'enseignants, de médecins et d'agriculteurs ».

Ces agissements douteux du gouvernement canadien n'ont pas échappé au reste du monde. Dans bien des pays, le Canada a la réputation d'être un asile sûr où les extrémistes sont non seulement tolérés, mais libres de comploter et d'agir à leur guise. Bien que le Canada prétende traiter les terroristes avec sévérité, son image à l'étranger est celle d'une nation qui refuse de s'engager pleinement dans la lutte contre le terrorisme. Les terroristes eux-mêmes ont pris bonne note de la position du Canada à leur égard. Lors d'un voyage en France, j'ai rencontré un jeune Algérien en instance de procès qui faisait partie d'une cellule terroriste montréalaise. Il m'a posé des questions très précises concernant le Canada. « On se reverra peut-être au Canada » m'a-t-il lancé avant que nous ne nous quittions.

Mourad, un autre membre de la cellule terroriste en question, m'a fredonné une chanson qu'il avait apprise en Algérie : « On s'en va au Canada, et même si on n'y fait rien de plus que de planter de la laitue, on sera heureux. » Mourad a fini par s'installer à Montréal, mais au lieu d'y planter de la laitue, il a organisé un attentat à la bombe.

Selon Ward Elcock, plusieurs facteurs contribuent à rendre le Canada vulnérable aux terroristes : « Nos frontières terrestres et maritimes sont très étendues, dit-il. Et puis nous vivons dans une société passablement riche, ce qui fait que les terroristes trouvent ici les technologies, les équipements et les fonds dont ils ont besoin. Notre ouverture et notre respect des droits et libertés sont d'autres facteurs qui nous empêchent de réprimer le terrorisme avec sévérité et autorité. Ce genre de tolérance est typique de bien des sociétés démocratiques, mais il y a une chose qui nous distingue des autres pays développés et c'est que nous partageons une frontière commune avec l'une des cibles favorites des terroristes : les États-Unis. »

Le gouvernement canadien niait son laxisme à l'endroit des terroristes bien avant les attaques du 11 septembre. Selon nos dirigeants, le Canada n'a pas un problème de terrorisme, mais un problème d'*image*. Pendant des années, nos politiciens nous ont répété que le Canada avait été catalogué à tort de terre d'asile pour les artisans de la terreur. Plutôt que d'élaborer des stratégies antiterroristes, nos dirigeants ont donc préféré imaginer des campagnes de relations publiques ayant pour but d'implanter une image plus juste et plus positive du Canada dans l'esprit de la communauté internationale. Au lieu de résolument s'insurger contre ce fléau bien réel qu'est le terrorisme, nos leaders politiques accueillaient toute allusion à l'existence d'une filière canadienne avec indignation et scepticisme. Comment peut-on prétendre une chose pareille ? disaient-ils. Nous estimons avoir droit à des excuses ! La ministre de la Citoyenneté et de l'Immigration de l'époque, Elinor Caplan, qualifiait ceux qui osaient parler de menace à la sécurité nationale d'« anti-immigrants » et d'« anti-tout-le-monde ».

Cette politique du déni a tout naturellement fini par s'insinuer dans la conscience populaire. Les Canadiens ont tendance à croire ceux qui leur disent que leur pays n'est pas devenu une base terroriste. Dans le cadre d'une conférence, on m'a déjà demandé de participer à un panel dont le sujet était : « Le terrorisme international : une filière canadienne ? » Je ne comprenais pas pourquoi les organisateurs avaient senti le besoin de mettre un point d'interrogation à la fin de leur phrase, comme s'il était encore possible de douter qu'il existe un lien très net entre le Canada et le terrorisme. Dans son rapport de 1999, le Comité spécial du Sénat sur la sécurité et les services de renseignement notait : « Le grand public continue de considérer la question du terrorisme avec complaisance. Les gens se disent que ce genre de choses ne peut pas arriver ici, au Canada. » Or, cette complaisance du public a été nourrie par la complaisance et la suffisance du gouvernement canadien. Comment expliquer autrement le fait que, quelques jours seulement après les attaques du 11 septembre, notre premier ministre ait eu le culot de déclarer devant la Chambre des communes qu'il n'y avait pas de terroristes au Canada ?

Le problème est que la vision et les propos de nos instances gouvernementales ne concordent pas avec les événements, pourtant bien réels, qui se déroulent sur notre territoire. Au moment même où Jean Chrétien proclamait l'absence totale de terroristes au Canada, le SCRS faisait circuler un rapport sur Al Qaeda qui affirmait le contraire. Tandis qu'à Ottawa nos politiciens nageaient en plein déni, le problème du terrorisme était exposé en détail dans les volumineux dossiers du SCRS, de la Cour fédérale du Canada, de la Commission de l'immigration et du statut de réfugié, de la GRC, ainsi que dans les rapports et les archives du Comité de surveillance des activités de renseignement de sécurité (CSARS), lesquels s'intéressent aux procès intentés contre des terroristes canadiens à l'étranger, notamment en France, en Israël et aux États-Unis. Comment peut-on encore douter de la présence terroriste au Canada quand les terroristes eux-mêmes admettent que notre pays est leur base, le tremplin à partir duquel ils disséminent leur violence dans le monde ? Il suffit d'assembler les fragments d'information contenus dans les rapports de nos services de renseignement et autres organismes gouvernementaux pour obtenir une image assez nette de l'univers clandestin du terrorisme canadien.

Quoi qu'il en soit, cette image doit être passablement floue aux yeux de nos décideurs politiques puisqu'ils ne font que très peu d'efforts pour combattre la menace terroriste. Ils soutiennent que ce n'est pas à eux de lutter contre le terrorisme, sous prétexte que c'est un problème qui touche des pays comme les États-Unis ou Israël, mais pas le Canada. Quand la nécessité de mesures antiterroristes était évoquée au Parlement dans les mois qui ont précédé les événements du 11 septembre, les libéraux ont presque toujours répondu en accusant l'opposition de racisme et en traitant leurs détracteurs d'anti-canadiens. D'un point de vue stratégique, il était hasardeux pour le gouvernement de se prononcer contre le terrorisme parce que, ce faisant, il risquait de perdre l'appui des groupes d'intérêts qui influencent le vote ethnique. Le président du chapitre montréalais du Mouvement tamoul mondial, une organisation reconnue en 1997 par la Cour fédérale du Canada comme étant une société-écran des Tigres tamouls, m'a expliqué comment il avait aidé une candidate du Parti libéral à gagner ses élections durant la campagne électorale de 2000 : « Elle est venue à l'une de nos assemblées et elle n'en revenait pas de voir tant de monde. Je lui ai dit : 'Madame, il suffit d'un mot de moi pour que toute notre communauté vote pour vous.' L'affaire a été conclue rapidement et, par conséquent, tous les Sri Lankais de Montréal ont voté libéral. »

Sur le site Internet canadien des Tigres tamouls (www.tamiltigers. net, dont la devise se traduit par : « La liberté n'est pas un don, mais quelque chose que l'on gagne en se battant »), on dit carrément aux Tamouls pour qui voter. Le site comprend une liste des candidats recommandés. Lors de la campagne électorale provinciale de 1999 en Ontario, tous les candidats parrainés par le site étaient libéraux ou néo-démocrates, à l'exception du conservateur Jim Brown. Les auteurs du site précisaient que même s'ils s'opposaient dans l'ensemble aux vues du Parti conservateur, ils avaient décidé d'appuyer Brown parce qu'il avait été invité à prendre la parole au Birchmount Stadium de Toronto durant « juillet noir », une journée commémorative observée par les Tigres libérateurs de l'Eelam tamoul (TLET). Le site ajoutait que Brown avait « accordé son appui » à un Tamoul de Toronto que la GRC considérait comme l'un des principaux dirigeants des TLET au Canada. Ce site qui vantait les mérites du candidat libéral Jim Karygiannis s'en prenait par ailleurs à la conservatrice Marilyn Mushinski, laquelle s'était prononcée contre la violence perpétrée par les gangs tamouls.

En mai 2000, le Bureau du Conseil privé évoquait dans un mémo adressé au premier ministre le problème des « ministres qui entretiennent des contacts avec des individus ou groupes d'individus aux affiliations douteuses ». Le mémo mentionnait que les ministres canadiens sont fréquemment invités à des réceptions organisées par des gens ayant « des liens indésirables avec le terrorisme ». Le Fonds de Jérusalem pour services humanitaires, le Mouvement tamoul mondial, le Réseau d'information kurde et les Babbar Khalsa étaient identifiés comme étant des « organismes de façade opérant au Canada ». Étonnamment, le rapport en arrivait à la conclusion suivante : « Il n'y a pas lieu de s'alarmer outre mesure de cette situation ni d'obliger les ministres à changer leur plan d'action. »

Cette approche est peu judicieuse du fait qu'elle ne s'intéresse qu'aux conflits politiques que les contacts avec des terroristes risquent de provoquer. Le danger dans tout ça, c'est qu'à force de se faire manipuler et coopter par des groupes radicaux, nos dirigeants finiront par accorder plus de crédit aux exagérations et à la propagande de ces groupes qu'aux informations fournies par nos services de renseignement. Le gouvernement canadien se fait régulièrement courtiser par des groupes de pression qui déplorent les horreurs du terrorisme tout en s'opposant à la moindre mesure antiterroriste. Ces lobbys sont sophistiqués et hautement organisés. Un groupe de façade des Tigres tamouls distribue à ses membres un formulaire de contrôle dans lequel ils doivent décrire tous les contacts qu'ils ont eus avec des politiciens canadiens. Le membre doit inscrire les noms des ministres auxquels il s'est adressé et préciser le degré de familiarité de sa relation avec chacun d'eux. Ces groupes de pression ne font aucun lobbying pour enrayer le terrorisme. Au contraire, ils agissent souvent en faveur des terroristes. Ce fut le cas lorsqu'un dirigeant des Tigres tamouls et un assassin à la solde du gouvernement iranien se sont adressés à la Cour suprême du Canada pour éviter la déportation ; huit groupes de pression différents sont alors intervenus pour défendre la cause des terroristes. Au cours du procès, personne n'a témoigné au nom de tous ces Canadiens ordinaires qui ne veulent pas que leur pays devienne une terre d'asile pour les terroristes. Parce qu'ils représentent une ethnie fréquemment ciblée par la violence terroriste, les organismes communautaires juifs sont les seuls à exercer un lobbying soutenu contre le terrorisme. Au Canada, le contre-terrorisme devrait pourtant être un sujet d'intérêt public au sens le plus large du terme.

Avec le temps, un fossé s'est creusé entre nos décideurs politiques et nos services de renseignement. Par souci de partisanerie, nos politiciens ont choisi de bouder l'information acheminée par les agences canadiennes de renseignement. En mai 2000, Paul Martin, qui n'était pas encore premier ministre à l'époque, et sa collègue Maria Minna furent informés du fait qu'un dîner auquel ils avaient été conviés était organisé par une tête dirigeante des Tigres tamouls de Toronto. Faisant fi de cette mise en garde, Martin et Minna assistèrent à la réception. Certains politiciens tiennent compte de l'information divulguée par nos services de renseignement – les ministres David Pratt et John Bryden et le sénateur Colin Kenny sont de ceux-là –, mais il s'agit d'une minorité. Bien que le Service canadien du renseignement de sécurité achemine systématiquement ses rapports aux ministres fédéraux, ces derniers ne les lisent que très rarement. Le SCRS a tenté de régler le problème en rendant ses rapports plus faciles à lire, mais cela n'a rien changé à la situation. Bref, nos politiciens sont tenus au courant des infiltrations terroristes au Canada, mais ils préfèrent demeurer sourds à ces avertissements parce que s'ils se prononçaient contre le terrorisme, ils risqueraient de perdre le soutien de plusieurs groupes d'électeurs. En d'autres mots, le gouvernement canadien ne tient pas compte des renseignements de sécurité fournis par des organismes tels le SCRS dans son processus décisionnel. Nos dirigeants justifient leur inaction face au terrorisme en niant son existence, chose que nos services de renseignement ne peuvent démentir vu qu'ils n'ont pas le droit de divulguer quelque information que ce soit au public. Et même si ces agences rendaient publics les renseignements qu'elles détiennent, elles verraient leur version des faits minée par les mensonges de nos politiciens. Ce n'est que sous le poids des importantes pressions populaires et diplomatiques qui ont suivi les événements du 11 septembre que le gouvernement canadien, enfin résigné à reconnaître l'existence du problème, s'est vu obligé de renforcer la sécurité dans les aéroports et d'adopter une loi antiterroriste.

Les services canadiens du renseignement sont extrêmement frustrés de la position d'Ottawa face au terrorisme. Bien que ces agences enquêtent minutieusement et efficacement sur toute menace à la sécurité nationale, le Canada demeure réticent à réagir. Après avoir recommandé au gouvernement de déclarer l'organisation des Tigres tamouls illégale au Canada, les agents du SCRS ont mis des mois à compiler un impressionnant dossier sur le sujet. Malgré la quantité écrasante de documentation venant appuyer cette recommandation, le Cabinet a refusé d'approuver la motion. Un agent de l'immigration m'a expliqué qu'il travaillait d'arrache-pied pour déporter les terroristes qui s'installent ici alors que, pendant ce temps, les politiciens canadiens courtisent les dangereuses organisations auxquelles appartiennent ces individus afin de gagner leur vote. Quand il revient de travailler, sa femme lui demande parfois pourquoi il se donne toute cette peine. « Honnêtement, je ne sais pas quoi lui répondre » m'a-t-il avoué. Les agents antiterroristes canadiens doivent donc mener deux guerres de front : l'une contre les terroristes ; et l'autre contre les politiciens qui prétendent que les terroristes n'existent pas ou qu'ils ne sont pas une menace pour le Canada. Le directeur d'une agence canadienne de renseignement exprime sa frustration en ces termes : « La sécurité de la nation devrait être une priorité pour le gouvernement. Ça me scandalise que nos politiciens troquent notre sécurité nationale contre une poignée de votes. »

On a si souvent répété aux citoyens canadiens qu'il n'y a pas de problème terroriste au Canada que ceux-ci ne voient pas la nécessité d'une solution qui, comme c'est toujours le cas dans la lutte contre le terrorisme, entraînerait inévitablement certains compromis et certaines intrusions dans leur vie privée. Même après le 11 septembre, chaque fois qu'un terroriste basé au Canada était arrêté ou déporté, des groupes de pression se sont insurgés, travestissant les réussites de nos services de renseignement en attaques racistes. Lorsqu'un présumé agent dormant d'Al Qaeda fut arrêté à Montréal en mai 2003, des organisations islamistes ont déclaré qu'il s'agissait d'une « inquisition contre les musulmans ». De même, quand la Cour fédérale du Canada a décrété que, ainsi que l'avait affirmé le SCRS, Mahmoud Jaballah était bel et bien membre de l'organisation terroriste égyptienne Al-Jihad, la chose fut décriée et citée comme un exemple flagrant de l'intolérance canadienne.

À en croire les médias canadiens, tous les agents de nos services de renseignement sont des renégats qui adorent harceler les minorités. Dans la foulée du 11 septembre, le *Toronto Star* a publié un article dans lequel un avocat d'immigration déclarait que les agents du SCRS «sont tous des cow-boys qui prennent plaisir à rudoyer les réfugiés». L'avocat a ensuite ajouté : «Le SCRS ne veut pas être laissé pour compte. Au fond, ses agents voudraient qu'on ait des problèmes de terrorisme.» Invariablement, l'argument est toujours le même, à savoir que le Canada n'a pas de problème de terrorisme. Le SCRS aurait inventé tout ça pour justifier son existence. Les lobbyistes profèrent des commentaires de ce genre parce que cela sert leurs intérêts, mais il faut dire que c'est le gouvernement lui-même qui est à la source de ces mensonges insensés. Au bout du compte, ce genre de discours mine les efforts de nos agents de renseignement en niant et en minimisant l'ampleur de la menace terroriste au Canada.

Le 10 décembre 2002, Mohamed Harkat, livreur dans un restaurant Pizza Pizza, était arrêté à Ottawa par une équipe tactique de la GRC. Une enquête du SCRS avait révélé que Harkat était membre du réseau de bin Laden et avait été formé en Afghanistan sous Abu Zubayda, l'homme en charge des camps d'entraînement d'Al Qaeda. Originaire d'Algérie, Harkat est arrivé au Canada en 1995 et a épousé une Canadienne française prénommée Sophie. Selon le SCRS, Harkat entretenait depuis sa venue au pays des liens secrets avec plusieurs groupes terroristes. Il a reçu d'importantes sommes en liquide provenant de l'étranger et a travaillé au Pakistan pour une organisation d'aide saoudienne liée à bin Laden. Il entretenait par ailleurs des relations amicales avec Fahad Shehri, un Saoudien qui avait été déporté pour terrorisme en 1997. Un rapport du SCRS confirme la vocation terroriste de Mohamed Harkat : «Le Service croit qu'avant son arrivée au Canada, Harkat pratiquait le terrorisme et soutenait des activités terroristes. De plus, le Service croit qu'Harkat était impliqué dans ces activités en temps que membre du réseau terroriste d'Osama bin Laden, dont fait partie Al Qaeda.» Les preuves contre Harkat ne devaient pas être prises à la légère. Suivant sa capture au Pakistan, Zubayda lui-même avait identifié Harkat auprès des autorités.

Quelques jours après l'arrestation de son époux, Sophie Harkat a donné aux journalistes une photo de l'homme avec qui elle était mariée depuis deux ans en proclamant qu'elle l'appuyait à

« deux cents pour cent ». Sur la photo, Sophie et sa mère sourient en étreignant Mohamed. Bien qu'elle ne soit pas intentionnelle, la symbolique de l'image saute aux yeux : le Canada accueillant à bras ouverts un présumé terroriste. Un groupe de soutien voué à la libération d'Harkat fut bientôt mis sur pied et un site Internet contenant des photos d'Harkat ainsi que des lettres racontant son « combat pour la justice » fut créé. Le site affirmait que Mohamed Harkat était un « bouc émissaire et une victime de profilage racial ». Naturellement, madame Harkat souhaitait que l'on mette un terme à cette injustice. Dénonçant le fait que le SCRS mentait et agissait de façon illégale, elle soutenait que son mari n'avait rien fait de mal. « Je le vois dans ses yeux qu'il est innocent » disait-elle. En mars 2003, une quarantaine de personnes, dont Sophie Harkat, manifestaient dans le centre-ville d'Ottawa. La vaillante épouse brandissait une pancarte sur laquelle on pouvait lire : « Sauvez mon mari, mon ami, mon amour et mon héros. »

Des militants montréalais ont créé un autre site Internet où ils réclamaient « justice pour Adil Charkaoui », un Marocain que le SCRS considère comme un agent dormant d'Al Qaeda. Charkaoui prétend qu'il n'a jamais mis les pieds en Afghanistan, toutefois Ahmed Ressam et Abu Zubayda, le bras droit de bin Laden, affirment l'avoir rencontré là-bas. Ressam soutient qu'il a été formé par Al Qaeda au même camp d'entraînement que Charkaoui. « Nous exigeons la libération d'Adil Charkaoui » écrivaient les auteurs du site Internet. C'est malheureusement l'attitude qui prévaut ici : alors même qu'ils s'emploient à protéger les Canadiens contre la menace terroriste, les agents de nos services de renseignement sont calomniés, tandis que les membres capturés du réseau bin Laden sont traités en héros. S'étonnera-t-on ensuite du fait que le Canada soit devenu l'asile par excellence des terroristes ? Lors d'une rencontre à Moscou, un employé des services de sécurité russes disait à un officier de la GRC que « le Canada est un pays bonasse qui se laisse trop aisément abuser ».

Au Canada, les terroristes en font à leur tête. Dans les années 1970 et 1980, les groupes terroristes étaient basés dans des pays tel la Libye, qui leur fournissaient armes et financement. Mais avec la fin de la Guerre froide, les terroristes ont dû faire preuve d'une plus grande autonomie. Privés du parrainage étatique qui avait jusque-là assuré leur continuation, ils ont mis sur pied des réseaux de soutien internationaux à travers lesquels ils récoltent des fonds, achètent du matériel et répandent leur propagande. Ces réseaux sont dirigés par des bureaucrates qui assurent le bon fonctionnement des organismes de terreur en s'occupant des détails pratiques qui concernent le financement, l'acheminement de l'information, l'émission des passeports et la légitimation des terroristes. Au terme d'un procès où il avait obtenu la condamnation de plusieurs membres d'une cellule terroriste montréalaise, un procureur français notait qu'« un terroriste peut détourner un avion armé d'un simple couteau, mais il a d'abord besoin de faux documents pour pouvoir monter à bord ».

Le Canada est une terre d'opportunité pour les groupes terroristes qui cherchent à financer leurs campagnes sanglantes. Ici, les possibilités d'emploi sont nombreuses et le système d'aide sociale est généreux. Au Canada, il est relativement facile d'enregistrer un organisme de bienfaisance en apparence voué à une cause humanitaire, mais dont la véritable fonction est de blanchir l'argent destiné aux terroristes. Même que, jusqu'en décembre 2001, il était parfaitement légal de lever des fonds pour financer des groupes terroristes. La Loi antiterroriste interdit maintenant cette pratique, mais son application s'est avérée problématique du fait qu'elle n'est pas rétroactive, ce qui signifie qu'elle ne peut être invoquée dans le cas de crimes commis avant sa ratification. Deux ans après l'adoption de la Loi antiterroriste, le Centre d'analyse des opérations et déclarations financières du Canada (CANAFE), un organisme fédéral chargé de recueillir et d'analyser toute information reliée à des opérations bancaires douteuses, écrivait dans son rapport annuel qu'entre le 1er avril 2002 et le 31 mars 2003, une somme totale de 22 millions de dollars en provenance du Canada avait été acheminée à des groupes terroristes.

Plus souvent qu'autrement, l'argent du terrorisme est amassé lors de collectes orchestrées par des sociétés-écrans. Les Tigres libérateurs de l'Eelam tamoul, par exemple, ont récolté des millions de dollars à Toronto par l'entremise d'une série d'organisations de façade qui prétendent amasser de l'argent pour des causes charitables. En réalité, une partie de ces fonds est destinée à des agents qui utilisent l'argent pour acheter des armes. Ces collectes de fonds ont lieu dans des écoles et des temples, à l'occasion de rassemblements organisés par les TLET. Après que des orateurs aient enflammé les passions, l'assistance est invitée à déposer ses dons dans un tronc enveloppé du drapeau rouge et jaune des TLET. Certains donnent volontairement, d'autres parce qu'ils craignent pour leur sécurité et pour celle des parents et amis qui habitent toujours leur terre natale. Ceux qui refusent de faire un don sont qualifiés de traîtres ; dans les jours suivants, le domicile de certains d'entre eux sera vandalisé, d'autres recevront des appels téléphoniques menaçants, ou encore le journal de leur communauté écrira à leur sujet des articles diffamatoires et mensongers.

Les terroristes ont également recours à des méthodes plus franchement criminelles pour financer leurs activités. Au fil de ses enquêtes sur le crime organisé, la police a d'abord cru que les criminels qui sont impliqués dans des activités illégales telles que le trafic de drogue, l'extorsion et la fraude n'ont qu'un seul et unique objectif : s'enrichir. Mais en suivant les pistes laissées par l'argent du crime, la police a finalement pu déterminer que des groupes terroristes étrangers étaient bien souvent à l'origine de ces activités. La GRC a, par exemple, découvert que le Hezbollah opère un réseau de vol de voitures dans l'Est du Canada et que des gangs sikhs, tamouls, ainsi que des cellules d'Al Qaeda sont mêlés au trafic de la drogue. Les groupes terroristes du Canada sont impliqués dans des affaires de vol, de fraude bancaire, de contrebande d'immigrants clandestins, d'extorsion, de blanchiment d'argent et de fraudes de cartes de crédit et de débit. La GRC emploie le terme « extrémisme criminel » pour désigner les activités illicites qui financent le terrorisme.

Le Canada est un pays où les terroristes peuvent se cacher en toute sécurité, soit avant, soit après une attaque ou un attentat. Notre pays est aussi pour eux l'endroit par excellence où recruter de nouveaux éléments. Dans les semaines qui ont précédé les attaques du 11 septembre, la GRC enquêtait sur un site Internet montréalais qui invitait les musulmans à se joindre au Jihad et à suivre l'entraînement dispensé dans les camps d'Al Qaeda en

Afghanistan. Les organisations terroristes fonctionnent aujour-d'hui comme des corporations multinationales et doivent de ce fait recourir à des campagnes de propagande pour faire connaître leur cause et recruter de nouveaux effectifs. Ainsi, les organisations terroristes internationales dépêchent leurs agents au Canada pour orchestrer des attentats, mais aussi pour y faire du prosélytisme.

Plusieurs groupes palestiniens utilisent Internet pour re-vendiquer des attentats terroristes et diffuser leurs menaces. Le terrorisme est une arme que l'on utilise pour miner l'adversaire psychologiquement, et ce, jusqu'à la soumission. Pas étonnant en ce cas qu'Internet soit devenu l'outil de communication par excellence des terroristes. Mais par-delà leurs tactiques d'intimi-dation, les groupes terroristes cherchent également à convaincre la population du bien-fondé de leur cause ; c'est pourquoi, dans leur propagande, ils se décrivent eux-mêmes non pas comme de simples terroristes, mais comme de valeureux guérilleros qui lut-tent au nom de la liberté. Pour un spécialiste de la propagande, il est facile de substituer l'image du guérillero partisan d'une noble cause à celle de l'infâme terroriste. Les terroristes se considèrent d'ailleurs tous comme des défenseurs de la liberté – même Osama bin Laden a cette image de lui-même. Mais à la vérité, le Hamas, Al Qaeda, les Tigres tamouls et tous les autres groupes terroristes de la planète n'hésitent pas à tuer d'innocents citoyens pour arriver à leurs fins. Même si leur propagande pré-tend le contraire, ces individus sont bel et bien des terroristes.

Les propagandistes de la terreur ont également pour mission d'organiser des campagnes de pression contre ceux et celles qui s'attaquent à leur cause. Des terroristes ont utilisé cette arme contre moi par le passé. Après avoir signé un article sur le terro-risme islamiste, j'ai reçu en une seule journée plus de trois mille courriels, dont certains étaient particulièrement menaçants. L'un de ces messages disait : « S'il vous plaît, n'écrivez plus des choses comme ça, sinon je vais enculer votre mère, votre père, vos frères et tout le monde que vous connaissez. » Un autre m'affirmait que « si je te trouve, je te tue ». À la suite d'une série d'articles sur leur organisation, les Tigres tamouls ont proféré plusieurs menaces directes qui ont forcé mon employeur à prendre certaines précautions pour assurer notre sécurité. Les TLET ont pris l'habitude de répandre à mon sujet des rumeurs mensongères – ils prétendent par exemple que je suis à la solde du gouvernement sri lankais. Ce qu'il y a à retenir dans tout cela, c'est que ces lettres n'ont pas été envoyées de manière aléatoire, mais qu'elles s'inscrivent dans des campagnes soigneusement orchestrées qui ont pour but de réduire au silence tous ceux qui se prononcent contre le terrorisme. La propagande est un outil essentiel au terrorisme, et particulièrement dans le cas du terrorisme islamiste. Les extrémistes se plaisent à répéter que les musulmans sont victimes d'agression, que leur religion est la proie d'attaques constantes venant de l'Occident infidèle et d'Israël. Et ce mensonge se doit d'être perpétué puisque, selon l'islam, toute violence commise en cas de légitime défense est admissible. En présentant les musulmans comme des victimes d'oppression et d'agression, les propagandistes légitiment leurs actes de terrorisme.

Le terrorisme canadien cause d'effroyables ravages. De un, il entraîne de graves problèmes au sein du Canada même, notamment dans les communautés de réfugiés. Les extrémistes ont en effet pris le contrôle des institutions de ces communautés. Les réfugiés qui viennent au Canada en quête d'une nouvelle vie ne devraient pas tomber sous le joug des mêmes radicaux qui les ont forcés à quitter leur patrie. Malheureusement, c'est exactement ce qui se passe. Du moment que le Canada accepte d'accueillir des réfugiés de guerre, il devrait faire davantage pour les protéger après leur arrivée ici, ce qui faciliterait leur transition de l'état de réfugié à celui de Canadien à part entière. Au lieu de cela, les réfugiés canadiens continuent d'être impliqués, à contrecœur bien entendu, dans ces mêmes batailles qu'ils ont fuies au Sri Lanka, en Inde ou au Proche-Orient.

De deux, le terrorisme basé au Canada crée des risques pour les Canadiens qui voyagent à l'étranger. En cette ère de mondialisation, la sécurité des citoyens qui se rendent à l'étranger par affaires, par plaisir ou pour des raisons diplomatiques est une préoccupation constante. Au cours des dernières années, plusieurs Canadiens ont été tués à l'étranger dans des attaques terroristes orchestrées par des extrémistes basés au Canada. Le cas du caporal Jamie Murphy, tué lors d'un attentat-suicide taliban, est un exemple récent de ce tragique état de choses. Et comme les gouvernements étrangers ne jugent plus le Canada apte à contenir les terroristes, tout voyageur canadien est maintenant considéré suspect. À preuve l'expérience de Maher Arar, ce Canadien d'origine syrienne qui fut incarcéré pendant un an dans une prison de Damas après avoir été déporté par les autorités américaines. Admettant qu'Arar n'est pas un terroriste du réseau Al Qaeda, on peut dire qu'il a été victime du laxisme dont fait preuve le Canada vis-à-vis les terroristes.

Troisièmement, les mesures antiterroristes mises de l'avant par le Canada sont totalement inadéquates, ce qui nuit considérablement à sa politique extérieure. Le Canada risque de se voir rejeté ou même puni par la communauté internationale pour son apathie face au terrorisme. Si nous ne nous occupons pas des terroristes sur notre propre territoire, quelqu'un d'autre le fera à notre place. Il vaudrait mieux pour nous que le SCRS ou la GRC s'attaquent au problème avant que le Mossad ou la CIA ne décident d'intervenir.

Pour finir, je dirai que par son inaction et sa trop grande tolérance, le Canada s'est lui-même placé dans la mire des terroristes. Croyez-vous qu'un terroriste qui se sent suffisamment à l'aise au Canada pour entreprendre des levées de fonds et fabriquer de faux passeports hésiterait à réaliser des attentats en sol canadien? Presque tous les groupes terroristes qui sont venus ici depuis les Arméniens ont perpétré leurs méfaits sur notre territoire. Plusieurs tentatives d'assassinats ont été dirigées contre des dignitaires en visite au Canada et contre des diplomates basés à Ottawa. On ne s'étonnera pas non plus d'apprendre que, par le passé, Al Qaeda a conspiré pour s'attaquer à la communauté juive de Montréal et à l'ambassade américaine à Ottawa. Il ne faut pas oublier que, tel que l'a déclaré bin Laden dans un message enregistré, le Canada est un ennemi aux yeux d'Al Qaeda.

En continuant de soutenir que le terrorisme ne constitue pas une menace pour la population canadienne, nos politiciens minimisent l'impact de la présence terroriste au Canada. C'est ce qu'a fait le ministre des Affaires étrangères Bill Graham en opposant son veto à la recommandation du SCRS voulant que l'organisation des Tigres tamouls soit déclarée illégale au Canada. Graham affirmait qu'une telle mesure risquait de compromettre le rétablissement de la paix au Sri Lanka. Mais les libéraux qui, comme Graham, prônent l'inaction face au terrorisme se trompent. Même si le Canada n'était pas directement menacé par la présence terroriste, ne devrions-nous pas agir tout de même, si ce n'est que pour protéger les nations amies et alliées qui, elles, sont menacées ? Si le peuple canadien tolère que des terroristes organisent des levées de fonds sur son territoire, c'est qu'il ne se soucie pas du fait que cet argent sert à financer des actes meurtriers à l'étranger. Pourtant, s'il est un pays qui devrait comprendre qu'il est inacceptable de prêter asile aux terroristes, c'est bien le Canada. Les Canadiens savent ce que c'est que d'être victimes de violence politique. Quand la France a fait mine d'approuver les aspirations nationalistes du Québec, le pays entier s'est indigné. Imaginez la réaction d'Israël ou du Sri Lanka quand des bombes explosent dans les quartiers du Canada où habitent leurs concitoyens alors que, pendant ce temps, nos politiciens fraient gaiement avec les responsables de ces attentats.

Nos alliés arrêtent fréquemment des terroristes canadiens sur leur territoire. Au moment où j'écris ces lignes, les individus suivants sont détenus aux États-Unis : le Canadien d'origine koweïtienne Mohammed Jabarah ; Ahmed Ressam, réfugié algérien basé à Montréal ; et le Canadien de souche égyptienne Omar Khadr. (Abdurahman Khadr, le frère de ce dernier, avait lui aussi été arrêté par les autorités américaines et vient tout juste d'être relâché.) Accusés d'appartenir au réseau Al Qaeda, ces hommes ont consenti à devenir informateurs pour le gouvernement. Ressam s'est montré particulièrement coopératif après que la Couronne eut proposé de réduire sa sentence de cent trente ans à vingt-quatre ans d'emprisonnement. De fait, il s'est avéré un délateur si précieux que le juge a déclaré qu'il devait être récompensé pour avoir fourni « des renseignements incroyablement profitables » aux autorités. Après le 11 septembre, le gouvernement canadien, se fiant au témoignage de Ressam, a envoyé des hommes en Afghanistan pour bloquer les comptes bancaires de plusieurs douzaines de groupes ou individus associés au terrorisme.

Par-delà cette maigre contribution, le Canada continue de nourrir la menace terroriste en hébergeant en son sein les artisans de la terreur. D'aussi loin que 1998, le directeur du SCRS, Ward Elcock, disait que le Canada risquait d'être bientôt reconnu comme la terre de prédilection des terroristes. « L'usage de violence gratuite pour la réalisation d'objectifs politiques va à l'encontre de nos valeurs morales et politiques fondamentales, déclarait Elcock. Je ne pense pas que les Canadiens veulent que leur pays soit reconnu comme étant le lieu où les terroristes financent et organisent les attentats qu'ils commettent à l'étranger. Il ne faut pas que nous soyons perçus comme un pays où les terroristes se la coulent douce. Bref, je crois fermement qu'il ne faut pas que nous devenions, par inaction ou pour toute autre raison, une nation qui, même officieusement, soutient le terrorisme. »

Beaucoup de choses se sont passées depuis ce témoignage d'Elcock, néanmoins notre gouvernement continue d'ignorer ce genre d'avertissement. Par sa négligence et son indifférence – quand ce n'est pas parce qu'il appuie ouvertement des organisations violentes –, le Canada est devenu le complice officieux du terrorisme international. À bien des points de vue, le Canada est le cas type de ce qui peut arriver quand des politiciens ne se montrent pas suffisamment vigilants devant une menace à la sécurité nationale et que, par souci de partisanerie, ils choisissent d'ignorer toute mise en garde en ce sens, tout en sachant que citoyens et alliés auront à subir les conséquences de leur passivité.

Un employé du département des Affaires étrangères américain me racontait que, par le passé, dès qu'une attaque terroriste survenait quelque part dans le monde, la première chose que son département faisait était de vérifier s'il y avait des victimes canadiennes. « Maintenant, on vérifie dans les deux sens » a-t-il ajouté. Ce qu'il entendait par là, c'était que le gouvernement américain passe désormais en revue la liste des terroristes impliqués parce que, plus souvent qu'autrement, les auteurs des attentats sont des Canadiens.

Mais comment le Canada a-t-il bien pu en arriver là ?

CHAPITRE 1

L'infiltration

« Mort à elle ! » scandait la foule.

« Indira la salope » de répondre une voix solitaire.

« Mort à eux ! »

« Ces chiens d'hindous. »

« Longue vie… »

« …au Khalistan ! »

« Longue vie… »

« …aux Babbar Khalsa ! »

La scène se déroule au Madison Square Garden, ce mythique aréna où des légendes comme Phil Esposito, Brad Park et Wayne Gretzky ont porté les couleurs des Rangers de New York. Mais en ce jour de juillet 1984, ce temple du hockey s'est vu transformé en temple de la haine. Durant la conférence de l'Organisation mondiale sikhe, un Canadien du nom de Ajaib Singh Bagri est monté sur scène pour livrer un sermon bouillant de rage. Son discours était un mélange percutant de propagande et de citations tirées des textes sacrés. Bagri faisait appel à une symbolique religieuse pour convaincre son auditoire que la nation sikhe devait se séparer de l'Inde parce que telle était la volonté de Dieu. « Dès que coule le sang des martyrs, la destinée des communautés s'en trouve changée. » Ainsi commençait l'intervention de Bagri.

Ajaib Singh Bagri travaillait comme conducteur de chariot élévateur à l'usine de contreplaqué de la firme Tolko Industries à Kamloops, en Colombie-Britannique. Bagri était aussi un prêcheur sikh des plus fervents. En 1971, âgé de vingt-deux ans, il quittait l'Inde pour immigrer au Canada. À Kamloops, il avait contribué à la construction d'un temple qu'il fréquentait assidûment, tantôt servant le repas aux fidèles, tantôt entonnant des *kirtan*, ces hymnes religieux sikhs. De son propre aveu, Bagri était un peu l'homme à tout faire du temple – « Je faisais le ménage, mais aussi les travaux de menuiserie et de plomberie » disait-il. À titre de secrétaire général de la Société culturelle sikhe, il prêchait un peu partout en Colombie-Britannique. Il faisait également partie de la Société Babbar Khalsa, une organisation vouée à la promotion du sikhisme qui était reconnue comme organisme de charité au Canada. Loin d'être une œuvre de bienfaisance ordinaire, cette société était ni plus ni moins que la filiale canadienne des Babbar Khalsa, l'une des plus importantes organisations terroristes de l'Inde. Lorsqu'ils prêtent serment, les membres des Babbar Khalsa doivent jurer d'exercer leur vengeance « sur tous ceux qui insultent le gourou Granth Sahib (leur grand prêtre) ; sur tous ceux qui sont contre le Panth (la religion sikh) ; sur les policiers qui oppriment les jeunes sikhs ; et sur les informateurs de police qui agissent contre les sikhs ». Talwinder Singh Parmar, fondateur de la division canadienne des Babbar Khalsa, était recherché en Inde depuis 1982 ; les autorités indiennes le soupçonnaient d'avoir participé à l'assassinat de six policiers.

« Longue vie… » de continuer la foule massée au Madison Square Garden.

« …à Sant Jarnal Singh Bindranwale ! »

« Longue vie… »

« …à Sant Jarnal Singh Bindranwale ! »

Bindranwale était un obscur prêtre sikh qui s'était imposé sur la scène politique indienne en tant qu'allié d'Indira Gandhi, premier ministre. Au début des années 1980, les sikhs s'insurgent contre la montée du nationalisme hindou en Inde. Dans l'État majoritairement sikh du Panjab, les sikhs organisent des émeutes et des grèves de la faim. À cette époque, Bindranwale devient de plus en plus fondamentaliste et milite en faveur d'un État sikh distinct et indépendant. Ses disciples mettent sur pied des camps d'entraînement militaires, puis entreprennent de supprimer des officiers de police indiens. Bindranwale installe ses quartiers généraux dans le Temple d'or d'Amritsar, transformant en forteresse ce lieu sacré entre tous de la religion sikhe.

Le 6 juin 1984, Gandhi lance l'opération « Blue Star » et ordonne à ses troupes de prendre d'assaut le Temple d'or. L'affrontement qui s'ensuit fait plusieurs centaines de morts, dont Bindranwale lui-même. Les chefs du mouvement extrémiste sikh ont tôt fait de donner une valeur symbolique à l'événement. Selon eux, c'est bien là la preuve que le gouvernement indien cherche à annihiler le peuple sikh. Des manifestations massives sont organisées partout dans le monde, dont à Vancouver, où quinze mille manifestants se massent aux portes du consulat indien. Pendant ce temps, Ajaib Singh Bagri harangue les sikhs d'Amérique du Nord au Madison Square Garden. Son discours est enregistré sur bande-vidéo pour la postérité.

« Quiconque prend aujourd'hui la parole pour dire que 'les hindous sont nos frères' devra être considéré comme un traître », de proclamer Bagri.

« Mort !… » clamait l'assistance.

« …aux traîtres de la nation ! » répondit Bagri avant d'entamer une litanie de slogans aussitôt répétés par la foule.

« Nous créerons le Khalistan… »

« Nous donnerons nos vies en sacrifice ! »

« Nous créerons le Khalistan… »

« Pour venger nos sacrifices passés. »

Bagri faisait ici référence à l'organisation des Babbar Khalsa (BK) qui fut créée pour promouvoir les objectifs mis de l'avant par le mouvement Babbar Akali dans les années 1920. Le but des BK est de venger les sikhs qui sont morts en défendant leur foi et de créer un État sikh fondamentaliste, le Khalistan, mot qui signifie « terre des purs ». Les BK travaillaient en collaboration avec d'autres groupes militants sikhs tels que la Fédération internationale de la jeunesse Sikh (ISYF, pour International Sikh Youth Federation). Lors de ses activités de levée de fonds, la filiale canadienne des BK avait le droit d'émettre des reçus d'impôts à ses donateurs puisqu'elle était enregistrée comme organisme de charité. « Les militants sikhs d'Amérique du Nord sont une source de financement pour diverses activités terroristes, affirmait le Service canadien du renseignement de sécurité (SCRS) dans un de ses rapports. Nos enquêtes ont révélé qu'une partie de l'argent recueilli auprès des communautés sikhes du Canada lors de collectes de fonds est ensuite transférée à des leaders terroristes en Inde et au Pakistan. Au Canada, la Société des Babbar Khalsa de Kamloops, en Colombie-Britannique, se sert de son statut d'organisation charitable dans le but de lever des fonds pour financer sa cause. »

Dans son discours, Bagri conseillait vivement aux familles sikhes de concéder un de leurs enfants à cette « armée des éternels et des immortels » que sont les Babbar Khalsa. « Oui, nous devons tendre la main aux hindous. Mais il n'y a qu'un endroit où nous leur tendrons la main : sur le champ de bataille ! »

« Béni soit celui qui parle ! » de continuer Bagri.

« Dieu est vérité, répondit la congrégation. Longue vie… »

« …à Babbar Khalsa. »

L'assistance réagissait avec tant de ferveur au sermon de Bagri que celui-ci dut s'excuser de la longueur de son discours, ajoutant avec une pointe d'humour que les interventions de la foule empiétaient sur son temps d'orateur. Il enchaîna ensuite avec le numéro, désormais classique, du terroriste qui nie être terroriste. « Quand un sikh venge l'honneur de sa sœur, on le traite de terroriste ou de séparatiste extrémiste. Par contre, un hindou qui profane la modestie d'une de nos sœurs devant une foule de cinq ou six mille personnes est qualifié de patriote. »

Tout au long de son discours, Bagri cherchait à convaincre son auditoire que les sikhs auraient à se battre pour le Khalistan. (Prononcé en punjabi, le discours de Bagri a été déposé en preuve à son procès ; les avocats de la défense ont toutefois remis en cause la traduction proposée par la Couronne ainsi que la pertinence du discours lui-même en tant que preuve à charge.) Par le passé, disait Bagri, les sikhs ont pris la peine de formuler leurs revendications et d'attendre une réponse positive ; or, ce temps est désormais révolu. « Les Khalsa doivent aujourd'hui croiser le fer avec leurs ennemis. Personne ne nous présentera notre nation sur un plateau d'argent ; il nous faudra la gagner par la force. Mais cette force, il nous faut la trouver. Et où la trouverons-nous ? Aux pieds de Dieu, c'est là que nous la trouverons. »

Ceux qui ne peuvent pas se battre, de continuer Bagri, devront faire des heures supplémentaires, travailler deux fois plus et amasser de l'argent pour la cause. « Nous devons tous être prêts.

Si nous ne nous soulevons pas maintenant, nos pauvres frères et sœurs qui sont demeurés en Inde, au Panjab, ne pourront se soulever. Leurs espoirs reposent entre nos mains… Notre communauté doit donner son sang et son argent parce que ce sont là des choses qu'elle possède en abondance. »

« Longue vie… »

« …aux Babbar Khalsa. »

« Longue vie… »

« …aux Babbar Khalsa. »

« Longue vie… »

« …au Khalistan. »

« Vengeons le sang versé de nos frères. »

« Je ne vous demande qu'une chose, continue Bagri, c'est de tirer vengeance des hindous. Certains disent qu'on ne devrait pas employer le mot 'vengeance' mais moi, je vous dis qu'il n'en existe aucun autre. »

« Béni soit celui qui parle… » de clamer la foule.

« Dieu est vérité. »

C'est dans ce climat pour le moins explosif qu'est né le Service canadien du renseignement de sécurité. Avant la création du SCRS, la sécurité nationale était le domaine de la Gendarmerie royale du Canada (GRC), du ministère de la Défense nationale et du ministère des Affaires étrangères. Au cœur de la Guerre froide qui a suivi la Deuxième Guerre mondiale, les organismes de sécurité nationale s'occupaient surtout de contre-espionnage et de contre-subversion. Leurs principales préoccupations étaient de surveiller les espions soviétiques basés à Ottawa et d'évacuer les agents communistes qui avaient infiltré le gouvernement fédéral. Le Canada a connu sa première menace terroriste majeure avec les « Fils de la liberté », un groupe de fanatiques russes issus de la secte dissidente des Doukhobors. À partir des années 1920, cette secte religieuse russe implantée dans l'Ouest du Canada a amorcé une campagne de terreur qui a duré près de quatre décennies. Auteurs de plus de mille incendies criminels et attentats à la bombe, les Fils de la liberté se décrivaient eux-mêmes comme une minorité réprimée, victime de l'intolérance des autorités canadiennes face à leurs croyances religieuses. Anxieux de forcer le gouvernement à changer ses politiques à leur égard, les fondamentalistes Doukhobors se sont tournés vers le terrorisme. Les habitants des régions où ont sévi les Doukhobors ont éventuellement porté plainte auprès du gouvernement fédéral, disant qu'ils se trouvaient au cœur d'une véritable guerre civile et qu'ils vivaient dans une terreur constante. La police a d'abord eu du mal à mettre un frein aux attentats, puis une initiative policière conjuguée a finalement porté fruit. Au début des années 1960, avec plusieurs douzaines de ses membres sous les verrous, le mouvement extrémiste était enfin démantelé.

Le Canada a connu sa première vague de terrorisme international juste après la disparition des Doukhobors, alors que des exilés cubains opposés au régime de Fidel Castro mettaient en œuvre une série d'attentats visant des intérêts cubains à Montréal. Dans les années 1960 et 1970, les tensions nationalistes se jouant en Yougoslavie trouvaient écho au Canada lors de fusillades entre Serbes et Croates. Le conflit israélo-palestinien donna également lieu à des confrontations violentes en sol canadien dans les années 1970. À cette époque, les Canadiens ne prenaient toujours pas la menace terroriste au sérieux du fait qu'elle se limitait à certaines parties du pays et qu'elle ne visait que des cibles précises – des diplomates, par exemple – et non la population en général.

Les Jeux olympiques de Montréal en 1976 ont obligé les autorités canadiennes à surveiller de plus près les organisations terroristes étrangères. En 1972, lors des Jeux olympiques de Munich, l'Organisation de libération de la Palestine (OLP) avait pris en otage et assassiné onze athlètes israéliens. Craignant que les terroristes ne récidivent durant les Jeux de Montréal, la GRC a chargé son Service de sécurité d'enquêter sur l'ampleur de la présence terroriste au Canada. Les Jeux de Montréal se sont déroulés sans anicroches, toutefois l'enquête de la GRC a révélé l'existence d'un réseau terroriste d'indépendantistes arméniens sur le territoire canadien. La GRC s'inquiétait surtout de la présence de l'Armée secrète arménienne pour la libération de l'Arménie (ASALA). D'abord basée à Beyrouth, l'ASALA fut créée en 1975 pour venger le génocide arménien de 1915, qui avait causé plus d'un million de morts. Cette organisation violente et radicale qui bénéficiait du soutien de la Syrie et de la Libye se réclamait de la philosophie marxiste-léniniste – tout comme le Front populaire pour la libération de la Palestine, avec lequel elle entretenait de liens étroits. Les attaques de l'ASALA visaient principalement le gouvernement turc.

L'une des cellules de l'ASALA était composée de cinq agents notoires qui s'étaient rencontrés à Toronto par le biais de diverses organisations culturelles arméniennes. Pendant leurs réunions, ils buvaient du café et parlaient de ces maudits Turcs qui avaient volé leurs terres. Anxieux de se venger, ils étaient en colère et se prenaient pour des révolutionnaires. Leur chef, Harout Kevork, avait déjà rencontré les leaders du mouvement à Beyrouth ; à son retour, le groupe avait entrepris d'échafauder un attentat terroriste visant une cible turque au Canada. Ayant obtenu la liste des diplomates étrangers postés au Canada, les terroristes arméniens ont choisi quelques noms appartenant à l'ambassade turque. Ils firent ensuite un voyage de reconnaissance à Ottawa pour sonder le terrain et surveiller les domiciles de leurs cibles. La première adresse qu'ils trouvèrent fut celle de Kani Gungor, attaché commercial de l'ambassade turque, qui habitait sur Riverside Drive. Les terroristes décidèrent de l'assassiner le 24 mars 1982.

Par le plus grand des hasards, le Service de sécurité de la GRC surveillait la bande d'Harout Kevork à cette époque. Les lignes téléphoniques de la cellule étaient sur écoute et la demeure de Raffic Balian, l'un des hommes de Kevork, se trouvait sous surveillance. Mais la GRC allait bientôt apprendre à ses dépens qu'il n'est pas si facile de stopper un attentat terroriste. Le 8 avril 1982, Kani Gungor quitte son domicile à 9 h 30 du matin. Le mercure indique – 7 °C. Pénétrant dans le garage sous-terrain de son immeuble, il est accueilli par une volée de plombs. Le diplomate est touché à deux reprises par des balles venant de directions différentes. L'un des projectiles l'atteint à la jambe ; l'autre frôle sa colonne vertébrale. Non loin du lieu du crime, la police a trouvé une voiture abandonnée qui avait été volée à Scarborough, le quartier de Toronto où habitait Balian. Deux jours plus tard, le plus jeune membre du groupe, Haig Gharakhanian, dix-sept ans, se rend aux bureaux de la *United Press International* à Los Angeles pour remettre une lettre dans laquelle ses complices et lui revendiquent l'attentat au nom de l'ASALA.

L'attentat contre Gungor est le premier incident majeur impliquant des groupes terroristes internationaux en territoire canadien. Mais comme c'était là l'œuvre d'amateurs, la GRC a eu tôt fait d'identifier Kevork et sa bande comme ses principaux suspects. Les membres de l'ASALA furent interrogés à plusieurs reprises, néanmoins les autorités durent attendre deux ans avant de pouvoir officiellement arrêter Kevork, Balian et Gharakhanian. Gharakhanian se souvient de la première pensée qui lui est venue à l'esprit quand les agents de la GRC lui ont passé les menottes : « Il vous en a fallu du temps pour nous arrêter ! » Trois semaines après le début de leur procès, les trois hommes plaidaient coupable à des accusations de complot en vue de commettre un meurtre. Le juge n'a pas mâché ses mots à l'endroit des terroristes : « Quand une minorité d'individus se donne, au nom de la libération, le pouvoir de vie et de mort sur d'autres êtres humains en sol canadien, c'est qu'ils se prennent pour Dieu alors qu'en fait ce ne sont que des bandits et de simples criminels. Les membres de l'ASALA n'ont jamais été des libérateurs. Ce sont des assassins et des meurtriers. Je ne vois pas où est la liberté dans tout ça. »

Le juge était sûrement au courant du fait que, quatre mois après l'attentat contre le diplomate turc, les terroristes arméniens avaient frappé à nouveau. Leur seconde victime fut le colonel Atilla Altikat, attaché militaire de l'ambassade turque. Ce dernier attendait à un feu rouge sur Ottawa River Parkway quand un individu armé a abordé son véhicule côté passager et a déchargé son arme à travers la vitre. Altikat fut atteint de dix balles à la tête et à la poitrine. Les Commandos pour la justice du génocide arménien (CJGA) contactèrent des postes de nouvelles à Montréal et à Paris pour revendiquer l'attentat.

Il y eut un autre attentat à Ottawa en 1985. Trois hommes firent irruption dans la résidence de l'ambassadeur de Turquie à Ottawa et tuèrent un garde de sécurité de trente et un ans nommé Claude Brunelle. (Il est intéressant de noter que le frère de Brunelle était un ami de Kevork.) Les terroristes ont tenu l'ambassadeur et sa famille en otage pendant quatre heures avant de se rendre aux autorités.

Bien que la Couronne ait qualifié l'attentat contre Gungor de « complot prémédité et exécuté de sang-froid », le magistrat a imposé aux coupables des peines beaucoup moins lourdes que la sentence maximale de quatorze ans prévue par la loi. Balian fut condamné à huit ans de prison, Kevork à neuf ans. Estimant que Haig Gharakhanian était un jeune homme troublé, victime de ses mauvaises fréquentations, le juge s'est montré encore plus clément envers lui. Gharakhanian était le petit-fils d'une Arménienne qui avait survécu au génocide et s'était enfuie en Iran avec, à la main, le titre d'une propriété qu'elle ne pourrait plus jamais réclamer. Gharakhanian avait grandi en Iran avec tous les avantages d'un enfant privilégié issu de la classe moyenne. Comme son père travaillait pour Swiss Air, Haig a eu la chance de voyager à travers l'Europe entière. Devant l'imminence d'une révolution islamiste à Téhéran, les Gharakhanian envoyèrent leur fils aîné à Toronto. Haig suivra peu après en 1981. Très vite, Haig Gharakhanian s'est rallié aux troupes de l'ASALA. Conspirateur dans l'assassinat de Gungor, il avait été du premier voyage de reconnaissance à Ottawa. De plus, avec la complicité de Kevork, Gharakhanian avait monté une combine pour frauder les compagnies d'assurance – les profits servant à financer les activités du groupe. Durant le procès de l'affaire Gungor, le juge soutenait malgré tout que Gharakhanian était une « victime » et lui a imposé une peine de deux ans moins un jour. La sentence était plutôt légère considérant qu'il s'agissait d'un acte de terrorisme, néanmoins Gharakhanian risquait la déportation vu qu'il n'était pas citoyen canadien.

Neuf mois après sa condamnation, Haig Gharakhanian est libéré et demande le statut de réfugié. Le gouvernement canadien lui accorde un prêt pour démarrer une entreprise d'imprimerie, mais, dans la récession du début des années 1990, Gharakhanian doit déclarer faillite. Après avoir vécu un temps sur l'aide sociale, il travaille comme thérapeute en shiatsu, puis épouse une cinéaste qui lui donne une fille. Une ordonnance de déportation est émise contre lui en 1991, mais Gharakhanian en appelle auprès de la Commission de l'immigration et du statut de réfugié (CISR), laquelle lui donne gain de cause. En 1992, le quotidien *Ottawa Citizen* intervient dans le débat concernant le sort de Gharakhanian en publiant un éditorial qui affirme : « Il faut que nous arrê-tions de chercher à punir… même si Gungor ne peut lui-même le faire, nous nous devons de pardonner. » Dans la décision qu'il rendit en 1996, l'arbitre de la CISR mentionnait que Gha-rakhanian avait « participé de façon générale à des plans ayant pour objet de tuer un diplomate turc au Canada ». La victime de l'attentat était décrite comme étant « paraplégique ». La déci-sion de la Commission ne faisait aucune mention du fait que Kani Gungor serait confiné à un fauteuil roulant pour le reste de ses jours, qu'il n'avait plus l'usage de ses mains et qu'il ne pouvait même plus bouger la tête ; chaque jour de sa vie, cet homme atrocement diminué allait devoir subir des traitements à l'hôpital.

Dans son rapport, la CISR semblait même vouloir prendre la défense de Gharakhanian, soulignant entre autres le fait qu'il avait complété ses études secondaires. Bien que Gharakhanian ait tenté d'assassiner un homme à peine un an après son arrivée au Canada, l'arbitre de la Commission affirmait que ses racines se trouvaient désormais ici. L'arbitre ajoutait que Gharakhanian « s'était réhabilité » et regrettait son geste. « Il mène aujourd'hui une existence tranquille, disait le rapport. C'est un père de famille et un honnête citoyen. À mon avis, il y a peu de chances qu'il en vienne à représenter une menace pour la sécurité publique. » En conclusion, l'arbitre a annulé l'ordonnance de déportation et Gharakhanian fut autorisé à rester au Canada.

En septembre 2003, lors d'une rencontre dans un café de la Petite Italie à Toronto, Gharakhanian m'a confié qu'il avait renoncé à la violence et qu'il voulait laisser derrière lui cette partie de sa vie. L'homme svelte au crâne rasé qui était assis devant moi s'exprimait avec aisance et me parlait de karma et de l'inévitabilité de la mort. Devenu musicien de profession, il composait des chansons et jouait de la guitare dans un groupe. Il m'a dit avoir demandé la citoyenneté canadienne.

Ancien membre de la milice arménienne au Liban et associé de Gharakhanian et des autres membres de l'ASALA qui avaient été condamnés dans l'affaire Gungor, Nicoghas Moumdjian fut éventuellement arrêté. Bien que n'étant pas impliqué dans l'at-tentat contre le diplomate turc, Moumdjian était considéré comme une menace à la sécurité nationale parce que, selon le SCRS, il avait acheté le matériel nécessaire à la fabrication de bombes. Le SCRS précisait que Moumdjian « croit en l'usage inconsidéré de la violence pour accomplir ses objectifs politiques ». Malgré ces mises en garde issues de nos services de renseignement, l'Association canadienne des libertés civiles (ACLC) est intervenue en faveur d'un Moumdjian menacé de déportation. Selon l'ACLC, il était inconstitutionnel de déporter quelqu'un simplement parce qu'il était membre d'une organisation. Or, l'ACLC soutenait que le seul motif invoqué par le Canada pour justifier la déportation de Moumdjian était une « fraternisation présumée avec des groupes nationalistes arméniens ». Rejetant les arguments de l'ACLC, le tribunal a ordonné la déportation de Moumdjian. Pourtant, en décembre 2003, celui-ci était toujours au Canada. De toute évidence, nos dirigeants n'avaient toujours pas saisi l'imminence de la menace terroriste. Bien que l'ASALA ait été responsable de l'introduction du terrorisme international au Canada, notre gouvernement l'a traitée non pas avec diligence et fermeté, mais avec sympathie. Ce laxisme du Canada face aux premiers terroristes qui ont infiltré son territoire allait avoir des conséquences désastreuses dans les décennies à venir.

La multiplication des guerres ethniques nationalistes à l'étranger a entraîné la création de nouvelles communautés d'immigrants et de réfugiés dans les pays développés. Pour la police canadienne, il était clair que des organisations terroristes profitaient de cet état de choses pour s'implanter au Canada. Ainsi, la GRC a découvert que, suivant l'exemple de l'ASALA, l'Armée républicaine irlandaise (IRA, pour Irish Republican Army) effectuait des levées de fonds au Canada. Si les autorités n'ont pas réagi immédiatement, c'est que les collectes de fonds sont considérées ici comme des activités non violentes et non menaçantes pour la sécurité nationale. Le gouvernement britannique n'a cependant pas tardé à faire des pressions pour obliger nos dirigeants politiques à agir, le problème étant que l'IRA se servait des fonds recueillis au Canada pour acheter des armes dont elle se servait contre l'Angleterre. Selon les autorités britanniques, certaines bombes de l'IRA contenaient même des détonateurs de

fabrication canadienne. Ottawa a finalement consenti à enquêter sur les activités de l'IRA, affectant à l'affaire quelques-uns des
agents de la GRC qui travaillaient déjà à la filiale arménienne.

À cette époque, une agence nouvellement constituée, le SCRS,
s'apprêtait à prendre la relève de la GRC dans la chasse aux terroristes. Durant la crise d'octobre, le premier ministre Trudeau
avait chargé la GRC de démanteler le Front de libération du Québec (FLQ). La GRC s'acquitta de cette mission, mais on critiqua
ensuite sévèrement les tactiques agressives, et même parfois illégales, de ses agents. En 1969, la Commission Mackenzie reconnaissait la nécessité d'une agence civile indépendante vouée à la
collecte des renseignements de sécurité. La Commission McDonald recommandait la création d'une telle agence en 1981, année
où le projet de loi C-157 fut rédigé. Intitulé « Loi constituant le
Service canadien du renseignement de sécurité », ce projet de loi
proposait la création d'un département dont le mandat serait
d'enquêter sur toute menace à la sécurité nationale, incluant l'espionnage, le sabotage, l'influence étrangère, le terrorisme et la
subversion. Le SCRS ne serait cependant pas une agence policière, ce qui signifiait que ses agents ne seraient pas autorisés à
effectuer des arrestations. Son rôle serait uniquement d'enquêter,
puis de présenter ses rapports d'enquête au gouvernement. Plusieurs groupes de citoyens s'opposèrent à ce projet de loi qui,
selon eux, donnait aux espions du gouvernement des pouvoirs
excessifs, leur permettant de faire enquête sur des mouvements
politiques pacifiques. Version édulcorée de C-157, le projet de
loi C-9 fut adopté par la Chambre des communes le 21 juin
1984. Ce sera la dernière loi que Pierre Elliott Trudeau ratifiera
en tant que premier ministre du Canada.

D'entrée de jeu, le SCRS fut plongé au cœur des conflits nationalistes internationaux qui se frayaient un chemin jusqu'au
Canada. Ses enquêtes initiales visèrent l'IRA, les groupes terroristes du Proche-Orient et les extrémistes sikhs. En tant qu'anciens membres du Service de sécurité de la GRC, les premiers
agents du SCRS avaient déjà été confrontés au problème sikh. Il
y avait en fait plus de dix ans qu'ils surveillaient des organisations telles que le Commando du Khalistan, un mouvement sikh
dont le leader, le docteur Jagjit Singh Chauhan, avait déclaré

l'indépendance unilatérale du Panjab en 1969 pour ensuite créer des « consulats » khalistanais à Vancouver, Winnipeg et Toronto. Malgré tout, la GRC ne s'était jamais préoccupée outre mesure des mouvements militants sikhs. Dans un rapport datant de décembre 1981, le chef du Service de sécurité de la GRC écrivait : « Bien que la situation soit potentiellement embarrassante d'un point de vue diplomatique, les activités des sikhs au Canada ne semblent pas menacer la sécurité nationale. »

Le soi-disant « consul général du Khalistan » à Vancouver était un dénommé Talwinder Singh Parmar. Éternellement coiffé d'un éclatant turban safran, ce prêtre sikh était issu d'une famille d'agriculteurs du Panjab. Du temps où il habitait l'Inde, il œuvrait en tant que travailleur social et n'était pas membre actif du mouvement Khalistan ; ce n'est qu'une fois implanté au Canada qu'il est devenu partisan de la cause. Parmar retourne en Inde avec sa famille en juillet 1981 avec l'intention de prêcher, puis il disparaît subitement. Comme de bien entendu, sa famille craint beaucoup pour sa vie et sa sécurité. Le consul général du Khalistan refait surface au Canada sain et sauf le 1er mai 1982, quelques jours seulement après que le gouvernement indien ait demandé son extradition – Parmar était recherché en Inde en rapport avec le meurtre de deux policiers dans l'État du Panjab, un crime qui remontait au 19 novembre 1981. Lors d'un voyage aux Pays-Bas, il tente de pénétrer en Allemagne de l'Ouest, mais les autorités frontalières découvrent qu'il est recherché en Inde et l'arrêtent. Parmar était en garde à vue lorsque les troupes indiennes ont pris le Temple d'or d'assaut. Refusant de l'extrader, la police allemande le relâchera éventuellement.

Parmar revient au Canada le 6 juillet 1984. À ce moment-là, les sikhs sont en train d'organiser des manifestations massives à travers tout le pays. Une vidéo de surveillance de l'aéroport de Toronto montre qu'au retour de Parmar, des douzaines de sikhs avaient envahi l'endroit. Sabre au poing, ils criaient : « Mort à Indira Gandhi ! » Le raid sur Amritsar avait engendré une vague de soutien sans précédent en faveur de la campagne séparatiste du Panjab. Parmar est survenu en plein cœur de l'action et, comme il défendait la cause depuis longtemps et qu'il n'avait pas froid aux yeux – le leader des Babbar Khalsa se plaisait à exhiber des photos où on le voyait armé jusqu'aux dents –, il s'est vite imposé en tant que grand prêtre et chef du mouvement. Le 21 juillet, dans un temple de Hamilton, Parmar disait à la congrégation : « Nous ne trouverons le repos que lorsque la tête de ces pécheurs se balancera sur la pointe de nos sabres. » Bagri soutenait que Parmar était « le chef et martyr vivant de la nation sikhe » et que son providentiel retour d'Allemagne relevait de l'intervention divine. « Je crois fermement, d'affirmer Bagri lors d'un discours, que notre Seigneur lui-même a fait sortir ce guerrier de prison pour qu'il puisse défendre notre cause, et qu'il lui a dit : 'Va, Babbar ! Va, fils chéri du gourou ! Va, mon fils, et exerce ta vengeance ! Soulève une armée de jeunes guerriers, rase Delhi et ne laisse que ruines sur ton passage !' » Au vu de ces récents développements, la GRC a révisé ses positions concernant le potentiel de violence des sikhs au Canada et elle a commencé à émettre des mises en garde disant que la violence sikhe comportait désormais une menace sérieuse à la sécurité nationale. De nouveaux groupes extrémistes sikhs se manifestèrent soudain au Canada, notamment la Fédération internationale de la jeunesse sikh (ISYF) et le Régiment Dashmesh, ou 10e Régiment, que l'on soupçonnait d'avoir dressé une liste de victimes potentielles composée de sikhs modérés.

Comme il y avait eu quelques incidents mineurs et isolés par le passé, le gouvernement indien considérait la violence comme une éventualité. En juillet, à Winnipeg, on avait lancé des œufs à K. P. Fabian, le haut commissaire de l'Inde au Canada. Un homme de Vancouver qui avait réalisé une entrevue radiophonique en punjabi avec le président indien Zail Singh avait été menacé à la pointe du fusil par deux hommes enturbannés ; ses agresseurs l'avaient également menacé avec un *kirpan*, le poignard cérémonial sikh. Le haut commissaire a confié au ministère des Affaires étrangères qu'il craignait que certains membres des Babbar Khalsa, dont Parmar, retournent en Inde pour commettre des attentats. Le haut commissaire a ajouté qu'il croyait que « des avions d'Air India pouvaient devenir la cible des terroristes ». Au sein de la communauté sikhe, tous avaient le sentiment que quelque chose de gros se tramait.

Le 17 août 1984, le SCRS lançait sa première grande enquête antiterroriste. Sa cible : les sikhs extrémistes.

Bien que le SCRS n'ait affecté qu'un minimum de ressources à l'enquête, ses agents furent bientôt en mesure d'identifier les principaux groupes sikhs actifs au Canada ainsi que leurs membres-clés. À l'automne, les choses se sont sérieusement gâtées. Le 31 octobre, Indira Gandhi était assassinée par ses gardes du corps sikhs. Les hindous ont riposté par de violentes attaques, ce qui a engendré « une animosité très marquée entre sikhs et hindous au Canada ». Nos services de renseignement eurent vent de rumeurs, issues de sources diverses, qui témoignaient de l'imminence des attaques. La majorité de ces rumeurs s'avérèrent sans fondement, toutefois l'une d'elles fut confirmée. L'information en question concernait quatre sikhs qui s'étaient rendus à l'école de commando de reconnaissance de Frank Camper, à Birmingham dans l'Alabama. Ces sikhs qui avaient été aperçus à Vancouver et qui, disait-on, recevaient leurs ordres directement de Vancouver, désiraient être initiés à l'art du kidnapping et de l'assassinat et voulaient apprendre à fabriquer des bombes.

Dès le départ, Parmar fut le point de mire des enquêteurs du SCRS. À l'automne 1984, le SCRS faisait la demande d'un mandat pour intercepter ses appels téléphoniques. Des problèmes légaux ont cependant retardé l'émission du mandat en question. À cette époque, la Loi sur le SCRS est sur le point de remplacer la Loi sur les secrets officiels ; or, le Solliciteur général exprime certaines réserves – dont il ne précise pas la nature – concernant le mandat de Parmar, ce qui oblige le SCRS à retirer sa requête. L'agence de renseignement ne renouvelle sa demande qu'au printemps suivant. Cette fois-ci, le mandat lui est accordé. La mise en place des tables d'écoute est prévue pour le 14 mars 1985, toutefois le SCRS ne commence à intercepter les appels de Parmar que le 27 mars. L'opération confirme bientôt le fait que Parmar est en contact avec des membres des Babbar Khalsa aux États-Unis, en Europe et ailleurs. Le SCRS ne sait cependant pas ce qui se dit lors de ces conversations parce qu'elle ne dispose pas d'un interprète connaissant le punjabi. Un traducteur est éventuellement engagé, mais il y a déjà une telle quantité de conversations enregistrées qu'il est incapable de maintenir la cadence. Parmar et ses acolytes parlent parfois en langage codé, ce qui complique davantage les choses. Quand le SCRS parvient à décoder le langage secret que

Parmar emploie avec ses contacts, il est déjà trop tard. Dans les conversations interceptées, il était souvent question d'« arcs » et de « flèches » ; or, les agents du SCRS ont compris trop tard que ces mots faisaient référence à un attentat aérien. « Quand ils parlaient de 'décocher une flèche' on ne savait pas que ça voulait dire 'faire sauter un avion' » m'a confié un ancien agent du renseignement.

Le 2 mai 1985, à l'occasion d'une conférence de presse à Vancouver, Parmar a déclaré que le gouvernement indien « paierait pour avoir attaqué le temple ». À l'approche du premier anniversaire du massacre d'Amritsar, le SCRS s'attendait à un regain d'activité de la part des extrémistes sikhs. Pour commémorer l'événement, les sikhs ont tenu une vigile durant ce qu'ils appelaient la « semaine noire ». Une visite officielle du premier ministre indien Rajiv Ghandi aux États-Unis du 11 au 16 juin risquait d'enflammer encore davantage les passions. Dans ses rapports d'évaluation de menace, le SCRS évoquait la possibilité d'un attentat aérien contre Air India et mentionnait qu'il était probable que les bombes seraient dissimulées dans des radio-cassettes. « Le gouvernement de l'Inde a averti le Canada à plusieurs reprises du fait que les opérations d'Air India étaient sur le point d'être attaquées ou que ses avions risquaient d'être détournés » écrivit par la suite le Comité de surveillance des activités de renseignement de sécurité (CSARS). Mais avant que la menace ne se concrétise, le SCRS estimait qu'il était plus probable que la compagnie aérienne fasse l'objet d'un détournement que d'un attentat à la bombe. Par conséquent, d'impressionnantes mesures de sécurité furent mises en place dans le but de contrecarrer un éventuel détournement ; en revanche, on fit très peu d'efforts pour empêcher les terroristes d'amener une bombe à bord d'un avion.

En plus d'écouter les conversations téléphoniques de Parmar, le SCRS le tenait sous surveillance. Des agents épiaient ses moindres mouvements et dressaient la liste des gens qu'il rencontrait en Colombie-Britannique. Le 4 juin, le SCRS suivait la voiture de Parmar quand celui-ci se rendit à Horseshoe Bay, accompagné de son fils et d'un sikh du nom de Surjan Singh Gill. Les trois hommes sont montés à bord du traversier de 15 heures pour Nanaimo. L'individu qui les attendait au débarcadère les conduisit à la résidence de Inderjit Singh Reyat, l'un des directeurs de la Société culturelle sikhe de l'île de Vancouver. Suivi en secret par les agents du SCRS, Reyat a mené ses invités à Auto Marine Electric, la firme où il travaillait, après quoi tous sont remontés dans sa Mercury pour emprunter un chemin de terre s'enfonçant au cœur d'une forêt dense. Les agents ont ensuite vu Parmar et Reyat prendre quelque chose dans le coffre de la voiture avant de disparaître à pied dans le bois. Le fils de Parmar est brièvement revenu à la voiture pour fermer une portière laissée ouverte, puis il y eut une explosion. « Ça m'a foutu une de ces trouilles ! » m'a dit un des agents qui se trouvait sur place. Pensant que quelqu'un était en train de leur tirer dessus, les hommes du SCRS se sont planqués derrière un arbre. Après l'explosion, Parmar et Reyat ont quitté les lieux à bord du véhicule de ce dernier.

Le lendemain, aux quartiers généraux du SCRS à Ottawa, les agents rapportaient l'incident à leurs supérieurs. Les agents savaient que Reyat possédait une arme ; peut-être était-ce la détonation de cette arme qu'ils avaient entendue. « On ne savait pas ce que c'était à ce moment-là » de dire Jim Francis, chef de l'unité antiterroriste du bureau régional du SCRS en Colombie-Britannique. Quelque temps plus tard, un comité de révision gouvernemental déclarera : « Nous n'avons vu aucun document indiquant que le SCRS avait procédé à une analyse immédiate et complète de cette information afin d'évaluer les capacités et les intentions des deux individus. » Francis regrette aujourd'hui que le SCRS n'ait pas tout de suite compris la gravité de ce qui se tramait. « J'aurais bien aimé que les choses se passent autrement, dit-il. Après tout, le but de l'exercice était de prendre Parmar la main dans le sac. On le surveillait tout le temps en espérant qu'il fasse une erreur. »

À l'époque, très peu de gens s'attendaient à ce que des terroristes commettent un attentat aérien. Le consensus était que s'il y avait attaque, celle-ci aurait lieu durant la visite de Rajiv Ghandi aux États-Unis et qu'elle prendrait la forme d'un attentat visant des diplomates indiens au Canada, ou encore le premier ministre indien lui-même. Le FBI avait eu vent d'un complot pour tuer

Ghandi lors de son passage aux États-Unis, aussi les enquêteurs canadiens concentrèrent-ils leurs efforts sur cette éventualité. Le 16 juin, après le départ du premier ministre indien, tout le monde a poussé un grand soupir de soulagement : sa visite s'était déroulée sans incident et il n'y avait pas eu d'attentat pour commémorer le premier anniversaire de l'attaque contre le Temple d'or. La surveillance dont Parmar faisait l'objet fut suspendue – d'autant plus qu'un agent secret russe était sur le point d'arriver à Vancouver et qu'il fallait le garder à l'œil. Le 18 juin, le SCRS annonçait que, au vu des derniers développements, les extrémistes sikhs constituaient une menace un peu moins sérieuse pour le Canada. Le Service canadien du renseignement de sécurité ajoutait qu'Air India n'était l'objet d'aucune menace imminente.

Le 19 juin, un certain « monsieur Singh » téléphonait au service des réservations de CP Air, disant qu'il avait besoin de deux billets en partance de Vancouver, un pour voyager vers l'est et l'autre pour aller vers l'ouest. Le client n'avait qu'une seule exigence spécifique, à savoir que les deux billets devaient comprendre une correspondance sur un vol d'Air India. Le préposé de la compagnie aérienne et monsieur Singh s'entendirent sur deux trajets : Vancouver/Tokyo/New Delhi, et Vancouver/Toronto/Montréal/Londres. Les billets devaient être émis respectivement aux noms de Mohinderbel Singh et Jaswant Singh. Le lendemain, le client rappelait pour faire changer les noms apparaissant sur les billets pour « L. Singh » et « M. Singh ». La transaction fut payée en argent comptant. Le jour du vol, un individu répondant au nom de « M. Singh » se présenta au comptoir d'enregistrement mais ne put déposer ses bagages parce que, aux dires de l'agent de CP Air, il se trouvait sur la liste d'attente pour la portion Vancouver/Toronto de son voyage. L'homme insista : « Prenez mes bagages tout de suite, dit-il. Je vais aller chercher mon frère. Il sait que ma réservation a été confirmée. » L'explication était vague, mais plausible, aussi l'agent a-t-il accepté d'enregistrer le bagage pour correspondance vers New Delhi. « L. Singh » est lui aussi parvenu à faire enregistrer un bagage sur le vol réservé à son nom. Les deux hommes ne sont pas montés à bord de leur vol respectif.

Les bombes ont explosé à environ une heure d'intervalle.

Le 23 juin 1985, à 6 h 19 TMG, les bagagistes de l'aéroport de Narita au Japon transféraient les bagages du vol CP 003 en provenance de Vancouver à un vol d'Air India quand l'une des valises a explosé. L'incident a fait deux morts et quatre blessés.

Le vol 182 d'Air India assurant la liaison entre Montréal et Londres se trouvait au large de la côte irlandaise quand son équipage a contacté la tour de contrôle, débutant sa transmission par un joyeux « Bonjour ». Il était 7 h 05 TMG. Neuf minutes plus tard, l'avion disparaissait des écrans radar. Le contrôleur aérien Michael Quinn a tenté d'engager la communication à une douzaine de reprises. Voyant que ses appels restaient sans réponse, il a demandé aux autres avions qui se trouvaient dans le secteur s'ils pouvaient voir le Boeing 747. L'équipage d'un appareil de la TWA qui volait 1 200 mètres plus haut a répondu qu'il ne voyait qu'une traînée de condensation. Lorsque l'hélicoptère de l'équipe de recherches et de sauvetage de l'Aviation royale du Canada est arrivé sur les lieux, les corps sans vie des passagers étaient en train de remonter à la surface. La mer était jonchée de cadavres et de débris.

Quand les autorités canadiennes ont appris la nouvelle, elles ont tout de suite su que c'était un acte de terrorisme. Il s'agissait en fait de l'attentat terroriste le plus meurtrier de notre époque. Ces deux actes de vengeance symbolique ont causé la mort de trois cent trente et une personnes – un record qui ne sera surpassé que seize ans plus tard lors des attaques d'Al Qaeda sur le Pentagone et le World Trade Center. Les sikhs extrémistes de la Colombie-Britannique, et Parmar en particulier, furent les premiers suspects dans l'affaire. Dans les heures suivant la tragédie, le SCRS a signalé à la GRC qu'il était probable que Parmar et ses sympathisants aient été les auteurs de l'attentat. La chose était malheureusement plus facile à dire qu'à prouver.

Dans les semaines qui ont précédé l'attaque, le SCRS n'avait pas surveillé Parmar. De plus, une quantité imposante d'enregistrements réalisés quand Parmar était sous écoute restait à traduire – une tâche qui représentait deux mois de travail. Mais le pire, c'était que le SCRS n'avait conservé qu'une cinquantaine de rubans contenant les communications interceptées ; les autres enregistrements avaient été détruits parce que l'on avait jugé qu'ils ne recelaient aucune information importante. Et comme un attentat avait été perpétré, la GRC n'était pas autorisée à écouter les enregistrements restants. La tragédie d'Air India a mis en lumière les difficultés découlant de la présence au Canada de deux organes indépendants, l'un voué à la collecte de renseignements (SCRS), et l'autre à l'application de la loi (GRC). Puisque les attentats étaient des actes criminels, ils étaient du ressort de la GRC. Cela dit, c'était le SCRS qui avait surveillé les extrémistes sikhs avant les attentats. Les espions du service de renseignement détenaient très certainement des informations susceptibles d'aider la GRC et au fil de son enquête la GRC découvrirait sans doute certaines choses que le SCRS voudrait savoir, mais comme le SCRS venait à peine d'être constitué, la logistique d'une collaboration entre l'un et l'autre demeurait trouble, surtout en pareilles circonstances. Alors, comment faire pour amener la GRC et le SCRS à travailler ensemble ? Le problème était d'autant plus épineux que des tensions existaient déjà entre les deux organismes.

La GRC soupçonnait le SCRS de lui cacher certaines informations ; de son côté, le SCRS accusait la GRC d'outrepasser son rôle en agissant comme agence de collecte de renseignements. Les enregistrements réalisés sur écoute par le SCRS étaient la principale cause de conflit entre les deux organismes. En 1985, le SCRS n'avait pas encore élaboré ses propres politiques concernant la façon de traiter et d'utiliser ce genre de document et il se fiait donc aux directives décrites dans le *Manuel des politiques et méthodes en matière d'aides techniques* (PMAT) de la GRC. Ce manuel stipulait que les interceptions téléphoniques enregistrées devaient être conservées pour une période de dix jours ouvrables suivant leur retranscription, mais qu'elles ne pouvaient être conservées plus d'un mois. Les enregistrements considérés « non pertinents » devaient être effacés sur-le-champ. De plus, au cours de la période de transition qui a suivi sa création, le SCRS a fait circuler une note de service disant que, puisque la nouvelle agence n'était pas un organisme chargé de faire appliquer la loi, son rôle n'était pas de recueillir des éléments de preuve. En d'autres mots, le SCRS estimait qu'il n'avait pas à enregistrer ni à conserver des enregistrements susceptibles de servir de preuve

lors d'un procès criminel. La conséquence tragique de cette politique fut que, des deux cent dix conversations de Parmar enregistrées avant, et jusqu'à une semaine après le désastre d'Air India,
cent cinquante-six furent effacées. Dans une étude du cas Air
India réalisée en 1992, le CSARS écrivait : « Nous avons déterminé que les politiques et les procédures du SCRS régissant la
manipulation, la conservation et l'effacement des rubans qui
existaient au moment du désastre d'Air India étaient sérieusement
déficientes. » Les enregistrements étaient analysés, cependant il n'y
avait aucune politique stricte quant à leur conservation. Dans
la plupart des cas, les rubans étaient tout simplement effacés,
une décision qui était laissée bien souvent à la discrétion d'agents
occupant les plus bas échelons de la hiérarchie du SCRS.

Quoi qu'il en soit, à la fin d'octobre 1985, la GRC était certaine qu'elle avait élucidé l'affaire. Une équipe de la Section de
l'enlèvement et de la technologie des explosifs (SETE) de la GRC
avait été dépêchée sur l'île de Vancouver pour examiner le site
où, un mois plus tôt, les agents du SCRS avaient entendu une
détonation en suivant Parmar et Reyat. Dans la forêt où les deux
Sikhs s'étaient engagés, les hommes de la SETE ont trouvé un
shunt d'amorce et un conducteur en faisceau, deux éléments faisant partie du dispositif de détonation d'une bombe. Un témoin
a par ailleurs déclaré à la police qu'avant l'attentat, Reyat s'était
adressé à lui pour obtenir des explosifs. Reyat lui aurait confié
qu'il comptait utiliser ces explosifs « à des fins dissidentes en
Inde ». Le magasin Woolworth's de Duncan a confirmé que, le
5 juin, un client avait acheté une radiocassette Sanyo de 129 $
similaire à celui dans lequel la bombe de l'aéroport de Narita
avait été dissimulée. Le nom et numéro de téléphone de Reyat
apparaissaient sur la facture.

Le 4 novembre, la GRC obtenait un mandat de perquisition
et arrêtait Reyat sur son lieu de travail. Celui-ci fut inculpé de
quatre chefs d'accusation en rapport avec l'attentat. « Non ! non !
protestait Reyat lors de son arrestation. Mais ce que vous me dites
n'a aucun sens ! » Une fois dans la salle d'interrogatoire, les policiers ont tenté de l'amener à avouer son crime en faisant sem-
blant de sympathiser avec la cause sikhe et en minimisant son
rôle dans l'affaire. « Peut-être que l'avion était censé exploser au

sol, proposa l'un des policiers. Au fond, l'attentat était un acte de légitime défense. Tu ne pouvais pas faire autrement. » Quand les enquêteurs ont suggéré à Reyat qu'il n'était pas le cerveau de l'opération, qu'il n'avait fait qu'assister Parmar dans la fabrication des bombes, celui-ci a fait mine d'acquiescer. Reyat disait qu'il n'avait cherché qu'à aider Parmar qui, selon lui, préparait « un gros coup en Inde ». La police ignorait cependant si Reyat était sérieux ou s'il disait tout cela rien que pour jouer le jeu, pour faire croire, ainsi que le suggéraient ses interrogateurs, qu'il n'était qu'un simple figurant au sein de ce scénario terroriste. Faute de preuves, les accusations qui pesaient contre lui en rapport avec l'affaire d'Air India furent retirées. Reyat plaida coupable à un chef d'accusation moindre – possession d'explosifs – et fut condamné à une amende de 2000 $. Parmar fut arrêté en même temps que son complice, avec sensiblement le même résultat ; les accusations portées contre lui furent également retirées. La GRC et le SCRS s'accusaient mutuellement d'avoir fait foirer l'enquête sur Parmar et le mouvement extrémiste sikh. Un ancien agent du SCRS me confiait que « dans l'affaire d'Air India, tout le monde blâme tout le monde ».

Mais la violence sikhe n'a pas cessé avec la tragédie d'Air India. Selon les rapports du SCRS, les Babbar Khalsa de Parmar étaient impliqués dans un complot d'attentat à la bombe visant des édifices du Parlement indien et dans un autre complot pour kidnapper les enfants d'un ministre indien. Le groupe projetait également de faire sauter des trains et une raffinerie. Parmar fut arrêté de nouveau en 1986 et inculpé de complot en vue de commettre d'autres attentats. Et, de nouveau, les accusations furent retirées, cette fois parce que la police avait obtenu ses preuves illégalement.

Pendant ce temps, les extrémistes sikhs poursuivent leur campagne d'intimidation contre ceux qu'ils considèrent comme des traîtres à leur cause. Parmi leurs victimes, on retrouve l'avocat de Vancouver et futur premier ministre de la Colombie-Britannique Ujjal Dosanjh, qui fut sauvagement battu pour s'être opposé à la violence sikhe. Avant l'agression, l'épouse de Dosanjh avait reçu une note qui disait : « Dis-lui qu'on sait comment faire pour qu'il se la ferme. » En janvier 1986, une bombe fut découverte à l'entrée de l'*Indo-Canadian Times*, un hebdomadaire indien modéré de Surrey, en Colombie-Britannique. L'éditeur en chef du journal, Tara Singh Hayer, fut éventuellement assassiné. Dans un autre incident, quatre hommes ont provoqué un accident routier visant le ministre indien Malkiat Singh Sidhu ; les agresseurs ont fait feu sur le ministre qui était en visite sur l'île de Vancouver, l'atteignant d'une balle au bras. Quatre sikhs extrémistes, dont deux membres de l'ISYF, furent reconnus coupables de tentative de meurtre dans l'affaire. À Montréal, deux sikhs qui projetaient un second attentat aérien furent appréhendés alors qu'ils tentaient d'acheter des explosifs à un informateur de police.

Parmar est retourné en Inde en 1988. C'est alors Bagri qui a assuré le leadership des Babbar Khalsa au Canada. Parmar a néanmoins continué de militer activement pour la cause sikhe ; il a même essayé d'acheter de l'artillerie lourde, incluant des missiles, destinée à être utilisée lors d'une « présentation des Babbar au gouvernement Rajiv, pour prouver que les Babbar sont toujours bien vivants ». En mars 1989, Parmar annonçait à une publication britannique que « Gandhi va payer pour ses crimes ; il ne vivra pas passé 1990 ». Cette rhétorique meurtrière issue du Canada alarmait de plus en plus le gouvernement indien. Le 17 avril 1989, le consul général de l'Inde à Vancouver rapportait que, deux jours plus tôt, à l'occasion d'une parade, Bagri avait fait un discours dans lequel il disait : « Oh ! Rajiv ! Ta mère a été tuée et maintenant c'est à ton tour. »

À cette époque, Sukhdev Singh Babbar a pris les rennes de l'organisation mondiale des Babbar Khalsa, BK international (BKI), laquelle coordonnait les activités des BK dans le monde entier. Parmar fut nommé adjoint au chef suprême des BK, mais perdit le poste en 1992 au terme d'une lutte de pouvoir interne. Il forma alors son propre groupe, l'Armée des Babbar Khalsa de l'Azad et du Khalistan, également connu sous le nom de Faction Parmar des BK. Le 15 octobre 1992, Parmar fut tué par la police indienne lors d'une fusillade dans la ville de Jalandhar, au Panjab.

À la mort de Parmar, Bagri est devenu le leader officiel de la Faction Parmar des BK. Selon le SCRS, le groupe était impliqué dans une série de complots terroristes. Bien qu'étant une organisation indépendante, BK international entretenait des liens étroits avec la Faction Parmar. Voici ce que dit un rapport du SCRS au sujet de BKI : « Au Canada, ce groupe essaie de se faire passer pour un organisme de bienfaisance alors qu'en vérité, son but est de raviver le militantisme au Panjab. Pour arriver à ses fins, il s'engage activement dans des activités de levées de fonds qui lui permettent de se procurer des armes et des équipements sophistiqués, d'accroître ses effectifs et de fournir un entraînement ponctuel à ses membres. BKI est responsable d'un grand nombre de meurtres et d'actes de violence terroriste dans le Panjab. »

Bien que certains éléments extrémistes subsistent encore au Canada, le mouvement khalistan est aujourd'hui en voie de disparaître. Les initiatives policières mises de l'avant par le gouvernement indien dans les années 1990 sont la principale cause de son déclin. « Le mouvement khalistan est mort parce que personne ne voulait du Khalistan, me disait un fonctionnaire indien. Ceux qui voulaient que le Khalistan soit constitué se trouvaient au Canada ou au Royaume-Uni. »

En octobre 2000, au terme d'une enquête interminable, la GRC portait des accusations de meurtre contre Bagri, Reyat et Ripudaman Singh Malik. Les trois cent vingt-neuf victimes du désastre d'Air India étaient nommées dans l'acte d'accusation. Reyat fut reconnu coupable d'homicide involontaire dans l'attentat de Narita et il plaidera coupable à un chef d'homicide involontaire pour son rôle dans l'attentat d'Air India. Bien qu'il ait toujours nié avoir orchestré cet attentat, Parmar demeure à ce jour le suspect principal dans l'affaire d'Air India. Dans une entrevue réalisée à Radio-Canada juste avant sa mort, il continuait de soutenir son innocence. « Même dans mon sommeil, je n'aurais jamais pu imaginer une chose pareille » disait-il.

L'incapacité des autorités canadienne à traduire en justice les responsables d'un attentat de cette envergure, et ce, dans des délais raisonnables, a cimenté la réputation du Canada en tant qu'asile sûr pour les terroristes. Les conservateurs de Brian Mulroney, et les libéraux après eux, ont aggravé le problème en refusant de reconnaître que l'attentat d'Air India et les attaques terroristes arméniennes qui l'ont précédé n'étaient pas des incidents isolés, mais les premières déflagrations d'une nouvelle ère au cours de laquelle tous les grands conflits ethniques, politiques et religieux de la planète allaient s'infiltrer au Canada.

L'attentat d'Air India est pour le Canada ce que le 11 septembre est aux États-Unis. Proportionnellement à la population respective des deux pays, on peut dire que ces attentats sont aussi meurtriers l'un que l'autre. La tragédie d'Air India aurait dû inciter le gouvernement canadien à légiférer contre le terrorisme et à renforcer ses services de sécurité et de renseignement. Au lieu de cela, nos dirigeants ont ouvert la voie à d'autres groupes extrémistes, leur permettant de s'installer ici et d'exporter, à partir du Canada, leur règne de terreur à l'étranger. Les politiciens canadiens n'ont absolument rien fait pour inhiber le terrorisme après Air India, mais il faut dire aussi que l'opinion publique n'a rien fait elle non plus pour les obliger à agir. Pourquoi ? Sans doute parce que la majorité des victimes étaient indo-canadiennes, ce qui permettait de perpétuer l'illusion que l'attentat ne constituait pas un assaut fondamental contre le Canada, sa sécurité et son système de valeurs, mais qu'il visait plutôt un segment spécifique de la société canadienne. Après la tragédie d'Air India, les services canadiens de sécurité et de renseignement ont fait l'objet de coupures budgétaires ; aux dires de nos politiciens, ces agences n'étaient plus nécessaires maintenant que la Guerre froide était terminée. Le gouvernement canadien ne révoquera le statut d'organisme de bienfaisance des Babbar Khalsa qu'en 1996, et encore, sans doute ne l'a-t-il fait qu'à contrecœur puisqu'à cette même époque les libéraux ont rejeté toute motion visant à sévir contre les organismes de charité servant de couverture à des groupes terroristes. Ce n'est qu'en 2003 que le Cabinet déclarera illégales les organisations Babbar Khalsa, BKI et ISYF.

À l'époque du FLQ, les agences de sécurité et de renseignement canadiennes ont été critiquées parce qu'elles avaient employé des moyens trop drastiques pour enrayer la menace terroriste domestique. Curieusement, le phénomène opposé s'est produit dans le cas d'Air India : les agences canadiennes furent accusées de ne pas en faire assez pour stopper la menace terroriste internationale. L'enquête a certes connu de sérieux ratés, néanmoins ce n'était pas là la principale leçon à tirer de l'attentat d'Air India. La première leçon était la suivante : quand les terroristes font de leur cause une cause religieuse, ils ne connaissent aucune limite. Le SCRS avait cru que si les sikhs s'en prenaient à Air India, leur attaque prendrait la forme d'un détournement d'avion. Les agents du SCRS pensaient cela parce qu'à leurs yeux, la cause du Khalistan était d'abord et avant tout un mouvement politique. Or, un détournement d'avion est un acte politique ; les pirates de l'air s'emparent d'un avion rempli de passagers et posent leurs exigences, ce qui leur permet de faire connaître leur cause et d'obtenir certaines choses – la libération d'un terroriste incarcéré, par exemple.

Le discours que Bagri a prononcé au Madison Square Garden démontre qu'à ce moment-là, le Khalistan s'était déjà transformé en un mouvement religieux – ce qui était tout naturel puisque l'objectif du mouvement était d'obtenir l'indépendance pour les adeptes de la foi sikhe. Dans son discours, Bagri avait bien précisé que l'ennemi n'était pas l'Inde en tant que telle, mais les hindouistes. Les leaders du Khalistan portaient le titre de prêtre, ce qui était une claire indication de la nature religieuse du mouvement. Leur cause était une cause sainte et elle était sanctionnée par Dieu lui-même. Lorsqu'une cause comme celle du Khalistan est représentée comme étant la volonté de Dieu, on ne peut espérer d'action mesurée. La seule réponse valable est la violence, et plus il y aura de sang versé, plus la volonté de Dieu sera exaucée. Cette doctrine est commune à tous les groupes terroristes – Hezbollah, Hamas, Al Qaeda, etc. – qui ont fait surface dans les années 1980. Si l'attentat d'Air India et ceux du 11 septembre n'ont pu être évités, c'est que les autorités n'avaient pas compris à quel point la cause terroriste était devenue maléfique, qu'elle s'était transformée en une guerre sans limites. Une guerre où l'on tue pour la gloire de Dieu.

Mais pour quelle raison, hormis les idéologies, les dogmes et la haine, les terroristes tuent-ils ainsi, sans discernement, au nom de leur cause ? Le terrorisme n'est pas un crime passionnel, mais un acte calculé, accompli de sang-froid. L'attentat d'Air India a été planifié longtemps à l'avance. Les kamikazes du Hamas mettent plusieurs semaines à préparer un attentat-suicide, aussi n'agissent-ils pas sur un coup de tête, dans un brusque éclat de rage.

Comment peuvent-ils commettre de sang-froid des gestes aussi cruels ? D'après ce que j'ai pu observer, je dirais qu'ils se donnent bonne conscience en invoquant le caractère sacré de leur cause. Quand des terroristes parlent de ce qu'ils ont fait, leur discours s'apparente beaucoup à celui des criminels de guerre nazis qui prétendent qu'ils ne faisaient que suivre les ordres qu'on leur donnait. La seule différence est que, dans le cas des terroristes sikhs ou islamiques, les ordres émanent de Dieu lui-même. Or, lorsque quelqu'un croit fermement qu'il ne fait qu'accomplir ce que Dieu lui demande, c'est d'autant plus facile pour lui de commettre d'horribles actes meurtriers. Un terroriste qui fait sauter un autobus bondé n'est pas responsable de son geste puisque c'est Dieu qui lui a dit de le faire. En pensant ainsi, il s'absout de toute responsabilité, de toute culpabilité et de tout doute. Dans les secondes qui précèdent un attentat, les terroristes islamistes disent souvent *Allahu Akhbar*, ce qui signifie « Dieu est grand ! ».

Il y avait une autre leçon à tirer de l'attentat d'Air India, mais celle-ci était à l'intention des terroristes. Les organisations terroristes de la planète défendent des causes différentes et tuent au nom de dieux différents, néanmoins elles ne travaillent pas isolément. Elles s'entraînent ensemble, se vendent et s'achètent mutuellement des armes, et tirent de précieuses leçons de leurs erreurs respectives. Dès leurs premières années d'infiltration au pays, les groupes terroristes du Canada ont appris qu'il n'était pas dans leur intérêt de tuer des Canadiens. Après l'incident d'Air India, les organismes extrémistes sikhs ont perduré et les principaux suspects sont restés en liberté pendant une bonne quinzaine d'années, néanmoins cet attentat a placé les militants sikhs sous la loupe, ternissant l'image de leur cause et donnant à la communauté sikhe du Canada l'opportunité d'écarter de leurs rangs ces fondamentalistes indésirables.

Les extrémistes doukhobors, arméniens et sikhs ont tous fait une grave erreur en commettant des actes de violence en sol canadien. La triste vérité est que tant que vous ne faites pas sauter de grands magasins en Colombie-Britannique, que vous ne tirez pas sur les gardes d'une ambassade à Ottawa et que vous ne posez pas de bombes dans un avion rempli de Canadiens, le gouvernement vous laissera libre de prêcher la haine et d'amasser autant d'argent que vous voulez pour financer la guerre, la terreur et la rébellion à l'étranger. Le Canada déplore que l'on importe la terreur sur son propre territoire, mais demeure insensible au fait qu'il exporte lui-même la terreur. Les dons recueillis au Canada permettent aux terroristes d'acheter des armes et des explosifs qui tueront des milliers d'innocents, mais comme tout cela se passe dans des pays lointains et que les victimes sont des Turcs, des Indiens et des Israéliens, cette violence que nous exportons nous laisse indifférents. Le message que le Canada transmet aux terroristes est le suivant : du moment que vous perpétrez vos actes meurtriers en dehors de notre territoire, le Canada sera pour vous un asile sûr et vous pourrez y faire ce que vous voulez.

Or, les Tigres tamouls ont compris cela mieux que quiconque.

CHAPITRE 2

Les Tigres des neiges

L'heure du couvre-feu vient à peine de sonner à Jaffna que déjà les hostilités recommencent. Le barrage de missiles à grande portée lancés par l'armée à partir de Pillaly survole un lagon d'eau salée avant d'atteindre les Tigres tamouls. Tapis dans la jungle, ceux-ci ripostent en lâchant une bordée d'obus de mortier.

Je suis étendu sur un lit de camp entouré d'une moustiquaire. Incapable de fermer l'œil, j'écoute l'assourdissante cacophonie de la guerre. La nuit tropicale m'enveloppe de ses bruits, mais même le jacassement incessant des singes et les cris perçants des oiseaux effarouchés ne parviennent pas à supplanter la rumeur explosive de la guerre civile qui fait rage ici. Sur ma table de chevet, un roman policier et une lampe de poche m'attendent patiemment, mais il m'est impossible de lire au milieu d'un tel vacarme. La seule chose que je peux faire, c'est de rester étendu là, à baigner dans ma propre sueur.

Je me trouve dans le pavillon que les Nations unies ont édifié à l'intention des visiteurs. La pièce où je suis comporte deux fenêtres. Sous l'une d'elles s'étend le chemin de terre sur lequel, quelques semaines plus tôt, les rebelles avaient déployé des mines que l'on peut activer à distance de type Claymore qu'ils ont fait exploser au passage d'un convoi de l'armée sri lankaise. La seconde fenêtre donne sur la cour arrière du pavillon. Là, sous les jaquiers, le sol semble se gonfler ; il s'agit en fait d'un abri antiaérien fait de sacs de sable empilés les uns sur les autres. Les gens qui travaillent ici me disent que l'abri est assez solide pour résister à un impact direct, toutefois je doute qu'il tienne le coup en cas de bombardement aérien ou sous la poussée des roquettes rebelles.

Toute la nuit, la guerre continuera de gronder aux frontières de la ville. Situés en marge de la cité, les affrontements ne suscitent aucune panique dans les rues de Jaffna. À 4 heures du matin, la cloche de l'église sonne, marquant la fin du couvre-feu. Du coup, les obus interrompent leur vol meurtrier.

Là dehors, le soleil matinal fait déjà sentir sa chaude caresse. Les rues grouillent de vélos montés par des étudiants vêtus d'uniformes blancs soigneusement empesés. Les femmes portent des saris aux couleurs d'épices exotiques. Les hommes, eux, sont peu nombreux. Ceux qui ne voulaient pas se battre ont fui vers des cieux plus cléments, évitant ainsi de se faire ramasser par les rebelles ou d'être arrêtés par l'armée pour cause de « suspicion ».

Les gens d'ici sont habitués à la guerre. Même en plein cœur des hostilités, ils continuent de vivre comme si de rien n'était. Mais le visiteur, lui, a du mal à s'acclimater à ces nuits vibrantes de bombardements et à ces jours passés sous l'œil nerveux et vigilant des soldats. J'aimerais pouvoir savourer cette aube éclatante, cependant je ne peux m'empêcher de remettre en doute ma démarche, de m'interroger sur son bien-fondé. Qu'est-ce que je fais ici, au juste ? Qu'est-ce que je fais dans cette partie du monde, sur cette île où les gens parlent de guerre avec autant de désinvolture que nous, au Canada, parlons météo ? La seule réponse que j'entrevois, c'est qu'il faut parfois aller très loin de chez soi pour trouver la vérité.

La péninsule de Jaffna est l'épicentre d'une guérilla terroriste qui a fait plus de soixante-deux mille morts. Cette ancienne colonie britannique qui arborait autrefois un potentiel de développement exceptionnel est devenue la proie d'un conflit ethnique des plus dévastateurs : depuis 1983, les Cinghalais, qui représentent plus des trois quarts de la population, sont en guerre contre la minorité tamoule.

Les confrontations sont d'une rare intensité – quatre mille personnes ont été tuées en l'an 2000 seulement. D'abord circonscrites dans les jungles du nord, les hostilités touchent maintenant les villes. Des escouades de terroristes tamouls vêtus de vestes bourrées d'explosifs effectuent régulièrement des missions suicides dans les grands centres urbains. Ces attaques kamikazes ont fait des Tigres libérateurs de l'Eelam tamoul (connus de la population locale sous le diminutif de TLET, ou Tigres tamouls) l'un des groupes terroristes les plus meurtriers du monde. Les Tigres tamouls sont par ailleurs la seule organisation terroriste à avoir assassiné deux chefs d'État : Rajiv Gandhi, premier ministre de l'Inde, et Ranasinghe Premadasa, président du Sri Lanka.

Il suffit de jeter un coup d'œil à la carte géographique et à la situation démographique de l'Asie méridionale pour comprendre les raisons qui motivent cette guerre. Au Sri Lanka, les Tamouls ne forment que 15 p. 100 de la population et sont donc une minorité. Par contre, l'île du Sri Lanka est située à seulement 30 kilomètres au large des côtes de l'État indien du Tamil Nadu, où le peuple cinghalais est minoritaire. Le mélange ethnique du Sri Lanka comprend également des Maures de descendance arabe et des Burghers de souche européenne. Les Cinghalais et les Tamouls sont toutefois les peuples dominants, tant du point de vue politique et militaire que culturel.

Le conflit sri lankais a beaucoup en commun avec celui du Proche-Orient. Tamouls et Cinghalais sentent tous deux que leur culture est menacée, ce qui justifie pleinement, à leurs yeux du moins, la violence dont ils font usage avec tant d'intransigeance. La culture cinghalaise n'existe qu'au Sri Lanka ; cette île est donc la seule patrie des Cinghalais. Les deux peuples diffèrent sur le plan de la religion et de la langue : les Tamouls parlent le tamoul et sont pour la plupart hindouistes, alors que les Cinghalais sont bouddhistes et parlent le cinghalais. L'armée sri lankaise a pour mission de contenir l'insurrection tamoule. Les Tamouls, pour leur part, ont adopté pour défendre leur cause les méthodes suicidaires et explosives chères aux Palestiniens. Chaque groupe a sa propre version de l'histoire du Sri Lanka, chacun s'arroge une supériorité morale sur l'autre et chacun insiste sur le fait que ses descendants ont été les premiers à habiter l'île.

Il serait malaisé de dire que le conflit sri lankais est une guerre oubliée alors qu'il s'agit en réalité d'une guerre que le reste du monde a choisi d'ignorer. Bien que ce conflit soit l'un des plus sanglants des dernières décennies et qu'il implique un pays membre du Commonwealth, les puissances de l'Ouest s'en sont très peu préoccupées. Les pays occidentaux se sont parfois risqués à désapprouver tel ou tel attentat-suicide des TLET, cependant le Sri Lanka n'est pas assez important stratégiquement à leurs yeux pour justifier une intervention plus ponctuelle de leur part. Profitant de cette indifférence, les Tigres tamouls ont mis sur pied en Occident une infrastructure criminelle sophistiquée qui finance les troupes rebelles sri lankaises par le truchement d'organisations-façades et de sociétés-écrans. Leur base la plus importante à l'étranger : le Canada.

Connues sous le nom de « Tigres des neiges », les factions canadiennes des TLET effectuent ici des collectes de fonds pour acheter des armes, et ce, au nez et à la barbe de notre gouvernement. « Le Canada est leur banque » d'affirmer Rohan Gunaratna, l'un des plus grands spécialistes au monde en ce qui a trait aux TLET. De fait, le comptable en chef des TLET, Ponniah Anandarajah, a vécu au Canada pendant plusieurs années. Les Tigres tamouls sont des experts des levées de fonds. Ils ont utilisé toutes les tactiques imaginables pour amasser des fonds : ils ont obtenu des bourses du gouvernement ; constitué des sociétés-écrans ; participé à des fraudes de toutes sortes ; et trempé dans des affaires de contrebande d'immigrants clandestins et de drogue. Un rapport du SCRS estime que les TLET récoltent deux millions de dollars par année au Canada. Une autre étude du SCRS porte cette somme à un million par mois. Et c'est sans compter les millions que leur rapportent leurs activités criminelles. Dans un rapport datant de mai 1999, un agent des services canadiens de renseignement notait : « Le Canada est la plus importante base d'opération des TLET à l'étranger. Les principales activités des TLET au Canada sont les levées de fonds et la propagande. » En d'autres mots, le Canada soutient toute l'infrastructure d'une organisation terroriste qui a tué une centaine de politiciens, dont les chefs d'État de l'Inde et du Sri Lanka, et qui a effectué plus d'attentats-suicides à la bombe que tout autre groupe militant au monde.

Comment les Sri Lankais se sentent-ils vis-à-vis cette position du Canada ? Eh bien, quel effet cela vous ferait si les séparatistes québécois faisaient de la collecte de fonds dans un pays lointain pour financer des attentats-suicides à Montréal et à Ottawa ?

Imaginez ensuite que le gouvernement de ce pays étranger ne ferait rien pour les arrêter. La vérité est que le Canada ne se soucie pas suffisamment du Sri Lanka pour faire barrage à la menace terroriste. Comme de raison, nos dirigeants évitent autant que possible d'aborder le sujet. En décembre 2000, j'ai pu prendre connaissance d'un rapport top secret qui expose l'empire de financement clandestin des Tigres du Canada dans ses moindres détails. Sans m'en rendre compte, je contrevenais à la loi en lisant ce rapport. À cette époque, la GRC n'avait affecté qu'un seul agent au dossier des TLET, et encore, celui-ci n'était autorisé à enquêter sur l'organisme terroriste que durant ses temps libres. Or, voilà que la GRC affectait deux de ses agents pour faire enquête sur ma personne, soi-disant parce que j'étais en violation de la Loi sur les secrets officiels. Avant les événements du 11 septembre, il n'était pas illégal pour un groupe terroriste d'utiliser le Canada pour financer des attentats à la bombe au Sri Lanka, par contre, un journaliste perpétrait un acte criminel s'il écrivait quoi que ce soit à ce sujet !

Queen's Park est un parc situé juste devant les édifices de style victorien du Parlement provincial de l'Ontario à Toronto. Aujourd'hui, sur sa pelouse verdoyante, on a aménagé une scène digne d'un concert rock, avec des tas de haut-parleurs et une toile de fond aux couleurs exotiques. Une troupe de danse d'Asie du Sud fait son numéro, dominée sur la scène par une silhouette de carton haute de 15 mètres à l'image d'un homme grassouillet en tenue de combat. Un étui de pistolet est fixé à la ceinture de son habit de camouflage zébré.

Les Torontois qui profitent de ce beau samedi matin pour magasiner ignorent totalement qui est cet homme, mais les Tamouls qui arrivent par autobus entiers le reconnaissent instantanément : il s'agit de Velupillai Prabhakaran, ou Prabha, l'assassin qui commande les Tigres tamouls. Ses partisans le surnomment « Supremo », le chef suprême, ou encore « le dieu-soleil ». Le drapeau des TLET – une tête de tigre rugissante entourée de balles et ornée de deux carabines disposées en croix – flotte à son épaule gauche. Cet après-midi-là, plusieurs milliers d'hommes, de femmes et d'enfants seront massés devant la scène, certains vêtus à l'occidentale, d'autres enveloppés de saris éclatants, brandissant des versions miniatures du drapeau des Tigres et acclamant le portrait géant de celui qu'ils considèrent comme leur leader national et leur héros.

Les manifestations sont monnaie courante à Queen's Park. Les protestataires investissent régulièrement les pelouses parlementaires pour agiter leurs pancartes et scander des slogans à l'image de leur cause – abolition de la pauvreté, protection de l'environnement, revendications syndicales, etc. Cela dit, la manifestation d'aujourd'hui se démarque des autres en ce sens qu'elle soutient une campagne terroriste qui a causé la mort de dizaines de milliers d'innocents.

L'organisateur de l'événement, la division canadienne des Tigres tamouls, a de quoi célébrer : au Sri Lanka, les rebelles séparatistes tamouls viennent de remporter une victoire majeure contre les forces gouvernementales en s'emparant de la base militaire du col de l'Éléphant. Cette étroite bande de terre est un point stratégique important puisqu'elle relie le Sri Lanka à la péninsule septentrionale de Jaffna. Ravivé par cette victoire, le mouvement indépendantiste tamoul pressent que ses guérilleros sont sur le point de reconquérir tout le nord du pays, région que les Tamouls considèrent comme leur patrie séculaire.

La machine propagandiste des TLET a annoncé que la manifestation serait une « célébration de la victoire », or la foule agit en conséquence. Tous acclament les rebelles, comme si les Tigres tamouls étaient une équipe de soccer et non une bande de tueurs sanguinaires. Les discours prononcés durant la journée mettent toutefois l'accent sur le fait que, bien qu'une bataille vienne d'être remportée, la guerre, elle, n'est pas encore gagnée et que l'avancée vers l'Eelam, la terre promise des séparatistes tamouls, doit se poursuivre sans plus tarder.

Les festivités ont officiellement commencé quand le drapeau des Tigres tamouls a été hissé par la mère d'un « martyr » de la cause, c'est-à-dire un combattant des TLET tué dans le feu de l'action. D'entrée de jeu, des hommes enlèvent leur chemise, montent sur la scène et dansent en dandinant leur gros ventre. Des femmes au costume rouge et or – les couleurs du TLET – dansent elles aussi, paumes jointes au-dessus de leur tête. Les manifestants peuvent acheter des vidéos des Tigres en action sur le champ de bataille ainsi que des CD sur lesquels sont enregistrés les discours aux accents révolutionnaires de Prabhakaran.

Puis, soudain, un homme rondelet aux cheveux blancs et vêtu d'un complet gris brandit le drapeau canadien. Il s'agit de Jim Karygiannis, le député libéral du district de Scarborough-Agincourt. Lorsque les journalistes lui demandent ce qui motive sa présence au rassemblement, Karygiannis répond : « Il faut que vous compreniez que les dirigeants de la FACT, la Fédération canadienne des associations tamoules, se trouvent dans ma circonscription et qu'ils représentent l'une des plus importantes, sinon *la* plus importante communauté tamoule du district… Ce sont des électeurs de ma circonscription, et donc leurs activités m'intéressent. Je ne soutiens pas un côté plus que l'autre. »

Le conférencier invité est un membre du Parlement indien du nom de P. Nedumaran (la plupart des Tamouls n'utilisent que la première lettre de leur prénom pour s'identifier). Nedumaran monte sur scène pour livrer un discours en tamoul. Pendant plus d'une heure, il encense les Tigres et leur cause, qualifiant leur campagne de violence de « lutte pour la libération d'un peuple opprimé ». Selon Nedumaran, les Tigres étaient en train de réparer mille ans d'injustice. Le conférencier se réjouit du fait que les TLET disposent « d'un arsenal à la fine pointe de la technologie » et il conclut son discours en implorant l'assistance de leur accorder son soutien. Les manifestants sont alors invités à faire un don pour la cause, ce qu'ils font de bonne grâce, attendant en ligne pour déposer de l'argent dans une boîte arborant le logo des Tigres tamouls.

Comme l'essentiel des discours était prononcé en tamoul, les passants et les représentants des médias qui assuraient la couverture de l'événement ignoraient totalement qu'ils étaient en train d'assister à une justification de la violence terroriste et à une glorification des martyrs tamouls, tout cela dans le but d'attiser la haine d'une ethnie pour une autre. En somme, les valeurs véhiculées lors de cette manifestation portaient atteinte aux valeurs fondamentales des Canadiens. Il est déjà difficile d'imaginer qu'un tel événement puisse avoir lieu au Canada, mais qu'il soit tenu ainsi, ouvertement et sans conséquence aucune, constitue une véritable aberration. Comment une organisation reconnue comme étant une couverture pour les terroristes peut-elle obtenir l'autorisation de manifester et de recueillir des fonds devant le parlement de l'Ontario ? Et de quel droit un député libéral, représentant du parti au pouvoir, a-t-il pris la parole devant ce genre d'assemblée ?

Le 4 février 1948, les Britanniques accordaient au Ceylan son indépendance. À cette époque, le paysage politique de l'île était déjà divisé en groupes ethniques très strictement délimités. Comme tant d'autres états décolonisés, le Ceylan semblait voué à vivre sous le signe de la violence. Au nord de l'île, les Tamouls craignaient de se voir dominés par la majorité cinghalaise. De leur côté, les Cinghalais étaient empressés de redresser les torts causés par cent cinquante années de domination britannique qui, selon eux, avait grandement favorisé les Tamouls. Élu en 1956, le premier ministre S. W. R. D. Bandaranaike sera le tenant d'une politique ouvertement pro-cinghalaise. Durant son mandat, il fera passer une loi qui faisait du cinghalais la seule langue officielle du Ceylan. Voyant leurs pires craintes se réaliser, les Tamouls se sont révoltés. Des émeutes ont secoué l'île.

Revenant sur sa position, Bandaranaike consentira à négocier un pacte qui se voulait un compromis. L'entente fut abrogée dû à des pressions politiques et Bandaranaike sera assassiné par un extrémiste cinghalais en 1959. Sa veuve, Sirimavo, prendra sa place en 1960, devenant par le fait même la première femme au monde à accéder au poste de premier ministre. Moins d'un an après l'accession au pouvoir de madame Bandaranaike, les Tamouls formèrent le Parti fédéral puis lancèrent dans le nord du pays une campagne de grèves et de désobéissance civile qui donnera lieu à de nouvelles émeutes. Sirimavo perdit le contrôle du Parlement en 1965. Le nouveau régime négociera un autre pacte avec le leadership politique tamoul, mais, encore une fois, l'entente échouera dû aux pressions exercées par les extrémistes cinghalais.

Madame Bandaranaike reprend ses fonctions de premier ministre en 1970, juste au moment où une nouvelle faction composée de nationalistes cinghalais d'allégeance marxiste-léniniste, le

JVP (Janatha Vimukthi Peramuna, qui veut dire «Front populaire de libération»), fomentait une autre révolte. À cette époque, les confrontations entre Cinghalais et Tamouls causent la mort de plus de six mille personnes. En 1972, le Ceylan devient une république et prend le nom de Sri Lanka, la terre resplendissante. Le changement coïncide avec l'émergence sur la péninsule de Jaffna, pays des Tamouls, de groupes militants organisés et dirigés par des étudiants furieux du fait que le gouvernement avait modifié le système d'admission universitaire: traditionnellement basé sur le mérite de chaque étudiant, l'ancien système est remplacé par un système de quota qui favorise clairement les Cinghalais. L'organisation des Nouveaux Tigres tamouls est constituée en 1972. En 1976, après quelques attentats aléatoires, elle prend le nom de «Tigres libérateurs de l'Eelam tamoul». Dès 1977, les militants tamouls acquièrent leur formation terroriste au Proche-Orient, dans les camps d'entraînement de l'Organisation de libération de la Palestine.

Le 23 juillet 1983, les premières salves de la guerre civile retentissent. L'élément déclencheur fut le meurtre de treize soldats sri lankais, un massacre dont les Tigres étaient les auteurs. La riposte ne se fait pas attendre: les Cinghalais fondent sur Colombo et saccagent les commerces tamouls de la ville. Le 5 août, au plus fort des tensions ethniques, le gouvernement adopte une loi bannissant tout parti politique à tendance séparatiste. Suite à cette mesure, le pays entier est en état d'urgence, ce qui entraîne des migrations massives vers l'Inde et l'Europe. Craignant que l'Occident ne décide de fournir une aide militaire au Sri Lanka, l'Inde accorde son soutien aux Tigres – dû au lien ethnique, ces derniers comptent déjà des alliés dans l'État indien du Tamil Nadu. Avec l'aide de l'Inde, les TLET tentent de s'emparer du nord et de l'est du pays en attaquant les postes de police, les bases militaires et les villages cinghalais. Soixante-deux Cinghalais sont massacrés lors d'une attaque. En un acte symbolique visant à démontrer leur supériorité, les troupes gouvernementales tuent soixante-trois Tamouls. Le 14 mai 1985, soit une semaine avant la tenue d'une importante fête bouddhiste, les TLET attaquent la ville sainte d'Anuradhapura, ancienne capitale des rois cinghalais. L'affrontement fait cent vingt morts.

Le Sri Lanka se trouvait désormais coincé dans un cycle de violence sans issue où attaques rebelles et ripostes de l'armée se succédaient à un rythme alarmant. Désespéré, le gouvernement multipliait les bombardements aériens, les attaques par hélicoptère et les bombardements par obus, ce qui ne fit qu'échauffer davantage les factions rebelles. Les TLET lanceront une première offensive sur la capitale durant l'été de 1986, bombardant l'aéroport national et le central télégraphique. La terre resplendissante était bel et bien en guerre.

Les hostilités ont entraîné une importante vague d'émigration. Certains Tamouls se réfugièrent en Europe, mais bon nombre d'entre eux optèrent pour le Canada à cause de ses lois plus souples concernant les réfugiés. En 1986, mille huit cents Sri Lankais obtenaient la résidence permanente au Canada, contre huit cents l'année précédente. En 1987, ce nombre s'élèvera à quatre mille trois cents. À partir de 1992, le Canada accueillera chaque année près de treize mille nouveaux immigrants sri lankais. Au début des années 1990, confronté à un important arriéré de dossiers, le gouvernement canadien a décidé d'activer le traitement des demandes de réfugiés provenant de pays comme le Sri Lanka, qui était le théâtre de migrations massives. L'accélération du processus a permis à la Commission de l'immigration et du statut de réfugié (CISR) d'améliorer son rendement, par contre, on s'aperçut bientôt que cette cadence expéditive comportait un inconvénient majeur. « À peu près n'importe qui était susceptible de répondre aux critères nécessaires à l'obtention du statut de réfugié s'il avait des faux documents, suivait les conseils de ses compatriotes et racontait une histoire plausible » de dire Bill Bauer, un ancien juge de la CISR.

Les choses ont empiré en 1994 quand la Commission a émis une série de directives identifiant les types de demande à traiter rapidement. Les demandes provenant de « jeunes hommes tamouls entre dix et quarante ou quarante-cinq ans venant du nord ou de l'est du Sri Lanka » et de « jeunes femmes tamoules entre treize et trente ans » étaient de celles-là. Selon Bauer, c'était là le profil type des guérilleros TLET. Or, en arrivant au Canada, ces individus ont très vite appris à tromper le système en se forgeant une identité et des antécédents qui ne laissaient rien transparaître de leur passé guerrier.

La migration tamoule fut facilitée par l'émergence d'un réseau hautement sophistiqué de contrebande de réfugiés. Les profits réalisés grâce à cette industrie lucrative étaient acheminés aux Tigres. Des agents basés à Colombo organisaient le passage de réfugiés qui payaient jusqu'à 30 000 $ US pour sortir clandestinement du Sri Lanka. J'ai rencontré un de ces agents à Colombo. Ce membre d'un parti politique tamoul m'a confié qu'il avait aidé plusieurs guérilleros tamouls à entrer au Canada. J'ai rencontré par la suite à Bangkok un homme qui fabriquait de faux passeports et de faux documents pour les réfugiés tamouls. Croyant que j'étais un passeur clandestin, il a offert de me vendre un passeport canadien auquel il ne manquait que la photo du détenteur éventuel. Quand je lui ai dit que je voulais d'abord m'assurer de la qualité du travail, il a disparu dans son appartement, puis est revenu avec une poignée de cartes de citoyenneté canadienne vierges. Si j'en achetais plusieurs, m'a-t-il dit, il m'en donnerait une en prime. J'ai appris par la police que certains Tamouls canadiens vont jusqu'à « louer » leur passeport à des contrebandiers qui s'en servent pour faire entrer d'autres Tamouls au Canada.

À cette époque, la Sous-direction des questions d'immigration et de passeport de la GRC se chargeait d'enquêter sur les contrebandiers d'immigrants tamouls, les faussaires de documents et les membres des TLET qui entraient au Canada avec des faux antécédents et une fausse identité. Pour l'aider dans ses enquêtes, la GRC a engagé un traducteur tamoul du nom de Kumaravelu Vignarajah. Quelque temps plus tard, un informateur a avisé la GRC du fait qu'il reconnaissait « Vic » comme étant un membre haut placé des Tigres tamouls. La GRC mettra éventuellement la main sur des photos montrant Vignarajah en train de poser à côté de cadavres de soldats indiens. Le « traducteur » était en fait un agent secret des TLET qui avait pour mission d'infiltrer la GRC. Il avait même passé l'examen d'admission dans le but de devenir un officier à part entière. Une de mes sources policières m'a révélé que les Tigres « avaient ciblé la GRC ». Le traducteur fut arrêté, mais l'incident a fait comprendre à la Gendarmerie royale qu'elle avait un sérieux problème.

Il est difficile d'évaluer avec exactitude le nombre de Sri Lankais qui vivent présentement au Canada. Certains groupes de lobby estiment que leur nombre s'élève à deux cent vingt-cinq mille. Il y a parmi eux quelques Cinghalais et quelques musulmans, mais la vaste majorité sont des Tamouls qui habitent pour la plupart dans la région de Toronto. Les membres de cette communauté d'exilés ont de l'argent et vivent en toute liberté au sein d'un système politique qui semble incapable de lutter contre le terrorisme – bref, un environnement idéal pour les TLET. En dehors de l'Asie méridionale, c'est au Canada que l'on retrouve la plus importante population de Tamouls sri lankais. Avec une telle quantité d'immigrants arrivant au pays en si peu de temps, ce fut chose facile pour les Tigres, leurs sympathisants et autres membres de leur milice internationale de s'infiltrer au Canada sans se faire repérer. La police de Toronto et la GRC estiment que près de huit mille guérilleros tamouls entraînés au combat vivent actuellement dans la région de Toronto.

Le sergent Fred Bowen de la GRC, un spécialiste des TLET, croit que la plupart d'entre eux sont des combattants « à la retraite », mais que certains sont encore actifs et retournent parfois au Sri Lanka pour participer à l'effort de guerre. Au terme d'une série de perquisitions exécutées à Toronto en 1998, la GRC a découvert qu'il y avait « plusieurs anciens dirigeants et leaders actuels des TLET au Canada ». Parmi eux, Kumaravelu Vignarajah, l'ex-traducteur de la GRC ; le fabricant de faux passeports Loganathan Sabanayagam, qui s'était présenté à son enquête sur le cautionnement vêtu d'un t-shirt arborant une tête de tigre ; Selvarajah Kanagaratnam ; et Manickavasagam Suresh.

Désireux d'infiltrer la communauté tamoule, les services de renseignement canadiens ont recruté le membre le plus haut placé des TLET figurant sur la liste de la GRC. Thalayasingam Sivakumar, alias « major Anton », s'était joint aux TLET en 1978 et avait siégé à leur comité central à deux reprises avant de devenir l'un des principaux conseillers de Prabhakaran. Sa carrière de militant a débuté à l'époque où il étudiait à l'université de Jaffna ; il était alors trésorier d'une organisation culturelle tamoule, le Sangam, et éditeur d'un journal pro-TLET intitulé *Unnarvu*. Son militantisme a éventuellement attiré l'attention de l'armée qui a dépêché des soldats pour fouiller non seulement son domicile, mais le campus entier. Voyant qu'une récompense de 50 000 roupies avait été offerte pour toute information pouvant mener à son arrestation, Sivakumar a quitté le Sri Lanka pour se réfugier en Inde.

En 1983, Sivakumar fut chargé d'assurer la liaison entre les Tigres et une division des services secrets indiens nommée RAW (Research and Analysis Wing). En 1985, il représentait les TLET dans des pourparlers de paix initiés par le gouvernement indien. Deux ans plus tard, en 1987, il accédait au poste de chef du service de renseignement et de planification des Tigres tamouls. Dès le commencement des confrontations opposant les Tigres à l'armée indienne, Sivakumar sera nommé commandant en chef de l'offensive TLET par Prabhakaran lui-même. Un mois après le début de la bataille de Jaffna, Sivakumar s'est mis à douter du bien-fondé d'une guerre prolongée contre l'Inde et a commencé à prôner une stratégie de négociation. L'année suivante, il entamait avec le RAW des pourparlers qui ont très vite échoué, après quoi les deux camps ont repris les hostilités. Suivant l'échec des pourparlers, Sivakumar a beaucoup critiqué Prabhakaran pour son inflexibilité et son manque de vision politique et idéologique ; il s'est également opposé à toute attaque visant des cibles non militaires. Eu égard à ces inconciliables différends, les Tigres ont banni Sivakumar de leurs rangs.

Sivakumar quittera l'Inde en janvier 1989. Il arrivera au Canada le 16 juin 1989 et remplira cinq jours plus tard une demande de statut de réfugié. Il attendait toujours la décision de la Commission quand il reçut un appel d'un agent travaillant à la Direction du contre-terrorisme du SCRS. D'entrée de jeu, Al Treddenick a dit à Sivakumar que le SCRS était au courant de son implication au sein des TLET et qu'il était sous enquête parce qu'il représentait une menace potentielle à la sécurité nationale du Canada. Sivakumar prétend que Treddenick lui a ensuite annoncé que s'il ne coopérait pas avec le SCRS, ses chances d'obtenir le statut de réfugié seraient sérieusement compromises. L'ex-Tigre tamoul a donc accepté de parler de ses activités passées. Deux jours plus tard, Treddenick le rappelait pour lui donner rendez-vous dans un restaurant de Scarborough. Au cours de l'entretien, il lui posera des questions concernant les opérations des Tigres tamouls et l'interrogera au sujet d'incidents spécifiques. À partir de ce jour-là, les deux hommes se rencontreront une fois par semaine.

En septembre de cette même année, un agent du nom de Dann Martel remplaçait Treddenick à la tête du dossier sri lankais. Martel rencontrera Sivakumar une fois par deux semaines, parfois accompagné d'un second agent dénommé Allen Wells. En janvier 1990, Martel proposait à Sivakumar de travailler en tant qu'informateur pour le SCRS. S'il acceptait, son rôle serait d'infiltrer l'organisation des TLET au Canada. Sivakumar a rétorqué que le travail d'espion était trop dangereux à son goût et que, de toute manière, il ne voulait plus être impliqué dans quoi que ce soit de politique. L'ancien Tigre a tout de même accepté de partager avec le SCRS les renseignements qu'il détenait déjà. Martel aurait ensuite dit à Sivakumar que « le SCRS soupçonne que des centaines de Tigres tamouls sont entrés au Canada en mentant au sujet de leur implication avec les TLET et qu'ils continuent de travailler pour le mouvement à partir du Canada ».

Trois mois plus tard, Martel redemandait à Sivakumar de travailler pour le SCRS, mais cette fois en lui tendant une enveloppe contenant 200 $ en liquide. Sivakumar a refusé l'argent en disant qu'il ne voulait toujours pas travailler comme espion. Tout ce qu'il désirait, c'était de finaliser sa demande de réfugié pour pouvoir faire venir sa femme et son enfant au Canada. Sivakumar affirme que Martel lui a promis que sa demande serait traitée rapidement et qu'il ne serait pas renvoyé au Sri Lanka s'il coopérait. C'est sous ces conditions que Sivakumar a accepté de devenir informateur pour le SCRS. Il partira ce jour-là avec l'argent que lui proposait Martel.

À partir de ce moment, Sivakumar rencontrera Martel une fois par mois dans une chambre de l'hôtel torontois *Inn on the Park*. Là, il répondra à des questions concernant les agents des Tigres tamouls au Canada et parlera des opérations du groupe à l'étranger. À une occasion, Sivakumar confiera à Martel qu'un agent américain des TLET était sur le point d'envoyer une disquette contenant des renseignements cruciaux à Velupillai Prabhakaran, chef suprême des Tigres. Il avait été convenu que la disquette serait expédiée au Sri Lanka via le Canada. Grâce à l'information fournie par Sivakumar, le SCRS a pu intercepter le colis. Le Service canadien du renseignement de sécurité marquait un point, mais du même coup Sivakumar fut démasqué. Les TLET l'accusèrent à juste titre d'être un espion de la police.

En avril 1994, Dann Martel était remplacé dans ses fonctions par Gerald Baker. Les rencontres avec Sivakumar se poursuivirent, et ce, même après que la CISR eut rejeté sa demande et engagé des procédures de déportation contre lui. Sivakumar intentera une poursuite contre le gouvernement canadien qui, selon lui, avait manqué à sa parole en lui promettant le statut de réfugié en échange de sa collaboration. Sivakumar est toujours au Canada, mais son statut ici est incertain. Une chose est certaine, c'est que, recherché tant par les Tigres que par les autorités sri lankaises, il ne peut retourner dans son pays.

« Je suis un homme marqué » dit-il.

Au début des années 1990, bien que ne travaillant plus officiellement à titre d'informateur, Sivakumar a fourni au gouvernement des renseignements qui, en principe, auraient dû donner au Canada un net avantage sur les Tigres. L'ex-informateur dit qu'il a révélé au SCRS des détails concernant « les collectes de fonds des TLET à l'étranger, incluant le nom des personnes qui contrôlent ces fonds ». Sivakumar aurait dit aux autorités où allait cet argent en précisant qui achetait des armes pour les Tigres et comment se déroulaient les transactions. À partir de ces renseignements, le SCRS a pu déterminer que l'argent des TLET provenait de levées de fonds effectuées au Canada. L'argent était ensuite expédié en secret à des leaders du mouvement, dont Prabhakaran lui même. De temps à autre, les agents du SCRS demandaient à Sivakumar d'identifier des membres de l'organisation à partir de photographies et de listes de noms. Quand Rajiv Gandhi fut assassiné, Martel a montré des photos des suspects à Sivakumar pour qu'il tente de les identifier. Au fil des rencontres entre Sivakumar et les agents du SCRS, il fut parfois question des « Tigres noirs », le commando suicide des TLET, mais aussi des « bureaux secrets des Tigres tamouls au Canada, ainsi que de leurs activités ».

Birkdale Plaza est un centre commercial de Scarborough où l'on vend des poissons, des saris et des bijoux provenant d'Asie du sud. On y trouve aussi une librairie où l'on peut faire des transferts de fonds, une épicerie sri lankaise et un restaurant indien, le Madras Palace. Ici, la plupart des gens conversent en tamoul. Les enseignes des boutiques sont également en tamoul. Une bannière jaune et rouge sur laquelle il est écrit « Organisation étudiante du mouvement tamoul mondial » flotte à l'une des fenêtres du centre commercial. Elle porte un emblème reconnaissable entre tous : une tête de tigre rugissant. Rien d'autre ne laisse présager que ces bureaux sont affiliés à une guerre qui se déroule de l'autre côté de la planète.

Le Mouvement tamoul mondial (WTM, pour World Tamil Movement) est la principale organisation de façade des Tigres tamouls au Canada. Le WTM est en effet au sommet de la liste des organismes-façades TLET qu'a compilée le SCRS. Sept autres organisations tamoules situées à Montréal, Ottawa, Toronto et Vancouver figurent sur cette liste : la Fédération canadienne des associations tamoules (FACT) ; l'Organisation de réhabilitation des Tamouls (TRO) ; le Comité coordonnateur tamoul ; l'Association de l'Eelam tamoul de la Colombie-Britannique ; le Mouvement tamoul mondial (Montréal) ; l'Association de l'Eelam tamoul du Québec ; et la Société de l'Eelam tamoul du Canada, laquelle continue de recevoir des subventions du gouvernement fédéral de l'ordre de 2 millions de dollars par année.

« Au Canada, les TLET opèrent sous le couvert de plusieurs organisations de façade, peut-on lire dans un rapport des services canadiens de renseignement datant de 1999. Ces organismes ont une fonction culturelle et humanitaire légitime au sein de la communauté tamoule, toutefois une partie des fonds qu'ils récoltent est envoyée au Sri Lanka et finance les activités terroristes des TLET. » Dans un autre rapport, le SCRS note que le réseau international des Tigres tamouls « fonctionne à l'image d'une multinationale ». Le rapport ajoute : « Leur réseau est composé de compagnies et de petits commerces basés en Malaisie, à Singapour, au Bengladesh, en Chine et dans certains pays de l'Ouest. Dans plus de quarante pays, leurs membres s'occupent autant de procédures de passation de marché et de politique que de causes humanitaires. » L'infrastructure mondiale des TLET est si complexe et organisée si efficacement qu'on en parle souvent comme d'une grande corporation internationale.

Les Tigres ont compris très tôt qu'ils ne pourraient jamais atteindre leur but, la création d'un État indépendant, sans l'appui d'un solide réseau de soutien international. Les guérilleros de l'organisation étaient certes capables de causer des ravages dans les jungles de Wanni ou dans le centre-ville de Colombo, toutefois ils étaient conscients du fait qu'ils ne pourraient jamais gagner la guerre sans le secours d'une aide extérieure. Ils étaient trop peu nombreux et trop mal équipés. Ils avaient besoin d'armes. Ils avaient besoin d'une campagne de propagande pour légitimer leurs actes de violence et pour convaincre le monde que les Tamouls étaient un peuple opprimé. En quelque sorte, ils voulaient persuader la planète entière que les TLET étaient l'équivalent du Congrès national africain et que les Cinghalais étaient tous des racistes cruels et assoiffés de sang, des bouddhistes fanatiques incapables de vivre en harmonie avec la minorité tamoule. Et pour ce faire, il avait besoin de beaucoup d'argent. La relocalisation massive des réfugiés tamouls présentait de gros avantages pour les Tigres, en particulier parce qu'elle entraînait la création d'importantes communautés d'expatriés qui, à l'étranger, gagnaient des salaires beaucoup plus élevés qu'au Sri Lanka et étaient libres de faire ce qu'ils voulaient sans crainte de représailles de la part des autorités sri lankaises. Très anxieux de capitaliser sur cet état de choses, les Tigres ont entrepris d'organiser les Tamouls vivant à l'étranger. S'emparant de leurs institutions, ils s'en sont servis comme couverture pour bâtir un réseau voué aux intérêts du leadership TLET. Les sympathisants des Tigres ont très vite pris le contrôle des organisations tamoules qui, depuis les années 1980, s'employaient à gérer l'influx de réfugiés sri lankais. Les TLET ont également commencé à dépêcher certains de leurs membres les plus loyaux à l'extérieur de leur pays ; se faisant passer pour des réfugiés, ces hommes sont devenus les contacts-clés du réseau international des TLET.

En 1990, les Tigres ont envoyé un de leurs vétérans à Toronto. Agent expérimenté, Manickavasagam Suresh avait pour mission de prendre en charge la division canadienne de l'organisation.

Né en 1955, Suresh était le fils du chef de la gare de Battilacoa, une ville côtière du nord-est sri lankais. Sa mère était maîtresse d'école. S'étant joint aux TLET en 1978, Suresh était un membre de la première heure. Plus tard, alors que le réseau de soutien international des TLET était en plein essor, il fut affecté aux Pays-Bas puis à Toronto pour veiller aux intérêts de l'organisation. Le 11 avril 1991, après avoir menti aux agents d'immigration canadiens en ce qui avait trait à son passé, Suresh obtenait le statut de réfugié. Il devint peu après le coordonnateur de la FACT, une organisation-cadre regroupant tous les principaux organismes de façade des TLET au Canada ainsi que le Mouvement tamoul mondial (WTM).

Au Canada, le WTM est un organisme de bienfaisance enregistré. Tel que décrit dans ses documents d'incorporation, son mandat est de répondre aux besoins de la communauté tamoule, de faire du lobbying auprès du gouvernement et d'amasser des fonds « pour des organismes de charité qui viennent en aide aux Tamouls sri lankais, et particulièrement aux réfugiés qui sont dans le besoin ». Le WTM n'a jamais caché le fait qu'il appuie les Tigres. Suresh lui-même a admis que « le WTM a des contacts étroits avec les TLET » et que « les levées de fonds des TLET sont organisées par le WTM ». Au début des années 1990, en dépit de son association avec un groupe terroriste, le WTM obtient une subvention de 19 000 $ du gouvernement de l'Ontario pour engager une personne qui serait chargée de la « coordination des bénévoles ». Dans un annuaire des commerces tamouls publié par le WTM, on retrouvait, juste à côté d'une déclaration de Prabhakaran, un mot du premier ministre provincial de l'époque, Mike Harris. « Salutations au Mouvement tamoul mondial de la part du premier ministre » écrivait Harris. L'ancien maire de Toronto, Mel Lastman, a lui aussi composé un mot de salutations pour l'annuaire tamoul.

Ce n'est que plus tard que Lastman et Harris apprendront que le WTM n'était pas une organisation ethnique comme les autres, mais qu'elle faisait partie d'un réseau international visant à promouvoir les TLET auprès de diverses instances politiques et économiques. Très peu d'organisations terroristes internationales maîtrisent l'art de la levée de fonds avec autant de brio que les

Tigres tamouls. « Les nouveaux réfugiés tamouls du Canada sont systématiquement contactés par les organisations de façade qui veillent aux intérêts des Tigres tamouls et font de la collecte de fonds pour les TLET, de dire un rapport de la GRC. Les sympathisants des TLET au Canada subissent des pressions pour amasser des fonds qui seront acheminés aux Tigres du Sri Lanka. Tous les Tamouls sont encouragés à donner 50 cents par jour aux TLET. »

Les plus fervents supporters des TLET font du porte à porte dans les quartiers tamouls pour solliciter des dons au nom de l'organisation. Ceux qui refusent de donner sont parfois menacés ; il arrive même que leur maison ou leur voiture soient vandalisées. Certains donnent volontairement parce qu'ils croient en la cause de l'indépendance, mais d'autres font un don parce qu'ils craignent pour leur sécurité et pour celle de leur famille. « Les hommes de main du WTM cognaient à chaque porte pour réclamer de l'argent et ils forçaient les gens à donner des sommes importantes, me confiait un résidant de Scarborough. Les Tamouls de Toronto doivent donner sans rechigner sous peine de représailles. Ils craignent même pour la sécurité de leurs parents qui sont restés à Jaffna. Pourtant, la majorité des Tamouls ne veulent qu'une chose : mener dans leur pays d'adoption une vie honnête et paisible, à l'abri de la violence. Malheureusement, la situation continue d'empirer avec le temps. »

Bien que plusieurs Tamouls m'aient fait semblables confidences, les organisations affiliées aux TLET soutiennent qu'elles ne pratiquent pas ce genre d'extorsion. Un sondage téléphonique canadien effectué par la firme Small World Communications et commandité par le WTM demandait aux personnes interrogées si elles avaient déjà subi « des tentatives d'extorsion ou toute autre forme d'intimidation provenant du WTM ». La plupart de gens ont répondu non, néanmoins 3,4 p. 100 ont répondu par l'affirmative. Le WTM a ensuite rendu publics les résultats du sondage, ceci afin de prouver qu'il était victime de « déclarations trompeuses et erronées ». Voyant la chose sous un autre angle, on pourrait dire que, compte tenu qu'il y a plus de deux cent mille Tamouls au Canada, sept mille d'entre eux, soit environ 3,4 p. 100, auraient été menacés d'extorsion par le WTM. Et ce chiffre n'est valide que si l'on présume que les personnes qui ont répondu non disaient la vérité, même si elles savaient que l'organisation accusée d'extorsion avait elle-même commandé le sondage.

Les TLET font également des levées de fonds lors de rassemblements qui ont lieu dans différentes villes canadiennes. Typiquement, les organisateurs demandent à des commissions scolaires la permission d'utiliser leurs écoles pour tenir tel ou tel événement culturel tamoul. Outre les frais d'admission de 10 $, les organismes de façade responsables de l'événement réalisent d'importants bénéfices grâce à la vente de livres, de t-shirts, de CD et de cassettes des discours de Prabhakaran, de vidéos montrant les guérilleros TLET sur le champ de bataille et de drapeaux arborant le logo des Tigres tamouls. Le rassemblement commence toujours par un défilé d'hommes en uniforme militaire armés de carabines semblables à celles utilisées par les Tigres. Après la parade, l'assistance visionne un film montrant des soldats de la cause qui ont été blessés ou tués au combat. Vient ensuite le discours du conférencier invité. Pour finir, on fait passer dans l'assistance une boîte enveloppée d'un drapeau des Tigres tamouls dans laquelle les gens déposent leurs dons. Un agent des services de renseignement décrivait ainsi la tactique des TLET : « Ils s'attirent d'abord la sympathie des gens, ensuite ils les excitent, et finalement ils leur demandent de leur donner de l'argent. »

Les agents du gouvernement qui surveillent ce genre d'événements m'ont dit que les sommes recueillies allaient directement dans les coffres de sociétés-écrans contrôlées par les TLET. Ces agents m'ont montré des photos prises lors de rassemblements tamouls qui avaient eu lieu dans des écoles de la région de Toronto. Sur ces photos, des soi-disant soldats armés portant l'uniforme des TLET se tiennent devant une grande carte géographique du Sri Lanka sur laquelle les régions contrôlées par les Tigres sont identifiées. Un agent du renseignement m'a confié qu'il ne trouvait « pas convenable qu'une organisation de rebelles aille dans nos écoles avec des répliques d'armes à feu pour vendre ses drapeaux et ses vidéos ». « Présenter des conflits armés dans une école n'est pas une bonne chose, ajoutait un autre agent. Ça me semble un peu immoral d'utiliser le milieu scolaire pour promouvoir une cause comme celle-là. » Sourds à ces avertissements, nos politiciens profitent de ces assemblées pour s'attirer une partie du vote ethnique en montrant qu'ils sympathisent avec la cause des TLET.

Des policiers et des agents du renseignement m'ont confié qu'ils voient souvent des membres du Parti libéral à ces rassemblements militaristes. En 2000, un site Internet pro-TLET publiait des photos prises lors d'un rassemblement ayant eu lieu à l'école secondaire Royal Vale de Montréal ; on y voyait des enfants en habit de camouflage militaire – et pourvus de répliques d'armes à feu – soulevant un cercueil recouvert d'un drapeau des TLET. J'ai appelé la direction de l'école pour leur poser quelques questions à ce sujet, mais personne n'était au courant qu'un événement de ce genre avait eu lieu dans leur établissement. Lorsqu'ils prirent connaissance des photos affichées sur le site Internet, les dirigeants de Royal Vale ont immédiatement adopté de nouvelles restrictions concernant l'utilisation des locaux en dehors des heures de classe.

L'organisateur de l'événement, le chapitre montréalais du Mouvement tamoul mondial, reconnaît avoir fait une collecte de fonds durant le rassemblement. « Ils ont passé le chapeau, de dire un représentant de l'organisation. C'est chose courante pour ce type d'événement. » Le représentant en question a ensuite admis que son organisation soutenait les TLET. « C'est vrai, a-t-il dit. Certains pays prétendent que nous sommes des terroristes, mais c'est faux. En fait, nous ne sommes même pas des partisans du terrorisme ; nous sommes en faveur de la liberté et nous voulons reprendre le contrôle de notre pays, un point c'est tout. » Quand je lui ai demandé ce qu'ils avaient fait des dons recueillis à Royal Vale, il m'a répondu que l'argent allait servir à financer des projets humanitaires. « On se sert de cet argent pour nourrir ceux qui sont dans le besoin… Il y a tant d'enfants qui meurent parce qu'ils n'ont rien à manger. »

Les militants tamouls ont été jusqu'à se servir de Postes Canada comme outil de propagande. À cette époque, notre service postal avait créé un programme de timbres personnalisés : en envoyant une photo de soi ou d'une personne chère, on pouvait obtenir, moyennant finances, des timbres officiels tirés à partir de cette photo. Dans le cadre du programme, un homme de Toronto a fait parvenir à Postes Canada une photo de Kumar

Ponnambalam, un avocat adulé des séparatistes tamouls qui avait été assassiné au Sri Lanka. Postes Canada imprimera une quantité importante de timbres à l'effigie de Ponnambalam ; ceux-ci furent vendus à l'encan à Toronto. Quand je les ai questionnés à ce sujet, les gens de Postes Canada m'ont dit qu'ils étaient sur le point d'imprimer un autre timbre semblable, mais à l'image d'un homme portant la moustache. Je leur ai fait parvenir une photo de Prabhakaran et ils m'ont confirmé qu'il s'agissait bien de l'homme en question. En apprenant la nouvelle, Postes Canada a immédiatement annulé la commande. Si le tirage avait été réalisé, les Tigres auraient pu effectuer tous leurs envois postaux avec des timbres à l'effigie de leur chef suprême, créant ainsi l'illusion que le Canada avait créé un timbre en l'honneur de Prabhakaran, ce qui revenait à dire que le gouvernement canadien appuyait leur cause.

Les TLET lèvent aussi des fonds dans les temples hindous de Toronto et des environs. En septembre 2001, je pénétrais discrètement dans le temple de Ganesh situé à Richmond Hill, au nord de Toronto. À cette époque, des milliers de fidèles venaient visiter ce lieu de culte nouvellement rénové. Il y avait toujours une longue procession de voitures et d'autobus garés le long de l'autoroute qui borde le temple. Arrivé sur les lieux, je fus accueilli non pas par un prêtre hindou, mais par un groupe de jeunes gens qui vendaient allègrement des drapeaux des Tigres tamouls. Des photos de Prabhakaran, des CD de ses discours et des vidéos de guerre étaient également offerts au consommateur fervent de la cause. « C'est notre leader national » m'a annoncé le jeune homme qui vendait les photos. « C'est notre drapeau national » de me dire un autre. Estimant qu'il me fallait une preuve concrète de la propagande qui se déroulait là, j'ai acheté un petit drapeau à 5 $. J'ai par la suite regretté mon achat, me disant que ma contribution, si modeste fût-elle, allait probablement servir à financer les activités des Tigres. Aux abords du temple, des hommes sollicitent des dons pour l'Organisation de réhabilitation des Tamouls, l'un des organismes de façade présumés des Tigres. « Faites un don pour les réfugiés » criaient-ils en agitant les bocaux de verre dans lesquels les fidèles étaient invités à déposer leur argent.

J'ai également vu des symboles TLET au temple Ayyappan de Scarborough. Le logo des Tigres apparaît sur la porte d'une hutte située à l'extérieur du temple ; la hutte elle-même est peinte en rouge et or – les couleurs des Tigres. À l'intérieur, un grand poster de Prabhakaran était étalé sur un bureau. Ainsi que l'affirme David Harris, un ancien agent du SCRS, les groupes extrémistes se servent souvent des institutions religieuses parce que cela leur permet de « circuler librement sans craindre une intervention immédiate d'organismes de sécurité ou de renseignement qui, typiquement, hésitent avant de pénétrer dans un temple ». Un mouvement populaire visant à bannir les TLET des temples torontois fut constitué, mais réprimé peu après. Dans certains temples, les membres du conseil d'administration qui s'oppo-saient à la présence des TLET ont fait l'objet de menaces de mort ; certains ont vu les fenêtres de leur domicile fracassées. « Quatre de mes collègues ont reçu des coups de fil menaçants, me disait l'un d'eux. Ils ont même appelé leurs épouses. Les femmes, elles, avaient très peur. Elles disaient : 'Donne ta démission, on n'a pas besoin du temple !' Et ils ont démissionné. Les femmes disaient : 'Ne va pas voir la police. Si tu appelles la police, ils vont envoyer des bandes de voyous pour nous faire du mal.' Le gouvernement, il ne fait rien pour empêcher ça. » L'homme à qui j'ai parlé s'est plaint à la police, mais le téléphone cellulaire d'où provenaient les appels menaçants avait déjà été déconnecté. Un autre inci-dent implique un prêtre hindou qui avait tenté de fonder un nouveau temple dans lequel aucune intrusion des TLET ne serait tolérée. La veille de l'ouverture du temple, il a reçu un appel du Mouvement tamoul mondial ; le WTM voulait installer des tables à l'extérieur du temple pour vendre sa marchandise et lever des fonds. « Ce qu'ils font est criminel, disait le prêtre. Par leurs actions, ils défient le gouvernement. Notre peuple est venu ici pour vivre en paix, mais les Tigres, eux, ne s'intéressent qu'à col-lecter des fonds. Les gens leur donnent de l'argent, mais ils ne savent pas ce qu'ils en font. »

Bon nombre de donateurs croient que leurs contributions servent à acheter de la nourriture et des médicaments. Or, un rapport secret du SCRS prétend plutôt que « l'essentiel des fonds recueillis par des organismes comme le WTM qui se disent

humanitaires est utilisé pour financer l'effort de guerre des TLET».
Les organisations tamoules du Canada nient catégoriquement
qu'elles effectuent des collectes de fonds pour les Tigres tamouls
et soutiennent que l'argent envoyé au Sri Lanka sert à dispenser
une aide humanitaire, et non à acheter des armes. « Voyez-vous,
nous ne sommes pas une communauté fortunée, me disait Sita
Sittampala, porte-parole de la FACT. Nous sommes relativement
pauvres comparativement à d'autres communautés – celle des
Juifs, par exemple. Beaucoup de nos gens vivent sur l'aide sociale
ou travaillent dans des usines pour un salaire dérisoire. Ils
gagnent très peu d'argent. Nous n'avons pas d'argent à donner
à des collecteurs de fonds pour qu'ils achètent des armes ou
quelque chose comme ça. Ce n'est pas là notre situation.

« J'ignore la position des services de renseignement canadiens
concernant la situation au Sri Lanka. Tout ce que je peux dire,
c'est que nous luttons pour une cause qui nous semble juste. Il
y a longtemps que notre peuple est opprimé – nous manifestons
pacifiquement depuis cinquante ans. Et c'est aussi de manière
pacifique que nous en appelons au Parlement sri lankais. En ce
sens, nous agissons conformément au système de valeurs canadien. Parce que ce que nous voulons par-dessus tout, c'est la
démocratie. Et il faut en appeler au peuple, ou du moins au gouvernement. C'est ce que nos représentants ont fait. Nous avons
décidé de coexister au Sri Lanka avec un autre peuple qui, comme
nous, se veut indépendant. Mais quand les choses ont mal tourné
en dépit des moyens pacifiques que nous avons employés pour
plaider notre cause, la communauté internationale est restée
muette. À partir du moment où notre gouvernement a fait appel
à l'armée, notre situation est devenue sans issue. C'est sans doute
ce qui, en dernier ressort, a poussé nos jeunes gens à prendre les
armes. À mon avis, c'est une réaction acceptable et légitime. »

Les militants font tout ce qu'ils peuvent pour remettre en
cause les preuves qui démontrent que les Tigres effectuent des
levées de fonds au Canada, notamment en prétendant que ces
accusations font partie de la propagande du gouvernement sri
lankais. Pourtant, toutes les agences de sécurité fédérales qui ont
étudié la question en sont arrivées à la même conclusion, à savoir
que des organisations-façades tamoules financent l'achat d'armes

destinées aux TLET. Une bonne part des fonds recueillis pour des projets soi-disant humanitaires va à l'Organisation de réhabilitation des Tamouls (TRO), une société sans but lucratif enregistrée en Ontario en 1995. Le premier président du TRO, Elagu Elaguppillai, était un ardent supporter du Parti libéral. Scientifique et grand spécialiste du nucléaire, il avait déjà travaillé pour la société Énergie atomique du Canada. Elaguppillai m'a dit qu'il avait quitté le TRO au bout d'un an, soit immédiatement après que des agents du SCRS l'eurent informé du fait qu'il s'agissait sans doute d'un organisme de façade au service des TLET. En 1996, le TRO nommait un nouveau directeur, Anton Sinnarasa. Deux ans plus tard, alors même que Sinnarasa travaillait pour le député Jim Brown de l'Assemblée législative de l'Ontario, son nom apparaissait sur un mandat de perquisition de la GRC qui l'identifiait comme un membre des TLET. Sinnarasa a nié entretenir quelque lien que ce soit avec les Tigres. Faute de preuves, aucune accusation ne fut portée contre lui. En 2003, Sinnarasa participait au congrès d'investiture du Parti libéral en tant que délégué, ce qui signifie qu'il avait voix dans le choix du nouveau chef du Parti.

Dans sa décision concernant Muralitharan Nadarajah, un ex-leader des factions TLET en Suisse qui avait été capturé par la GRC à Toronto, la Commission de l'immigration et du statut de réfugié mentionnait que le TRO était une couverture pour les Tigres tamouls : « Des preuves provenant de trois sources différentes affirment ou suggèrent fortement que le TRO est l'organe de réhabilitation des TLET. Les fonds que recueille le TRO servent à la réhabilitation, mais aussi à l'achat d'armes. Détourner des fonds destinés à des programmes de réhabilitation sri lankais fait partie du *modus operandi* des TLET. »

Le SCRS a pour sa part observé que les levées de fonds s'intensifiaient proportionnellement à la virulence de la guerre au Sri Lanka. Afin de financer une opération qui permettrait aux rebelles de reprendre le contrôle de l'autoroute A-9, l'une des principales artères nord-sud du Sri Lanka, les TLET ont demandé aux Tamouls du Canada de faire une contribution de 1000 $ par famille. En novembre 1999, une reprise des hostilités au Sri Lanka a permis aux Tigres de collecter 1,6 million de dollars en un seul jour. Après la prise du col de l'Éléphant en avril 2000, la conquête de Jaffna semblait à portée de main ; à Toronto, collectes et levées de fonds se sont alors succédé à un rythme effréné. Selon le SCRS, les TLET auraient demandé au WTM de recueillir pour eux une somme additionnelle de 10 millions de dollars en 1999 et en 2000.

L'argent récolté au Canada est acheminé aux Tigres tamouls par le biais d'une série de comptes bancaires secrets et de sociétés-écrans. Le principal fournisseur d'armes des TLET, Tharmalingam Shanmugham – alias Kumaran Pathmanathan, ou KP –, dirige en Thaïlande une compagnie alimentaire qui sert de couverture au commerce des armes. La division des TLET qui s'occupe de l'approvisionnement en armement a été baptisée « Département KP », en l'honneur de son patron. Diplômé de l'université de Jaffna, Kumaran est décrit en ces termes dans un rapport du SCRS : « En tant que chef du réseau d'acquisition d'armes des TLET, KP est à la tête d'un réseau clandestin de compagnies et de commerces s'étendant à l'échelle de la planète. Il est directement impliqué dans l'achat d'armes et de matériel destiné aux Tigres du Sri Lanka. » Le rapport du SCRS ajoute que Kumaran a constitué à Toronto deux compagnies d'import-export qui ont pour fonction de blanchir les fonds recueillis par le WTM et par d'autres organisations-façades. Toujours selon le rapport du SCRS, Kumaran entretiendrait des « liens étroits » avec ces deux compagnies qui sont « dirigées par des sympathisants des Tigres tamouls ».

« Les deux compagnies ont été constituées à la demande de Kumaran, continue le rapport, et l'essentiel de leur inventaire provient des firmes thaïlandaises de Kumaran. Le dirigeant de la première entreprise est responsable de la collecte et de la distribution de fonds pour le WTM ; l'individu en charge de la seconde compagnie est un ami intime de Kumaran. Nous savons que les TLET tirent actuellement des revenus de ces deux sociétés d'import-export, mais nous soupçonnons qu'il pourrait y avoir jusqu'à cinq compagnies canadiennes qui fournissent des fonds aux TLET. Bien qu'il n'y ait aucun document officiel nous permettant de chiffrer avec exactitude les profits réalisés par ces compagnies, tout porte à croire qu'elles sont extrêmement lucratives. Les TLET dépendent de plus en plus de ce genre d'entreprises pour financer leurs activités guerrières au Sri Lanka. »

Les transferts de fonds sont effectués grâce à un système ingénieux de fixation des prix. Les compagnies torontoises importent de la marchandise achetée aux entreprises thaïlandaises de Kumaran à un prix exagérément élevé. La compagnie de Toronto paiera par exemple jusqu'à 100 $ pour une pomme de laitue n'ayant coûté que 10 cents à Kumaran. Ce dernier se servira ensuite de ces « profits » pour acheter des armes. « L'argent qui est blanchi de cette façon vient probablement des fonds collectés par le WTM et par d'autres organismes de façade, affirme le rapport du SCRS. Les factures émises par Kumaran sont payées immédiatement, ce qui semble indiquer qu'il ne s'agit pas là de simples transactions commerciales, mais que les fonds sont destinés à des fins plus urgentes. » Kumaran a par ailleurs l'habitude d'envoyer à ses « clients » des factures particulièrement salées à l'approche de « juillet noir », période de l'année où les Tigres rendent hommage à leurs guérilleros morts au combat et où ils intensifient leur campagne militaire. Le SCRS souligne que juste avant juillet noir, « le montant des factures émises par Kumaran est beaucoup plus important que durant le reste de l'année, ce qui pourrait indiquer que l'argent est utilisé pour financer les activités des TLET pendant juillet noir ».

Le Département KP doit l'essentiel de son succès à son réseau d'expédition. Avec l'aide d'un magnat de l'industrie du transport de Bombay, KP a constitué un réseau d'expédition indépendant entièrement géré par les TLET. À partir de ce moment, les Tigres ne sont plus à la merci des grands transporteurs commerciaux, sur la complicité desquels ils n'avaient pas toujours pu compter par le passé. La flotte des TLET compte entre dix et quinze navires, dont certains disposent d'une puissante artillerie ; ces cargos naviguent sous pavillon panaméen, hondurien ou libérien. Dès que sa flotte est disponible pour transporter une nouvelle cargaison d'armes, Kumaran se rend en Asie et dans les anciennes républiques de l'Union soviétique pour acheter, avec l'argent récolté et blanchi par les sociétés-écrans canadiennes, des armes destinées aux Tigres tamouls. Kumaran voyage même parfois avec un faux passeport canadien – une gracieuseté des Tigres des neiges.

Les troupes des Tigres tamouls sont relativement modestes : entre cinq mille et sept mille combattants, plus environ dix mille individus ayant un rôle de soutien dans l'organisation. En dépit de leur nombre restreint, les Tigres disposaient à la fin des années 1990 de quelque dix mille armes automatiques ; ils avaient aussi des chars d'assaut, des bateaux à moteur, des satellites et un sous-marin. Mais ce dont les TLET ont le plus besoin, c'est de missiles et de munitions de toutes sortes. En 1997, les Tigres détournèrent une cargaison d'armes destinée au gouvernement sri lankais, faisant ainsi main basse sur plus de trente-deux mille obus de mortier. Le ministère de la Défense du Sri Lanka avait acheté la marchandise en question du Zimbabwe par l'entremise d'un sous-traitant israélien. Ayant soudoyé quelques individus bien placés, les TLET s'étaient aisément emparés de la cargaison puis l'avaient transbordée sur l'un des navires de KP. Quand le gouvernement a appris la nouvelle, le cargo avait déjà touché la côte sri lankaise à la hauteur du district de Mallaituvu et les rebelles avaient pris livraison des obus. L'ambassade américaine à Colombo reçut alors un fax qui disait : « Nous, les Tigres tamouls, vous informons par la présente que, le 11 juillet 1997, nous avons détourné un vaisseau transportant des armes à destination de Colombo... La cargaison a été confisquée. Nous vous avertissons du fait que nous comptons prendre des mesures contre toute personne impliquée dans la fourniture d'équipement militaire servant à attaquer les droits légitimes du peuple tamoul et que les individus concernés seront sévèrement punis. »

Lorsque l'Armée de l'air sri lankaise, ayant accru ses effectifs et renforcé son arsenal, a commencé à lancer des attaques aériennes contre les bases rebelles, les missiles sont aussitôt devenus pour les TLET une denrée très prisée. À ce moment-là, les rebelles disposaient d'une réserve impressionnante de missiles sol-air de fabrication soviétique SAM-7 et de puissants missiles Stinger qui avaient fait partie de l'arsenal soviétique durant la guerre en Afghanistan. Nécessitant des armements de plus en plus sophistiqués, les TLET ont intensifié leurs activités de levées de fonds, et ce à l'échelle internationale. En 1996, on pouvait lire le message suivant sur le réseau Internet « FreeNet » de l'université Carleton : « Urgent appel de fonds pour financer l'achat de missiles : donnez généreusement aux TLET. » À cette époque, le chef comptable des Tigres tamouls – qui, incidemment, avait déjà vécu au Canada – fut impliqué dans l'achat de missiles soviétiques SA-14.

L'arme favorite des Tigres est sans contredit l'explosif. Le coup d'envoi de la guerre civile sri lankaise fut donné officiellement en 1983 quand les Tigres firent sauter un convoi gouvernemental à l'aide d'une bombe activable à distance. Cela dit, le ton du conflit ne sera véritablement donné que quatre ans plus tard, à l'occasion du premier attentat-suicide à la bombe orchestré par les TLET. Nécessitant un niveau de ferveur pour le moins extrême, les attentats-suicides à l'explosif sont un phénomène relativement rare dans les sphères du terrorisme international. Plus qu'une arme, ils sont le symbole d'un engagement absolu envers la cause.

Les premiers attentats-suicides à la bombe eurent lieu au Liban dans les années 1980. Les Tigres ont par la suite adopté, puis affiné la technique. Il est très difficile de stopper un attentat-suicide en cours pour la simple raison que son auteur ne craint pas d'être capturé et qu'il n'a pas à se ménager une porte de sortie une fois son méfait commis. Ce type d'attentat comporte un autre avantage pour l'organisation terroriste : si la mission réussit, son auteur perd la vie et ne pourra donc pas révéler l'identité de ses complices à la police. Si l'attentat-suicide est devenu si répandu, c'est en partie parce que le terroriste peut facilement se procurer les explosifs, les roulements à billes, les écrous, les boulons, les piles, les fils conducteurs et les interrupteurs dont il a besoin pour fabriquer ses bombes. Tout a commencé lorsque les autorités sri lankaises adoptèrent des mesures de sécurité plus strictes pour enrayer la menace rebelle. Forcés de trouver de nouvelles façons de menacer la stabilité intérieure du Sri Lanka, les TLET ont décidé d'envoyer parmi les foules du centre-ville de Colombo des recrues vêtues de « vestes explosives ». C'est de cette façon spectaculaire que la guerre a fait son entrée dans la capitale. La police apprendra à détecter les bombes humaines potentielles avec régularité, mais les rebelles riposteront en employant des femmes et des enfants pour leurs missions suicides, sachant que ceux-ci sont moins susceptibles d'éveiller les soupçons.

Kumaran est à l'origine de la plus importante transaction d'explosifs jamais réalisée par une organisation terroriste. Le 22 septembre 1993, une somme de 990 987 $ en provenance d'une succursale de la HSBC à Vancouver était transférée outre-mer dans un compte appartenant aux TLET. Le compte de Vancouver était au nom de B. Thambirajah, mais en réalité il était contrôlé par les hauts dirigeants canadiens des Tigres tamouls. Huit mois plus tard, Kumaran utilisait les fonds pour acheter une quantité record d'explosifs. Le scénario s'est déroulé comme suit : Carlton Trading, une société-écran TLET située à Dhaka, s'est procurée de faux certificats qui indiquaient que les explosifs étaient destinés à l'armée du Bengladesh ; la firme s'est ensuite servie de ces certificats pour acheter soixante tonnes de RDX et de TNT, deux explosifs extrêmement puissants, à l'usine de produits chimiques ukrainienne Rubezone. Les Tigres ont pris livraison des explosifs au port de Nikolaïev, puis la marchandise fut chargée à bord d'un cargo de la flotte TLET, le *MV Swene*. Escorté par les bateaux à moteur de l'organisation, le navire a entamé un périple qui allait le mener jusqu'à la côte nord-est du Sri Lanka. Une fois arrivée à bon port, la cargaison fut déchargée avant d'être acheminée vers des bases rebelles secrètes enfouies au cœur de la jungle sri lankaise. De là, les explosifs furent distribués aux troupes qui en firent des mines terrestres, des bombes piégées et des « bombes-suicides ». Le commando suicide des TLET, les Tigres noirs, aura droit à une bonne part de ce cargo meurtrier.

L'usage qu'il en fera s'avérera des plus dévastateurs.

Vers la fin des années 1990, la police de Toronto a constaté une hausse des crimes violents où le criminel et la victime étaient tous deux d'origine sri lankaise. Les autorités torontoises soupçonnaient que ces incidents dénotaient l'émergence d'un nouvel élément criminel ethnique. Comme cela avait été le cas dans les années 1980 avec les groupes asiatiques, la police fut confrontée à une série de problèmes dans ses démêlés avec les Sri Lankais : les motifs des crimes étaient parfois difficiles à saisir ; témoins et suspects avaient tendance à rester muets ; les barrières culturelles et linguistiques étaient autant de facteurs qui venaient compliquer le déroulement des enquêtes. En réponse à ces problèmes, la police de Toronto a constitué, dans le cadre d'un projet pilote, une division annexe à son unité de renseignement. Baptisée « Force opérationnelle tamoule », cette division était destinée à travailler en étroite collaboration avec la GRC ainsi qu'avec Citoyenneté et Immigration Canada.

Cette force opérationnelle découvrit bientôt que le crime organisé impliquant des Sri Lankais au Canada puisait ses origines au Sri Lanka même. Deux gangs rivaux, les VVT et AK Kannan, étaient les principaux protagonistes de cette vague de crimes. Ces gangs étaient associés aux factions tamoules du Sri Lanka. Avec quelque trois cents membres au Canada, AK Kannan tire son nom du fusil d'assaut AK-47, ou kalachnikov, l'arme de prédilection des guerriers tamouls. La police soupçonnait que le gang était dirigé par Jothiravi Sittampalam, alias Kannan ou Ravi, un ex-membre des TLET qui s'était retourné contre ses anciens compagnons d'armes parce qu'il voulait devenir chef suprême de la rébellion tamoule.

« Il déteste les Tigres » déclarait le sergent Bowen à une audience d'immigration. Le père de Sittampalam, un directeur d'école à Kariveti, au Sri Lanka, avait déjà été kidnappé et torturé par les TLET. « Il a juré qu'il se vengerait, d'ajouter Bowen. C'est un type violent et il a un casier judiciaire très chargé. »

Bien que farouchement opposé aux Tigres, AK Kannan n'en entretient pas moins des liens avec ceux-ci – c'est un ancien guérillero TLET qui a initié les membres du gang au maniement d'armes.

Principal rival d'AK Kannan, le VVT est le gang pro-TLET le plus puissant au Canada, pays où il compte entre trois cent cinquante et cinq cents membres. VVT est l'abréviation de Valvedditurai, lieu d'origine des TLET et de Prabhakaran, leur leader. On soupçonne que les têtes dirigeantes du VVT sont ou ont déjà été des guérilleros TLET ayant conservé intacte leur loyauté envers la cause. Entre autres choses, les hommes de mains du VVT font de la collecte de fonds pour le compte des Tigres dans les quartiers tamouls du Canada.

Ces gangs commettent des actes de violence particulièrement brutaux pour étouffer toute dissension au sein de la communauté tamoule. Un Tamoul qui avait décidé de ne pas fermer les portes de son club vidéo durant la journée commémorative de juillet noir fut menacé par un gang. Peu de temps après, son commerce était la proie d'un incendie criminel. Les Tamouls canadiens ont des sentiments mitigés face aux TLET, aussi les Tigres doivent-ils appliquer certaines mesures coercitives pour maintenir l'illusion d'un front unifié et pour empêcher que deux camps opposés, l'un pro-TLET et l'autre anti-TLET, ne se forment au sein de la communauté tamoule et de ses institutions. Les gangs emploient la manière forte pour convaincre les Tamouls de soutenir la cause. « Les membres du VVT sont les hommes de main des représentants politiques des TLET au Canada, écrivait la Force opérationnelle tamoule dans un rapport datant de 1998. La communauté tamoule est au courant du fait que le VVT est étroitement associé aux TLET. » L'officier en charge de la Sous-direction des questions d'immigration et de passeport de la GRC à Milton, en Ontario, affirmait que « les Tigres contrôlent les gangs tamouls de Toronto ».

L'un des hauts dirigeants du VVT, un Sri Lankais du nom de Niranjan Claude Fabian, fut identifié par la police de Toronto comme étant un ex-assassin des TLET. Fabian s'était joint au VVT en 1990, peu après son arrivée au Canada. Une autre figure dirigeante du VVT, Sri Ranjan Rasa, est lui aussi arrivé au Canada en 1990 ; dans sa demande pour obtenir le statut de réfugié, Rasa déclarait qu'il avait été enlevé et torturé par l'armée indienne et sri lankaise. Le 8 juillet 1991, la CISR acceptait sa requête et lui accordait le statut tant convoité. Quelque temps plus tard, en fouillant son appartement, la police trouvera des photos de Rasa armé et en habit de camouflage se tenant debout devant un drapeau des TLET.

Outre AK Kannan et le VVT, il y a au Canada plusieurs autres gangs tamouls de moindre importance, dont le Jane Finch Gang, le Kipling Gang, le Sooran Gang, le Seelapul Gang, le Mississauga Gang et les Tigres de Gilder. Toutes ces factions pro-TLET ont prêté allégeance au VVT. Trois gangs – les Udupiddy, les Tuxedo Boys et Silver Springs – sont contre les Tigres et se sont donc associés à AK Kannan. Le sergent Bowen a référé plus de deux cent membres de gangs tamouls au service d'immigration pour qu'ils soient déportés. En tout et partout, les gangs de Toronto comptent environ mille membres dont plusieurs sont d'ex-guérilleros tamouls. Les gangs cherchent à recruter d'anciens guerriers rebelles parce que, selon un rapport de la Force opérationnelle tamoule, ceux-ci ont « bénéficié d'une formation para-militaire intensive dans plusieurs domaines, dont le combat à mains nues et le maniement d'armes automatiques ; ils ont également appris à manier les lance-roquettes russes de type RPG ainsi que d'autres armes et substances offensives. » Le rapport précise en outre que « plusieurs armes de ce genre ont déjà été utilisées dans la région de Toronto ».

Les gangs font partie intégrante de l'extrémisme politique tamoul, et ce, depuis bon nombre d'années. Bien avant que la présente guerre civile n'éclate, il y avait au Sri Lanka tout un réseau clandestin de contrebande et d'extorsion. Au début des années 1970, avant la création des Nouveaux Tigres tamouls, Prabhakaran lui-même faisait partie d'un gang. Lorsque le leader des Nouveaux Tigres, Chetti Thanabalasingham, fut tué, c'est Prabhakaran qui l'a remplacé. La réputation de Prabhakaran s'est étoffée après que celui-ci eut assassiné le maire de Jaffna. Se vantant ouvertement de son exploit, Prabhakaran sera désormais reconnu comme un leader violent et capable de tout. Après avoir donné à l'organisation son nom actuel, les Tigres tamouls, il lancera une campagne sanglante vers l'indépendance. À cette époque, les Tigres durent livrer une lutte de pouvoir féroce contre cinq autres factions tamoules, les principales étant l'Organisation de libération de l'Eelam tamoul et l'Organisation de libération du peuple tamoul de l'Eelam. Ces deux organisations bénéficiaient du soutien de l'Inde dans sa lutte contre les TLET. Déterminés à devenir le seul organe révolutionnaire du Sri Lanka, les Tigres ont lancé une campagne visant l'élimination de leurs rivaux – ce qu'ils feront de façon cruelle et systématique. La rancœur existant entre les différentes factions tamoules du Sri Lanka ne s'est toujours pas estompée. À bien des points de vue, les rivalités entre le VVT et AK Kannan sont le reflet de cette inimitié séculaire.

L'extorsion pratiquée au Canada par les gangs pro-TLET qui sollicitent des « dons » auprès de la population et des commerçants tamouls trouve également sa source au Sri Lanka. Dans leur pays d'origine, les Tigres ont en effet imposé un système de taxation visant les familles, les commerces et les entreprises criminelles situées dans les régions qui sont sous leur contrôle. Les TLET usent de ces mêmes tactiques d'extorsion en Europe. En Allemagne, dix individus furent arrêtés parce qu'ils soutiraient 50 marks par mois à des familles tamoules. Des stratagèmes semblables étaient appliqués en Suisse, en France et en Angleterre. Hormis leurs activités d'extorsion, les gangs affiliés aux Tigres canadiens sont impliqués dans toutes sortes de crimes et de magouilles – cambriolages, kidnappings, meurtres, tentatives de meurtre, vols de passeport, contrefaçons, fraudes de cartes de crédit et de débit, fraudes bancaires, vols de voitures, etc. Ces gangs s'attaquent à tour de rôle dans des fusillades visant leurs repaires mutuels. Cette lutte territoriale menée à coups de carabines à canon scié a transformé certains quartiers de Toronto en de véritables stands de tir.

Avec toutes ces balles sifflant dans toutes les directions, il était inévitable que des innocents se retrouvent éventuellement pris entre deux feux. « Comme ce ne sont pas de très bons tireurs, ils vont sûrement finir par blesser quelqu'un » disait un policier dans un article du *Toronto Sun* publié en février 1997. Dix mois plus tard, Kapilan Palasanthiran, un étudiant de l'université de Waterloo âgé de dix-neuf ans, était tranquillement assis en compagnie de deux amis dans un restaurant *Cross Country Donut* de Scarborough, quand quatre hommes vêtus d'habits sombres et de cagoules se sont campés devant l'établissement et ont ouvert le feu, fracassant la vitrine derrière laquelle les trois étudiants étaient attablés. L'un d'eux fut atteint d'une balle à la poitrine. Touché au dos, Palasanthiran fut déclaré mort peu après son arrivée à l'hôpital Sunnybrook de Toronto. Selon la police, les auteurs de la fusillade avaient pris leurs victimes pour des membres d'un gang rival.

Les gangs tamouls disposent d'un arsenal extrêmement puissant. Au cours d'une enquête, la police a découvert une cache d'armes appartenant à un gang dans un banc de neige situé derrière une station-service de Scarborough. La cachette recelait une mitraillette 9 mm, un fusil Beretta, une Winchester de calibre 12 et deux pistolets semi-automatiques. Deux de ces armes à feu avaient été volées lors de cambriolages commis à Toronto et à Montréal. À l'occasion d'une razzia dans un appartement faisant partie d'une coopérative tamoule, des agents de la 14e division de la police de Toronto ont fait main basse sur un pistolet-mitrailleur Uzi ; la police avait identifié l'appartement en question comme étant le lieu de rencontre d'un gang local. Les autorités ont également appris qu'une mitraillette AK-47 accompagnée de balles perforantes avait été introduite clandestinement au Canada par des membres du VVT.

Des membres de gangs tamouls ont avoué à la police qu'ils possédaient des M-16. Le 24 janvier 1998, dans la banlieue torontoise de Scarborough, un membre de AK Kannan fut attaqué par des rivaux VVT alors qu'il était en voiture. L'homme de AK Kannan s'est enfui à pied et ses agresseurs sont partis au volant de sa Chrysler Daytona, laquelle était remplie d'armes à feu volées. Après s'être emparés des armes, les VVT ont fait sauter la Chrysler avec une bombe au « napalm » composée d'essence, de savon et de Drano, une mixture explosive à laquelle les Tigres tamouls ont souvent recours.

Au début de 1998, l'un des chefs du VVT, Niranjan Fabian, était reconnu coupable de conspiration en vue de falsifier un passeport canadien, de conspiration en vue de commettre des voies de fait graves et de tentative d'entrave à la justice. « L'accusé était prêt à user de violence et à mettre en danger la sécurité et la vie de personnes innocentes pour protéger ses intérêts dans des activités de traite illicite de passeports, dira le juge au sujet de Fabian. L'étendue de ses activités criminelles, mais aussi sa mentalité criminelle en général, démontrent qu'il a très peu de respect pour la loi. » Jugeant que Fabian représentait un danger pour le public, la Cour ordonnera sa déportation. À la fin de 2003, la cause était toujours en appel et Fabian vivait toujours à Toronto.

Le 3 mars 1998, Sri Ranjan Rasa, un autre leader du VVT, était reconnu coupable de conspiration en vue de commettre des voies de fait graves et fut condamné à sept mois de prison. Dans la même journée, il fut également reconnu coupable de conspiration en vue d'utiliser une fausse carte de crédit et de possession d'une arme prohibée. Le juge a sévèrement admonesté le VVT qui, selon lui, usait de tactiques sanguinaires. « Ce que je trouve le plus alarmant dans tout ça, disait le magistrat, c'est que cette organisation semble entièrement disposée à user de violence et à utiliser des armes à feu prohibées pour préserver ses entreprises criminelles. » Tout comme Fabian, Rasa fut jugé un danger pour la sécurité publique et fit l'objet d'une ordonnance de déportation. À ce jour, il continue de porter sa cause en appel.

La violence perpétrée par les gangs torontois affiliés aux TLET a éventuellement pris des proportions telles que les dirigeants des Tigres ont commencé à s'en inquiéter. Dans les hautes sphères de l'organisation, on se demandait si les activités des gangs n'étaient pas en train de ternir la réputation du mouvement indépendantiste tamoul. Les Tigres craignaient que le gouvernement ne se décide enfin à sévir contre eux, ce qui aurait sérieusement compromis leurs efforts pour lever des fonds au Canada. Pour remédier à la situation, Prabhakaran a fait venir l'un de ses assassins de France, un dénommé Shukla, lequel aurait pour mission de négocier un cessez-le-feu entre les gangs tamouls. Le WTM et la Société de l'Eelam tamoul ont tous deux enjoint Shukla de présenter aux chefs des gangs un avertissement rédigé par Prabhakaran lui-même. Une première tentative de trêve a échoué, mais, en mai 1998, plusieurs centaines de membres de AK Kannan et du VVT s'assemblaient dans un temple hindou de Richmond Hill en Ontario pour annoncer, avec la bénédiction d'un prêtre et d'un conseil d'aînés, qu'ils renonçaient à la violence.

Mais la paix ne durera pas. Moins de six mois plus tard, les hostilités reprennent. Dès le début de 1999, la guerre des gangs avait déjà recouvré toute sa virulence d'avant. Une nuit de juin 1999, à Scarborough, deux membres du VVT descendaient Ellesmere Road en voiture avec deux de leurs amis quand une autre auto a subitement fait irruption derrière eux. Les passagers du véhicule, des membres de AK Kannan, ont alors tiré sur eux. Durant la poursuite automobile qui s'est ensuivie, les hommes de AK Kannan ont continué de faire feu en direction du véhicule ennemi, laissant derrière eux une traînée de douilles vides sur une distance d'environ un kilomètre. L'un des membres du VVT fut tué d'une balle dans le dos. Deux jours plus tard, une autre

Le détonateur électronique que le terroriste montréalais Ahmed Ressam a fabriqué pour faire sauter l'aéroport international de Los Angeles en 1999. Des douaniers américains ont mis la main sur ce dispositif que Ressam avait caché dans le coffre de sa voiture. Ressam était membre de l'aile canadienne du Groupe islamique armé, une organisation terroriste algérienne dont le chef, Fateh Kamel (*voir ci-contre*) a été capturé en Jordanie.
(Photo : Associated Press)

Le sikh extrémiste de la Colombie-Britannique Talwinder Singh Parmar est le chef présumé du groupe terroriste Babbar Khalsa. Il demeure à ce jour le principal suspect dans l'attentat d'Air India de 1985. Il fut tué en Inde lors d'une fusillade policière le 15 octobre 1992. (Photo : Wayne Leidenfrost, *The Province*)

La porte de l'avion d'Air India flottant au large de la côte irlandaise. L'avion de ligne explosait en plein vol le 23 juin 1985, tuant les 329 passagers qui se trouvaient à son bord. Le leader des Babbar Khalsa en Colombie-Britannique, Talwinder Singh Parmar, demeure le principal suspect dans l'affaire. (The Canadian Press)

Sur cette photo de surveillance réalisée par des agents du renseignement canadiens, le membre du Hezbollah Said Harb traverse le pont suspendu Capilano, une attraction touristique de North Vancouver. Un membre de l'organisation a dit au SCRS que le Hezbollah filmait sur bande-vidéo des cibles potentielles au Canada.

Harb rencontrant Ali Amhaz dans une rue de Vancouver. Amhaz vivait alors à Burnaby, en Colombie-Britannique. Le FBI croit que les deux hommes et un complice de Vancouver, Mohamad Hassan Dbouk, faisaient partie d'un réseau d'acquisition du Hezbollah qui faisait de la contrebande de cigarettes pour acheter l'équipement militaire destiné aux combattants islamiques du Liban.

Mohamad Hassan Dbouk rencontrant Harb à Vancouver. Dbouk est recherché par les autorités américaines pour son implication dans le réseau d'acquisition canadien du Hezbollah. Il est maintenant retourné au Liban.

Kassem Daher, un exploitant de salles de cinéma de l'Alberta, est le « prince » présumé d'un groupe terroriste islamique. Daher s'est fait construire cette luxueuse résidence dans la vallée de la Bekaa au Liban.

Cet édifice du centre-ville de Colombo au Sri Lanka a été détruit par une bombe des Tigres tamouls.

Des soldats sri lankais patrouillant les jungles de la péninsule de Jaffna, épicentre de la guérilla terroriste au Sri Lanka.

Le drapeau des Tigres tamouls flottant au-dessus de la colline parlementaire à Ottawa en 1995. Ce jour-là, des centaines de Tamouls canadiens manifestaient contre le gouvernement du Sri Lanka. (Photo : Fred Chartrand, The Canadian Press)

Manickavasagam Suresh arrivant à la Cour suprême du Canada. Soupçonné d'avoir levé des fonds au Canada pour les Tigres tamouls, Suresh devait convaincre les tribunaux de ne pas le déporter au Sri Lanka. (Photo : Tom Hanson, The Canadian Press)

Ahmed Said Khadr sur son lit d'hôpital durant la grève de la faim qu'il fit en 1996 à Islamabad pour protester contre le fait qu'il était accusé de l'attentat à la bombe sur l'ambassade d'Égypte. Les services de renseignement canadiens disent que Khadr est un proche collaborateur d'Osama bin Laden. (Photo : Tom Hanson, The Canadian Press)

La pendaison d'un « collaborateur » à Hébron en mai 2002. Les Palestiniens soupçonnaient cet homme d'avoir divulgué aux Israéliens des renseignements concernant un leader terroriste palestinien.

La police indonésienne examine les décombres d'une boîte de nuit détruite par une bombe de la Jemmah Islamiyah, un groupe affilié à Al Qaeda. L'attentat du 12 octobre 2002 a fait plus de 200 morts. Le Canadien Mohammed Jabarah a orchestré plusieurs attentats à la bombe pour la Jemmah Islamiyah dans cette région. (The Canadian Press)

La photo d'album de finissants de Mohammed Mansour Jabarah, prise à St. Catharines en Ontario peu de temps avant que Jabarah ne se joigne à Al Qaeda en Afghanistan. Après avoir planifié des attentats à la bombe à Singapour et à Manille, il fut capturé puis livré aux autorités américaines. (Photo : *National Post*)

Fauzi Ayub lors de son procès à Tel-Aviv en octobre 2002. Ce Canadien qui faisait partie de l'escouade d'élite d'Al Qaeda a par la suite avoué avoir été impliqué dans un détournement d'avion. Les autorités israéliennes soupçonnent qu'il complotait en vue d'assassiner le premier ministre d'Israël. (Photo : Eric Sultan, Associated Press)

Un camion transportant des soldats du gouvernement sri lankais au front pour combattre les Tigres tamouls.

À l'extérieur d'un temple hindou de Richmond Hill en Ontario, les partisans vendent des drapeaux des Tigres tamouls ainsi que d'autres articles associés à l'organisation terroriste.

fusillade avait lieu, causant cette fois la mort d'un innocent. La victime, une adolescente de seize ans, bavardait avec des copines dans le stationnement d'un Burger King quand une Lincoln Navigator noire s'est approchée de leur groupe. Après avoir baissé sa glace, le passager du véhicule a fait feu sur la jeune fille, l'atteignant au dos. Selon les policiers chargés de l'enquête, le tireur aurait cherché à éliminer un sympathisant d'un gang tamoul rival qui se trouvait sur les lieux au moment du crime. La police estime à plus de cinquante le nombre de fusillades perpétrées par des gangs tamouls durant l'automne 1999.

La police n'a jamais eu beaucoup de succès dans sa lutte contre les gangs tamouls. Le problème est que les membres de ces gangs obéissent à une sorte de «pacte du silence», une entente tacite selon laquelle ils ne doivent jamais impliquer la police dans leurs conflits. Par conséquent, bon nombre des crimes commis par les gangs ne sont jamais signalés aux autorités. Et puis les témoins ont peur de parler, ce qui complique encore davantage les choses. Dans un prospectus écrit dans la langue tamoule, l'un de ces gangs offrait une récompense à quiconque fournirait des renseignements concernant les témoins à charge qui étaient appelés à témoigner contre ses membres. Les rares personnes qui ont osé témoigner contre un gangster ont toutes été victimes d'intimidation; typiquement, des membres du gang se rendent au procès et, de la salle d'audience, montrent au témoin des photos de ses enfants ou d'autres membres de sa famille. Un rapport de la GRC nous apprend que «la plupart des Tamouls de la région de Toronto craignent les gangs et les groupes extrémistes qui vivent dans leur communauté, ce qui fait que très peu d'entre eux osent témoigner ou se plaindre à la police».

Le système d'immigration canadien s'est lui aussi révélé impuissant à nous débarrasser de ces gangsters. Le 18 octobre 2001, une cinquantaine de gangsters tamouls étaient arrêtés et menacés de déportation dans le cadre d'une opération impliquant plus d'une centaine de policiers et d'agents d'immigration de l'Ontario. Les autorités de la province s'étaient dit que si elles ne pouvaient pas jeter ces individus en prison, elles allaient au moins essayer de les déporter. La chose s'avéra cependant plus facile à dire qu'à faire : deux ans plus tard, aucun de ces individus n'avait encore été déporté. Qui plus est, la plupart d'entre eux avaient été relâchés.

Les gangs tamouls font également appel à la violence et à la coercition pour amasser des fonds. « Ces gangs sont prêts à faire n'importe quoi pour de l'argent » affirmait le sergent Bowen. Et l'argent qu'ils recueillent aboutit invariablement dans les coffres des TLET. Une étude menée par la GRC en arrivait à la conclusion suivante : « À Montréal et à Toronto, les TLET entretiennent des liens étroits avec le crime organisé, et particulièrement avec les gangs de rue. De nombreux éléments viennent témoigner de cette relation et du fait que l'argent impliqué est acheminé aux TLET pour soutenir leurs activités extrémistes au Sri Lanka. Tout indique qu'un grand nombre de membres des TLET sont présents au Canada et qu'ils sont liés aux gangs criminels… tant d'un point de vue opérationnel que financier. » La GRC a aussi découvert qu'il y avait des liens entre les gangs tamouls et les sociétés-écrans des TLET. L'étude rapportait par ailleurs que les gangs tamouls du Canada recrutaient parfois de nouveaux membres au Sri Lanka.

Lorsque Manickavasagam Suresh s'est imposé comme leader des TLET au Canada, les autorités canadiennes ont commencé à le surveiller de plus près. Cela dit, les Tigres n'avaient nullement l'intention d'aider les agents de nos services de renseignement dans leur tâche. Quand les dirigeants des TLET décidaient de se rencontrer, ils voyageaient toujours dans des voitures séparées, choisissaient une maison au hasard et demandaient aux occupants de quitter les lieux pour quelques heures, le temps de tenir leur réunion. En procédant de cette façon, ils étaient certains que le SCRS ne pourrait pas poser de micros ni de caméras pour les espionner. Devant le nombre important d'extrémistes étrangers œuvrant au Canada, et compte tenu du fait que chaque procédure de déportation coûte près d'un million de dollars au contribuable, le SCRS a décidé qu'au lieu d'essayer de mettre le grappin sur tous ces individus, elle ciblerait les têtes dirigeantes des organisations terroristes pour en faire des exemples. Aux yeux de la police, Suresh semblait être le candidat parfait pour étrenner cette nouvelle tactique.

Quand Suresh a demandé le statut de résident permanent, le SCRS a ouvert un dossier le concernant. Dans un rapport qui énumérait tous les détails de son passé et de ses activités au Canada, Suresh était identifié comme un membre haut placé des Tigres tamouls « œuvrant au Canada sous l'égide du WTM, une société-écran qui s'occupe de levées de fonds, de propagande et d'acquisition de matériel ». Le dossier de Suresh précisait qu'il était en contact avec les chefs internationaux des TLET et qu'il avait collecté des fonds et acheté de l'équipement militaire pour les Tigres. Conformément à la Loi sur l'immigration, laquelle stipule que les membres d'organisations terroristes sont inadmissibles au Canada, Suresh devait être déporté. Le SCRS a présenté son rapport au Solliciteur général et au ministre de l'Immigration ; en retour, ceux-ci ont signé un certificat attestant que Suresh constituait une menace à la sécurité nationale. Celui-ci fut arrêté le 18 octobre 1995.

Après son arrestation, Suresh a continué de diriger le réseau canadien des TLET. Alors même qu'il était incarcéré à la prison Don Jail de Toronto, il communiquait par téléphone avec des membres éminents du WTM, leur prodiguant conseils et recommandations. Les extrémistes tamouls le considéraient toujours comme le chef des TLET au Canada. Grâce à un ingénieux système de transfert d'appel, Suresh pouvait téléphoner à des membres de l'organisation un peu partout dans le monde – il a même permis à un autre prisonnier, un assassin à la solde des Services secrets iraniens du nom de Mansour Ahani, d'utiliser le système pour appeler en Iran.

Suite à la capture de leur chef, les Tigres des neiges ont lancé une vaste campagne pour obtenir sa libération. Dans sa correspondance, lors de manifestations et à travers ses groupes de pression, la Fédération canadienne des associations tamoules (FACT) décrivait Suresh comme un prisonnier politique. La FACT soutenait que les Tigres n'étaient pas un groupe terroriste, mais une armée de libération chargée de défendre le peuple tamoul. De même, Suresh n'était pas un leader terroriste, mais un « militant travaillant pour la communauté » et un « défenseur des droits et libertés ». Suresh lui-même prétendait qu'il était détenu « en raison d'activités politiques légales ». Ceux qui faisaient campagne pour sa cause disaient que si Suresh était déporté, il serait très certainement torturé et tué. Huit cent cinquante personnes ont manifesté devant les portes de la Chambre des communes pour exhorter le gouvernement canadien à suspendre la procédure de déportation contre Suresh. « Les Tamouls canadiens sont indignés du fait que Suresh ait été traité comme un vulgaire criminel et incarcéré sans raison valable, pouvait-on lire dans un communiqué de la FACT. Par ce geste, le ministère de l'Immigration fait outrage à l'ensemble de la communauté tamoule du Canada. »

La campagne pour libérer Suresh mettait l'accent sur le fait que celui-ci n'avait jamais été inculpé de quelque crime que ce soit. « Il n'a même jamais commis d'infraction au Code de la route » de préciser ses supporters. En fin de compte, tout ce que cela prouvait, c'était que la législature canadienne comportait de sérieuses failles et que ces failles profitaient aux groupes terroristes internationaux, notamment en ce qui avait trait à la collecte de fonds destinés à promouvoir la violence politique et ethnique. De ce côté-là, les États-Unis ont agi plus promptement que le Canada : en 1996, nos voisins du sud ont voté une loi décrétant qu'il était interdit de fournir des fonds ou du matériel à des groupes terroristes étrangers. Les contrevenants écoperaient de peines pouvant aller jusqu'à dix ans d'emprisonnement. Le Congrès américain notait que « les organisations étrangères qui sont impliquées dans des activités terroristes se définissent essentiellement par leurs agissements criminels, or, toute contribution à ce genre d'organisation n'a d'autre but que de faciliter ces agissements. » Une première liste d'organisations bannies sous la nouvelle loi fut rendue publique le 8 octobre 1997. Une vingtaine d'organisations y étaient désignées en tant que groupes terroristes, dont les Tigres tamouls. La liste spécifiait que le Mouvement tamoul mondial et la Fédération canadienne des associations tamoules étaient des « organisations-façades reconnues ». Dès que la nouvelle loi fut mise en vigueur, les TLET se sont vus dans l'impossibilité de procéder à des collectes de fonds aux États-Unis. Des sympathisants de l'organisation ont tenté de contester la dénomination auprès des tribunaux, mais sans succès. Voyant leurs efforts de financement enrayés aux États-Unis, les Tigres ont fait du Canada leur nouvelle base opérationnelle en Amérique du Nord. La décision des tribunaux américains portait par ailleurs un sérieux coup à la machine propagandiste des TLET qui, jusque-là, s'était employés à convaincre le monde entier que les Tigres étaient des libérateurs et non des terroristes. Or, voilà que le pays le plus puissant du monde les qualifiait officiellement de terroristes! C'est le prix que les Tigres ont eu à payer pour l'assassinat de Rajiv Gandhi, pour les attentats-suicides à la bombe qui continuaient de faire des victimes à Colombo et pour leurs autres atrocités présentes et passées.

La cause de Manickavasagam Suresh fut entendue par le juge Max Teitelbaum de la Cour fédérale du Canada. Après cinquante jours d'audience, le juge Teitelbaum a décrété que les preuves présentées par le SCRS étaient « fondées et substantielles », ajoutant que Suresh était « un membre dévoué et respecté des TLET qui occupait un poste de leadership dans l'organisation ». En plus de préciser que les TLET étaient engagés dans des activités de terrorisme, le magistrat a dit que le WTM « fait partie de l'organisation TLET, ou du moins appuie fortement les activités des TLET ». Déclarant que Suresh avait obtenu son statut de réfugié « en déformant volontairement les faits », Teitelbaum a décrété qu'il devait être déporté le plus rapidement possible.

Les avocats torontois de Suresh n'avaient cependant pas dit leur dernier mot. Ils porteront leur cause à la Cour de justice de l'Ontario, laquelle décrétera que Suresh ne pouvait pas être déporté tant qu'il n'avait pas épuisé toutes ses possibilités de recours. Comme sa cause ne semblait pas présenter l'éventualité d'un dénouement imminent, Suresh fut libéré de prison. Sa prochaine tentative d'appel se soldera elle aussi par un échec. Après avoir déclaré que la collecte de fonds pour le compte de groupes terroristes n'était pas une forme d'expression protégée par la Charte des droits et libertés, la Cour fédérale du Canada maintiendra l'ordonnance de déportation du juge Teitelbaum.

Suresh portera ensuite sa cause devant la Cour d'appel fédérale. En janvier 2000, ce tribunal rendait un jugement qui allait porter un grand coup contre le terrorisme au Canada. En plus de maintenir l'ordonnance de déportation contre Suresh, le juge J. A. Robertson a déclaré que celui-ci avait mis la sécurité du

Canada en péril. « Ceux qui lèvent volontairement des fonds pour soutenir des organisations terroristes sont aussi coupables et aussi responsables de la violence terroriste que les terroristes eux-mêmes », disait le juge Robertson.

Bien que la décision de la cour fût pour eux une cuisante défaite, les Tigres des neiges ne tardèrent pas à prendre leur revanche. En mai 2000, la FACT organisait un grand dîner à Toronto pour célébrer le Nouvel An sri lankais. Des invitations furent envoyées à plusieurs politiciens locaux, provinciaux et fédéraux. Deux membres du Cabinet fédéral figuraient sur la liste des invités : Maria Minna, la ministre de la Coopération internationale de l'époque ; et Paul Martin, qui était alors ministre des Finances. Ce dernier avait par ailleurs été choisi comme invité d'honneur. Quand une de mes sources tamoules à Toronto m'a téléphoné pour m'informer de la chose, j'ai d'abord pensé qu'il s'agissait d'une blague. J'avais du mal à croire que des ministres fédéraux consentiraient à participer à un événement orchestré par une organisation que le SCRS considérait comme une société-écran des TLET. Toujours incrédule, j'ai contacté les bureaux des ministres en question : leurs assistants m'ont confirmé que Minna et Martin seraient présents au dîner. J'ai par la suite mis la main sur des documents qui démontrent que les ministres avaient été informés à l'avance de la nature de l'événement. Le 4 mai, le Haut-commissariat du Canada à Colombo avait fait parvenir au ministère des Affaires étrangères le courriel suivant : « En réponse au message concernant la présence potentielle de la ministre Minna à l'événement du 'nouvel an tamoul' parrainé par la FACT, le fait suivant doit être pris en considération : dans son plus récent rapport annuel sur le terrorisme, le gouvernement américain continue de citer la FACT en tant que société-écran des TLET. » Le 6 mai, un article paru en première page du *National Post* confirmait que les ministres Minna et Martin avaient l'intention d'assister à un événement organisé par un groupe que plusieurs considéraient comme une couverture pour les Tigres.

Le SCRS lui-même a conseillé aux ministres de ne pas aller à ce dîner. « On leur a dit, écoutez, ces gens-là sont en train de vous manipuler » me confiait un ancien agent haut placé du Service. La position des ministres était que la FACT était un organisme communautaire et qu'à ce titre, il ne devait pas être péna-lisé pour les agissements d'une poignée de membres extrémistes. Le SCRS a rétorqué que si le gouvernement tenait à faire ce genre de distinction, il devait alors fournir à ses agents antiterroristes les outils nécessaires pour lutter contre les extrémistes. Les ministres ont assisté volontiers au dîner de la FACT, par contre ils n'ont rien fait ensuite pour aider le SCRS à lutter contre le réseau de soutien des Tigres tamouls. « Ils sont allés là pour s'at-tirer des votes » de dire en soupirant l'ex-agent du SCRS.

Maria Minna savait pourtant fort bien qui étaient et ce que faisaient les Tigres tamouls. Le 4 mars 1994, elle avait écrit une lettre à un ministre du gouvernement sri lankais. Dans cette missive qui portait l'en-tête de la Chambre des communes, Minna disait des Tamouls de sa circonscription : « Ils m'ont exprimé leur désir de voir la mise en place d'un plan légitime et viable pour la paix ». Quatre jours plus tard, le ministre des Affaires étrangères Bill Graham adressait au même ministre sri lankais un message disant que « dans ma circonscription, plu-sieurs citoyens de descendance tamoule s'inquiètent sérieuse-ment de la présente situation au Sri Lanka ». Les deux missives invitaient le ministre en question à venir au Canada. Le contenu similaire de ces lettres et le fait qu'elles aient été rédigées à quelques jours d'intervalle seulement laissent supposer que les ministres Minna et Graham les ont écrites sous l'influence de groupes de pression tamouls. C'est malheureusement aux fac-tions rebelles et non au gouvernement sri lankais que les ministres canadiens auraient dû écrire pour quémander la paix. En avril 1994, soit un mois après l'envoi de ces lettres, les TLET abat-taient un homme à Paris pour l'empêcher de publier un livre dénonçant les activités des Tigres tamouls. Suite à l'incident, le gouvernement sri lankais a amorcé des pourparlers de paix. Les Tigres profitèrent de la trêve pour renforcer leur arsenal, si bien que, lorsque les hostilités reprirent en 1995, le conflit s'avéra plus féroce et plus violent que jamais.

En s'assurant de la présence des ministres Minna et Martin au dîner de la FACT, la machine propagandiste des TLET mar-quait un point. L'organisation a utilisé l'événement pour don-ner l'impression que les Tigres tamouls avaient l'appui des plus hauts échelons du gouvernement canadien. Mais ce coup d'éclat de la part des TLET aura aussi un impact négatif en ce sens qu'il lancera, dans la presse et au Parlement, un débat quant à l'admissibilité des activités de soutien d'organismes terroristes au Canada. Le réseau de soutien des TLET a riposté en accusant les médias et l'opposition de racisme. Les libéraux sont tombés droit dans le panneau. Le 30 mai, Paul Martin s'adressait à la Chambre en ces termes : « Condamner ces gens et les traiter de terroristes, c'est carrément anti-canadien. Il y a du sang irlandais qui coule dans mes veines, monsieur le Président, pourtant je vous garantis que je ne suis pas membre de l'IRA. »

Bien qu'illogique, la réaction de Paul Martin servait merveilleusement les intérêts des groupes de soutien associés aux TLET. Il y avait longtemps que ces groupes se soustrayaient à l'emprise des autorités en prétendant que toute condamnation à l'endroit des TLET constituait une attaque contre l'ensemble de la communauté tamoule. Les propagandistes des Tigres étaient enchantés de la réaction de Martin ; eux-mêmes n'auraient pu concocter réplique plus parfaite. La ministre Minna est allée jusqu'à dire que les allégations de l'opposition étaient du « racisme pur et simple ». L'Alliance canadienne, qui était alors le parti de l'opposition, a continué d'attaquer les libéraux sur la question et a confié le dossier à Monte Solberg, critique aux Affaires étrangères. « Il ne fait aucun doute que la FACT est un organe de levées de fonds des Tigres tamouls, déclarera Solberg. Or, bien que nos propres services de sécurité aient prouvé la chose hors de tout doute, plusieurs de nos ministres, dont le ministre des Finances, continuent d'aller à ce genre de levées de fonds et à donner de l'argent à ces organisations. » Quand on lui a demandé pourquoi il avait assisté à une réception organisée par un groupe qui, selon le secrétariat d'État américain, était une société-écran pour les TLET, Paul Martin a répondu : « Je ne suis pas aux ordres du secrétariat d'État américain et mon gouvernement n'est pas aux ordres du secrétariat d'État américain. » Le ministre a cependant négligé de mentionner que, quelques semaines plus tôt, le SCRS avait publié un rapport disant que le FACT était bel et bien une société-écran. À l'automne 2000, la question soulevait toujours la controverse à la Chambre des communes. Refusant d'accepter les faits et rejetant toute possibilité de discussion, les libéraux persistaient à accuser l'opposition de racisme. « Le chef de l'opposition agit comme s'il était le nouveau shérif de la place, de dire Martin. On dirait qu'il meurt d'envie de lyncher quelqu'un. » La stratégie libérale consistait à comparer les partisans du contre-terrorisme au Ku Klux Klan. Ce genre de discours arrangeait sans doute les libéraux, mais il a fait beaucoup de tort au Canada.

Pendant ce temps, Suresh mettait à l'épreuve une nouvelle approche qui, espérait-il, allait l'aider à échapper aux autorités canadiennes. « J'ai peur d'être emprisonné, torturé et tué si je suis renvoyé au Sri Lanka » disait-il. Prétendant que la déportation serait pour lui l'équivalent d'une condamnation à mort, Suresh est allé en appel devant la Cour suprême du Canada. Des dix groupes de pression qui ont demandé la permission d'intervenir en sa faveur, sept furent autorisés à prendre part au procès : la FACT ; la Fédération canado-arabe ; le Conseil canadien pour les réfugiés ; Amnistie internationale ; le Conseil canadien des églises ; le Centre pour les droits constitutionnels ; et le Haut-commissariat des Nations unies pour les réfugiés. Toutes ces organisations insistaient sur le fait que Suresh ne devait pas être déporté. « Le droit d'échapper à la torture est un droit humain absolu qui s'applique à tous les peuples et en toutes circonstances, affirmait Alex Neve, secrétaire général d'Amnistie internationale Canada. Nous devons nous assurer qu'aucun pays, incluant le Canada, n'aura le droit d'appliquer quelque exception, limitation ou restriction que ce soit vis-à-vis ce droit fondamental. » L'Association du barreau canadien viendra s'ajouter à la liste des intervenants qui plaideront en faveur de Suresh.

Tout au long du procès, les avocats du gouvernement seraient confrontés aux avocats de Suresh, mais aussi à plusieurs groupes d'intérêts extrêmement influents. La lutte s'annonçait plutôt inégale. Les avocats fédéraux savaient pertinemment quels étaient les enjeux en cause. « Cette affaire va déterminer si le Canada est oui ou non destiné à devenir un refuge pour les terroristes, disaient les avocats du gouvernement lors du dépôt des conclusions. L'élimination du terrorisme au pays doit nécessairement passer par l'élimination des fonds qui financent la violence. S'il veut préserver sa sécurité ainsi que l'intégrité de son système d'évaluation des réfugiés, le Canada ne doit pas devenir une terre d'accueil pour les terroristes ou une base d'opérations pour leurs activités de financement. » Le factum des avocats du gouvernement décrivait les TLET comme une organisation qui défend sa cause en « commettant des actes de terreur contre la population civile ». Attentats-suicides à l'explosif, minage systématique en territoire civil, meurtres, purification ethnique, kidnappings et conscription forcée d'enfants, telles étaient les techniques employées par les Tigres dans l'exploitation de leur « culte sacrificiel voué à la mort et au rejet des institutions démocratiques ». Les avocats gouvernementaux poursuivaient en disant : « Les TLET ont besoin d'argent pour perpétrer ces actes brutaux qui bafouent les droits humains. Cet argent, ils l'obtiennent en faisant le trafic de la drogue, mais aussi en collectant, de gré ou de force, des fonds auprès de communautés d'expatriés comme celle des réfugiés tamouls du Canada. »

Le Mouvement tamoul mondial et la Fédération canadienne des associations tamoules furent cités comme « exemples d'organismes politiques ou de bienfaisance qui agissent à titre de sociétés-écrans pour le compte des TLET ». L'avocat qui représentait la FACT a riposté en disant que les levées de fonds étaient une forme d'expression protégée par la constitution et que, de plus, il n'y avait aucune preuve démontrant que la FACT ou ses membres, incluant Suresh, avaient commis quelque crime que ce soit ou étaient responsables de la violence terroriste. « D'un point de vue constitutionnel, le gouvernement fédéral est en droit de s'attaquer au problème de la présence terroriste au Canada, mais uniquement par le biais de moyens proportionnels, a déclaré l'avocat de la FACT. Menacer un individu de déportation parce qu'il exerce ses droits d'association et d'expression aurait des conséquences particulièrement délétères pour les membres d'une communauté ethnique qui craignent à juste titre d'être brutalisés ou torturés s'ils sont renvoyés au Sri Lanka. »

La décision de la Cour suprême cimentera le destin du Canada en tant que refuge pour les terroristes. La plus haute instance judiciaire au pays décrétera en effet que si un terroriste capturé au Canada risque la torture en réintégrant son pays d'origine, le gouvernement ne peut pas le déporter sauf s'il représente un danger réel pour la population canadienne. Après le procès, le dossier de Suresh sera de nouveau soumis pour étude au département de l'immigration. Au moment où j'écris ces lignes, Manickavasagam Suresh vit toujours à Toronto. Un ancien chef des services de renseignement m'a dit un jour : « Si on ne peut pas se débarrasser de Suresh, alors de qui pourra-t-on se débarrasser ? »

Le réseau de soutien international des TLET est si efficace que les autorités craignent qu'il ne devienne un modèle pour d'autres factions rebelles et terroristes. Si les Tigres peuvent faire usage de ce genre de système sans être inquiétés, cela veut dire que n'importe quel groupe d'insurgés est loisible de faire de même. Les Tigres ont cependant ceci de particulier qu'ils ont été capables d'échafauder une machine de guerre terriblement puissante en se comportant tour à tour comme une corporation internationale et comme un syndicat du crime. Et contrairement à Hezbollah, par exemple, qui est armé et financé par l'Iran, les TLET ont accompli cet exploit d'eux-mêmes, sans le bénéfice d'un parrainage étatique. Cela dit, les Tigres auraient bien du mal à maintenir leur combativité si le Canada ne se montrait pas si indulgent envers eux. Au fond, on pourrait quasiment dire que le Canada est le sponsor étatique des TLET et que, à ce titre, il alimente le conflit au Sri Lanka.

Après avoir enquêté sur le réseau tentaculaire des TLET au Canada, j'ai voulu constater de première main les conséquences de notre tolérance à leur égard. Où va l'argent recueilli par le réseau des Tigres à Toronto, Montréal et Vancouver ? Qu'est-ce que les gens du Sri Lanka pensent de tout cela, de ces liens privilégiés entre les TLET et le Canada ? Quel genre de guerre les sociétés-écrans canadiennes financent-elles, au juste ? Au printemps 2000, profitant du fait que j'étais en reportage dans la région, j'ai décidé de chercher réponse à ces questions au cœur de la jungle septentrionale du Sri Lanka. Je fus le dernier journaliste étranger à pénétrer dans cette zone, qui allait bientôt trembler sous l'assaut explosif des factions rebelles.

Le taxi passe le poste de contrôle militaire, puis se gare devant le Ceylon Inter-Continental Hotel. Un portier en uniforme s'empresse d'ouvrir la portière du véhicule et s'efface pour laisser descendre son passager, un jeune homme à la mise impeccable qui tient à la main une canne télescopique et dont le regard est voilé par les lentilles opaques de verres fumés. Rafeek ne semble pas trop incommodé de revenir dans ce secteur de Colombo ravagé par la guerre. Avant de pénétrer dans l'hôtel, il jette un regard de l'autre côté de la rue, en direction de la banque American Express qui, quatre ans plus tôt, avait été prise d'assaut par un commando suicide des Tigres tamouls. Rafeek était gérant de la banque à ce moment-là. En bon musulman, il ne blâme personne pour l'attentat, préférant croire qu'il s'agissait là de la «volonté de Dieu». «Qui sait si nous serons toujours vivants demain» dit-il en haussant les épaules.

Rafeek était à son poste ce matin-là, quand la première déflagration est venue secouer le calme habituel de la banque. Le jeune homme ne s'en est pas inquiété, croyant que le bruit provenait de l'immeuble d'à côté qui était en construction. Mais lorsque trois coups de feu ont retenti, Rafeek a couru jusque dans le hall d'entrée de l'immeuble. La rue grouillait d'employés de bureau qui couraient dans tous les sens en pleurant et criant, paniqués. Les détonations provenaient d'armes automatiques maniées par des insurgés tamouls qui attaquaient la Central Bank, située non loin de là. Rafeek rassemblait ses employés pour les mettre à l'abri du danger quand le souffle d'une violente explosion l'a littéralement soulevé de terre.

«J'allais retourner dans mon bureau quand la bombe a explosé, me raconte-t-il. En entendant la détonation, j'ai eu le réflexe de réciter un extrait du Coran, puis j'ai été projeté dans la rue.»

Quand Rafeek s'est relevé, l'immeuble était en train de s'effondrer. Sa vision s'est soudain embrouillée. Durant l'explosion, des morceaux de verre s'étaient incrustés un peu partout dans sa chair, mais aussi dans ses yeux. «Je ressentais une douleur terrible. Tout mon corps était comme engourdi.» Il fallut attendre dix ou quinze minutes avant que la poussière ne retombe. Les employés de la banque qui avaient survécu au désastre trouvèrent une chaise pour que leur gérant blessé puisse s'asseoir, puis ils sont restés là à pleurer, désorientés, ne sachant trop ce qu'ils devaient faire. Trois employés – un garde de sécurité, une réceptionniste et un chauffeur – avaient été tués, leurs corps broyés sous les décombres de l'immeuble ravagé. L'un des yeux de Rafeek était sorti de son orbite ; l'autre était injecté de sang.

« J'étais dans un état critique » dit-il en ajoutant qu'il est resté sur la table d'opération jusqu'à 4 heures du matin. Les médecins croyaient qu'il ne survivrait pas. Immédiatement après l'intervention, Rafeek a souffert d'une défaillance pulmonaire. American Express a tenté de faire venir un de ses jets pour le transporter à un hôpital où il pourrait recevoir des traitements adéquats, mais l'avion fut retenu au sol dû à des problèmes mécaniques. Rafeek fut finalement transporté à Madras, en Inde. Tout au long du vol, le changement de pression dans la cabine lui a causé d'atroces douleurs aux yeux. « C'est Dieu qui m'a donné le courage d'endurer la souffrance » affirme l'ex-gérant de banque. Les médecins ont d'abord cru qu'ils pourraient sauver son œil gauche, jusqu'à ce qu'ils trouvent un minuscule éclat de verre dans sa pupille. « Le fragment était enfoncé si profondément dans mon œil qu'il avait presque atteint le cerveau. » En tentant de retirer le morceau de verre, les médecins ont endommagé sa rétine. Rafeek restera à l'hôpital de Madras pendant plus de trois mois. Par la suite, son menton, qui avait été partiellement pulvérisé lors de l'explosion, s'est mis à enfler. Les médecins prélevèrent un morceau de peau de sa jambe pour le greffer sur la blessure, mais l'intervention échoua et dut être répétée deux ans plus tard. Fort heureusement, tout est maintenant rentré dans l'ordre de ce côté-là.

« Même si j'ai perdu la vue, dit Rafeek, j'ai l'impression de n'avoir rien perdu puisque Dieu m'a aidé à m'en tirer. Tout ce qui arrive dans la vie survient par la volonté de Dieu. La meilleure chose à faire, c'est d'oublier le passé. »

Bien que l'attentat de l'American Express ait été exécuté par des agents locaux des TLET, la phase de planification avait été réalisée à Toronto. Les services de renseignement sri lankais m'ont dit qu'ils avaient retracé les explosifs utilisés pour fabriquer la bombe : ceux-ci venaient d'une cargaison ukrainienne achetée deux ans auparavant à l'aide de fonds provenant de la Colombie-Britannique. Des agents du SCRS se sont rendus à

Colombo pour participer à l'enquête, mais les pistes qui auraient pu lier les Tigres des neiges à l'attentat n'étaient déjà plus très fraîches. Deux Canadiennes, une femme de Toronto et sa fille, avaient perdu la vie dans l'explosion.

À ce jour, les Tigres tamouls ont effectué plus de cent soixante attentats-suicides à la bombe, soit plus que tous les autres groupes rebelles et terroristes du monde réunis. Ils ont employé cette méthode pour assassiner plusieurs politiciens, dont Rajiv Gandhi. Ce dernier était premier ministre de l'Inde quand il fut exécuté par des assassins tamouls parce qu'il appuyait le gouvernement sri lankais. En juillet 1997, une femme kamikaze portant une veste explosive s'est jetée devant un cortège de voitures transportant des membres du gouvernement ; l'attentat a fait vingt et un morts et cinquante blessés. La même année, au mois d'octobre, vingt autres civils perdirent la vie dans un attentat au camion piégé réalisé par un commando-suicide rebelle ; l'explosion a causé des dommages au World Trade Center de Colombo, à l'édifice du ministère des Finances du Sri Lanka, ainsi qu'aux trois plus gros hôtels de la capitale. En janvier 1998, dans la ville de Kandy, un monument sacré de la religion bouddhiste, le Temple de la Dent, faisait l'objet d'un attentat-suicide à l'explosif. Colombo fut le théâtre de trois attentats à la bombe en mars 1999 ; ces attaques ciblant la gare de triage du réseau ferroviaire, un terminus d'autobus appartenant à l'État et une centrale électrique ont fait un mort et douze blessés. Il y eut une recrudescence majeure d'attentats-suicides en 2000, année électorale pour le Sri Lanka.

Les séparatistes tamouls glorifient les auteurs d'attentats-suicides et disent qu'ils sont « l'armure protectrice » du peuple tamoul. C'est en l'honneur de ces soi-disant martyrs que, tous les 5 juillet, les Tamouls commémorent le premier attentat-suicide au pays lors des célébrations de « juillet noir ». À l'occasion de ce premier attentat réalisé en 1987, un certain capitaine Miller des factions rebelles avait lancé le camion bourré d'explosifs qu'il conduisait contre un bâtiment du camp militaire de Nelliyadi, à Jaffna. Trente-neuf soldats étaient morts dans l'explosion. Les stations de radio rebelles commémorent l'événement en diffusant chaque année les noms des kamikazes morts pour la cause dans le courant de l'année précédente. En juillet 2000, quarante et un terroristes-kamikazes furent honorés de la sorte. Dans les régions du Sri Lanka qui sont sous l'emprise des rebelles, le 5 juillet est un jour de célébrations religieuses et de grands rassemblements populaires; tous les commerces sont fermés.

Les attentats à la bombe ont porté la ville de Colombo aux premières lignes du conflit, au même titre que Jaffna. Les habitants de la capitale vivent dans la terreur et dans un état d'alerte constant. Les Canadiens n'ont pas de quoi être fiers de ce qui se passe à Colombo: toute cette dévastation a été approuvée et financée par le réseau de soutien canadien des TLET. En venant au Sri Lanka, j'ai bouclé la boucle, en quelque sorte; car si les Tigres ont importé leur guerre au Canada, c'est maintenant le Canada qui amène la guerre au Sri Lanka. Dans la mesure où l'horrible violence terroriste qui règne ici a été rendue possible par l'argent que les Tigres des neiges ont récolté, et ce, avec la bénédiction implicite d'Ottawa, on peut dire que cette sale guerre est bel et bien celle du Canada.

C'est à Bangkok, capitale de la Thaïlande, que le voyageur étranger détectera les premiers signes du conflit sri lankais. Bien que les vols en provenance de Hong Kong marquent une escale de deux heures à l'aéroport de Bangkok, les voyageurs en transit vers Colombo ne sont pas autorisés à quitter l'avion. La cabine de l'appareil fait l'objet d'une fouille très poussée. Tout bagage se trouvant dans les compartiments situés au-dessus des sièges des passagers est inspecté et les agents de sécurité s'assurent que le propriétaire de chacun de ces bagages est à bord. Trois heures après avoir quitté Bangkok, l'avion arrive à l'aéroport international de Bandaranaike, lequel est gardé aussi étroitement qu'une base militaire. Le complexe est entièrement clôturé et entouré de miradors où de jeunes soldats armés montent la garde. Sur la commode de la chambre d'hôtel, un prospectus touristique déclare avec optimisme: «L'An 2000, aube d'une nouvelle ère. Engageons-nous ensemble à amener paix et prospérité à notre mère patrie.»

Les toutes premières heures d'un reportage de guerre sont toujours les plus difficiles. De quitter ses proches à l'aéroport pour, après une interminable envolée, atterrir dans un autre aéroport, sombre et gardé par des soldats armés celui-là, donne l'impression de vivre une sorte de cauchemar chaotique. En cet instant précis, vous vous sentez épuisé, insensibilisé par toutes ces heures de vol, mais aussi terrifié par cet univers inconnu qui vous attend, par votre incroyable et risible vulnérabilité ; terrifié à l'idée que vous ne repartirez peut-être pas vivant d'ici. N'importe quelle personne sensée prendrait ses jambes à son cou et retournerait dans son pays. Au lieu de cela, le journaliste plonge résolument dans cet univers terrifiant et inconnu, simplement pour trouver une histoire à raconter.

Colombo est la capitale politique et commerciale du Sri Lanka. Dans cette ville portuaire de cinq cent mille habitants, la modernité des immenses tours de verre côtoie l'air vicié des bidonvilles et la vénérable sérénité des temples bouddhistes. On y trouve aussi des temples hindous richement ornés, des mosquées musulmanes et des églises chrétiennes, vestiges des premiers marchands européens à venir s'installer ici. Les plages ondoyantes, la luxuriance des jardins tropicaux, la magnifique architecture coloniale et l'agréable disposition des Sri Lankais devraient en principe faire de Colombo un véritable paradis terrestre. Il en serait sans doute ainsi si deux décennies de guerre n'avaient creusé de profondes cicatrices dans la chair même de la ville.

Dans la zone commerciale du centre-ville, les carcasses d'anciens édifices à bureaux agonisent le long de la côte, monuments vides et sans vie happés par le souffle des bombes terroristes. Bien que Colombo soit situé loin du nord et des premières lignes du conflit, on a la désagréable impression de se trouver ici dans une cité en état de guerre. Dépassant en nombre les statues de Bouddha, qui sont pourtant ici fort nombreuses, des postes de contrôle militaires ralentissent la circulation aux intersections. Des soldats armés se cramponnent aux portières arrière des autobus pour empêcher les rebelles d'y poser des bombes. Les édifices gouvernementaux et les résidences de politiciens sont gardés telles de véritables forteresses.

Tandis que notre taxi traverse Colombo, le chauffeur, un sympathique Cinghalais à la chevelure argentée et au visage rondelet, attire mon attention sur des monuments historiques et d'autres points d'intérêts. Je remarque les plaques de béton couvrant la section de l'hôtel Galidari qui fut bombardée par les rebelles en 1997 ; l'attaque visait les soldats américains qui demeuraient alors à cet hôtel. Nous zigzaguons dans la circulation dense et turbulente en direction de Cinnamon Gardens, un quartier chic de Colombo dont les élégantes maisons coloniales sont sises sur de magnifiques propriétés boisées. Mon chauffeur me montre une somptueuse résidence dont la façade de brique et de mortier présente une large brèche. « C'est la maison du premier ministre, m'annonce-t-il. Une bombe a explosé là l'an passé. Des membres du personnel de sécurité ont été tués. »

Un peu plus loin, le chauffeur attire mon attention sur une statue noire de l'autre côté de la rue, qui marque l'emplacement où le ministre de la Sécurité a été réduit en charpie par une bombe humaine. Non loin de là, mon chauffeur me désigne un édifice orné de colonnes blanches et d'un toit en dôme. « La présidente donnait un discours électoral juste là, sur une scène, quand un kamikaze a attenté à sa vie. » La pelouse est encore noircie à l'endroit où la bombe a explosé.

Les TLET tiennent une liste de cibles potentielles. Le premier nom qui y figure est celui du président Chandrika Kumaratunga, et le second, celui du ministre des Affaires étrangères, Lakshman Kadirgamar. Homme d'État éloquent ayant siégé aux Nations unies, Kadirgamar use de ses talents diplomatiques considérables pour convaincre les nations occidentales d'enrayer les activités de levées de fonds des TLET. Les Tigres le détestent d'autant plus qu'il est lui-même d'origine tamoule.

Sachant que, par le passé, les rebelles ont éliminé systématiquement les politiciens tamouls qui ne prônaient pas l'indépendance absolue de l'Eelam, le gouvernement sri lankais tient son ministre des Affaires étrangères sous protection constante. Les rues qui bordent la demeure de Kadirgamar à Colombo sont gardées par des soldats tapis dans des bunkers faits de sacs de sable empilés. De très hauts murs de ciment entourent la maison et des gardes armés sont postés dans des miradors situés aux quatre coins de la propriété. Ici, tout le monde porte la tenue militaire, même les jardiniers qui tondent la pelouse et s'occupent des superbes fleurs orangées, rouges, pourpres et blanches qui poussent entre les palmiers. La propriété du ministre évoque la condition du Sri Lanka dans son ensemble : ce sont des endroits paradisiaques, quoique constamment menacés par des éruptions soudaines et inattendues de violence.

Tranquillement assis sur sa véranda, le ministre Kadirgamar sirote un jus de citron en me parlant de la croisade qu'il mène contre les levées de fonds des TLET. « Je dirais que, dans l'ensemble, nous bénéficions du soutien *moral* de la communauté internationale, dit-il. Par contre, nous avons du mal à obtenir l'appui financier dont nous avons besoin pour poursuivre nos efforts. »

Selon Kadirgamar, la communauté internationale est prompte à exprimer sa sympathie envers sa cause et condamne volontiers le terrorisme, cependant les choses semblent s'arrêter là. Pour le ministre, il est clair qu'il existe un lien entre l'argent collecté par les Tigres tamouls dans des villes occidentales comme Toronto et ces cadavres qui jonchent les rues dévastées de Colombo, entre cet argent et les corps de tous ces soldats qui ont été tués au front, dans le nord du pays, et qui sont renvoyés à leur famille.

« Tout le monde sait que le terrorisme perdure parce qu'il y a des levées de fonds pour le financer, dit Kadirgamar. Sans ces fonds, les terroristes ne pourraient pas se payer les armes qu'ils se font livrer directement sur nos plages par cargaisons entières. »

Les trois millions de Tamouls du Sri Lanka ont payé très cher la campagne indépendantiste des TLET. Les attaques terroristes ont des répercussions multiples ; elles entraînent notamment une augmentation du nombre de réfugiés internes, ainsi que des mesures de sécurité exceptionnelles. Aux postes de contrôle qui jalonnent la ville de Colombo, la police fait passer sans problème des fourgonnettes pleines de Cinghalais, par contre, les véhicules contenant des passagers tamouls sont fouillés systématiquement. Réseaux labyrinthiques de routes, de boutiques et de temples richement ornés, les bidonvilles de Colombo sont l'objet d'une surveillance policière étroite. Les mesures d'urgence imposées par le gouvernement stipulent que les Tamouls qui arrivent à Colombo en provenance du nord et de l'est du Sri

Lanka doivent aller s'enregistrer à un poste de police, où ils se verront attribuer un certificat. Les hôtels de la ville n'ont pas le droit de louer de chambres à des Tamouls qui n'ont pas de certificat. La police, qui est chargée d'appliquer cette politique à la lettre, effectue des raids fréquents dans les hôtels du Fort, le quartier tamoul de Colombo. Ce district est un véritable labyrinthe de rues étroites, un invraisemblable îlot de commerce et de marchandage, un refuge temporaire où se trament d'innombrables projets illicites. Une pénétrante odeur de poisson et de déchets flotte sur l'ensemble et imprègne vos vêtements. Le Fort est bouillonnant de vie avec tous ces enfants, ces marchands et ces prostituées qui investissent ses moindres replis. Dans ces rues où traînent des réchauds, des cuisinières et une multitude d'autres objets abandonnés, vos sens sont constamment assaillis. Des chauffeurs de taxi me suivent pas à pas en hurlant de façon agressive ; je crois qu'ils cherchent à me signifier que seul un fou s'entêterait à se balader à pied par une chaleur pareille. Au lieu d'attendre que le client vienne à eux, bijoutiers, vendeurs de boissons gazeuses et marchands de tissu tentent d'attirer la clientèle dans leur boutique en gueulant comme des forcenés.

Quiconque visite Colombo doit oublier ce qui a cours en Occident. Je suis arrivé ici muni d'adresses à visiter, de noms de commerces, de numéros de téléphone, mais ici, rien de cela n'a de sens. Jusqu'au chauffeur de taxi qui est incapable de trouver les adresses figurant sur ma liste. Et pourtant, il est persuadé qu'elles existent. Il finit par en découvrir une par hasard, mais la disposition de ce bidonville est si déroutante que lorsque je reviens le lendemain, je suis incapable de retrouver l'endroit. J'erre dans le quartier pendant des heures ; la rue que je cherche semble s'être volatilisée. Étourdi, désorienté, je m'appuie un moment contre un édifice. Un taxi s'immobilise à ma hauteur et son chauffeur essaie de me convaincre en hurlant de monter dans sa bagnole déglinguée. Au même moment, une vieille femme s'arrête près de moi, écarte les jambes et urine en relevant à peine son sari.

Avec ses quarante-deux chambres minuscules, le Island Lodge est l'un des plus gros hôtels à prix modique du Fort. Il vient tout juste de rouvrir après avoir été fermé par la police il y a de cela trois ans et demi. « La police a fermé l'hôtel sans raison précise », de dire Joseph, le gérant de l'établissement. À Colombo, les hôtels de ce genre servent à la fois de camps de réfugiés et d'aires d'attente pour ceux qui sont sur le point de quitter le pays pour aller rejoindre des parents à l'étranger. Ils abritent également d'obscurs et louches contrebandiers qui, pour quelques milliers de dollars, vous fourniront les faux papiers nécessaires à votre passage en Occident.

Les corridors du Island Lodge sont bondés de Tamouls. La plupart sont des femmes dont le mari est parti en Suisse, en Norvège ou au Canada pour demander le statut de réfugié. Si leur demande est acceptée, ils pourront alors faire venir leur famille dans leur pays d'accueil. Un vieil homme m'explique que sa famille a été divisée par la guerre : une de ses filles se trouve en Allemagne, l'autre en Suisse, tandis que son fils vit en Ontario. « Son garçon lui envoie de l'argent », me confie Joseph. Au comptoir de la réception, Joseph me montre le registre qu'il doit tenir en respect des mesures de sécurité. Ce registre renferme les papiers d'enregistrement des clients tamouls de l'hôtel ainsi que leur photo. Le gérant affirme que la police vient souvent vérifier ces papiers. À un autre hôtel, une femme de Jaffna rêve sans réel espoir d'une « vie normale ». « Il n'y aura jamais de gagnant ou de perdant dans cette guerre, dit-elle, pour la simple raison qu'on n'en verra jamais la fin. »

Ayant convenu de dîner ensemble, nous nous rendons, Rafeek et moi, au front de mer de Colombo. Arrivés sur les lieux, nous descendons de voiture ; le chauffeur aide mon compagnon à traverser la voie ferrée qui passe entre nous et le restaurant. Le proprio de l'endroit nous réserve un accueil chaleureux et nous installe à une table campée directement dans le sable de la plage. L'espace d'un instant, j'ai l'impression de me retrouver en vacances à Vancouver ou en Californie, mais la conversation revient vite sur le sujet de la guerre, ce qui me ramène à la réalité. « Dans mon quartier, les Cinghalais, les Tamouls et les musulmans vivent ensemble en harmonie, dit le proprio. Si seulement ça pouvait être comme ça dans le reste du pays ! »

Lors de l'attentat de la Central Bank, Rafeek n'a pas perdu sa foi en Dieu, par contre il a bel et bien perdu la vue, ce qui fait qu'il ne peut goûter le magnifique coucher de soleil qui s'offre à nous en ce moment. Plongeant dans l'océan Indien, l'astre de lumière darde dans notre direction d'ultimes et flamboyants rayons, et peut-être est-ce le regret de toute cette beauté, de toutes ces choses qu'il ne pourra plus jamais contempler, mais voilà que l'optimisme habituel de Rafeek semble momentanément s'émousser.

Il me confie que la conduite automobile lui manque beaucoup. Du temps où il travaillait pour American Express, il voyageait en voiture d'un bout à l'autre du Sri Lanka, des ports de l'est aux centres touristiques du sud. En chemin, il s'arrêtait dans de paisibles maisons de thé et visitait des ruines anciennes. Maintenant, il doit se cantonner à la banquette arrière. Camouflé derrière ses éternels verres fumés, son regard aveugle n'enregistre plus rien des paysages qu'il traverse. « Prions pour que ce genre de choses n'arrive plus, dit-il. Nous voulons que toute cette violence cesse une fois pour toutes. »

La guerre a divisé le Sri Lanka en ce que les militaires appellent des zones « dégagées », c'est-à-dire contrôlées par le gouvernement, et des zones dites « non dégagées », lesquelles se trouvent dans le nord et l'est du pays. Capitale du pays tamoul et épicentre de la guerre, Jaffna est située à la pointe septentrionale de l'île. Il s'agirait en principe d'une zone dégagée si ce n'était de la jungle de Wanni qui, vers le sud, coupe la péninsule du reste du pays. Quiconque désire se rendre en voiture dans la capitale tamoule doit donc s'aventurer en territoire rebelle.

Mohan, notre chauffeur de taxi, pointe son véhicule vers le nord et nous conduit hors de Colombo et de sa circulation chaotique. Nous nous retrouvons bientôt sur une route de campagne flanquée de collines verdoyantes en tous points semblables à celles des côtes d'Afrique de l'Ouest. À midi, Mohan devient soudain muet. Visiblement engourdi par la chaleur, il a toutes les peines du monde à combattre le sommeil. Il semble ragaillardi lorsque nous nous arrêtons pour faire le plein à Anuradhapura, mais dès qu'il reprend la route, la torpeur le gagne à nouveau. Les conducteurs qui s'assoupissent au volant sont l'une des principales causes d'accidents graves au Sri Lanka. La nuit, quantité de camionneurs surmenés s'arrêtent en chemin pour, baignant dans la lueur de leurs propres phares, s'étendre sur la route en face de leur véhicule, pour faire un petit somme.

Ce n'est pas que les chauffeurs d'ici sont moins alertes qu'ailleurs. Je crois tout simplement que l'engourdissement causé par le climat tropical, les routes étroites et sinueuses et la cadence impatiente, incessante de la circulation conspirent pour plonger le conducteur dans un état léthargique. Mohan finit par capituler. Ne pourrais-je pas visiter le temple de Mihintale pendant qu'il fait un brin de sieste ? « J'ai travaillé si tard la nuit dernière » dit-il.

Le visiteur doit gravir les mille huit cent quarante marches d'un escalier taillé à même le roc pour atteindre ce temple perché au sommet d'une montagne. Les marches ne sont pas très hautes, si bien qu'à chaque enjambée j'en grimpe deux ou trois à la fois, dépassant des familles en pèlerinage pour le week-end. L'escalier mène à un vaste plateau, sorte d'amphithéâtre entouré de pics qui donne l'impression de se retrouver dans la bouche d'un volcan. « Les chaussures sont interdites dans le temple » me dit un vieillard. Il fait un geste en direction d'un casier rempli de souliers avant d'ajouter : « C'est là que vous devez laisser vos chaussures. » Je dépose mes espadrilles dans l'un des compartiments, puis tends quelques roupies au vieil homme. Celui-ci accepte mon offrande en inclinant légèrement la tête.

Véritable merveille, le temple de Mihintale fait figure d'église à ciel ouvert. Au IIIe siècle avant notre ère, l'empereur indien Asoka a chargé son fils, le prêtre Mahinda, de se rendre au Sri Lanka pour convertir le roi cinghalais Devanampiyatissa au bouddhisme. La légende veut que Mahinda et Devanampiyatissa se soient rencontrés à Minhintale, ce qui fait de ce site le berceau du bouddhisme au Sri Lanka. On y trouve une statue géante de Bouddha veillant sereinement sur les palmiers et sur la terre ocre, un temple en forme de dôme et, tout au centre, un vieil arbre tordu. Sans me demander mon avis, un guide m'emboîte le pas et me gratifie de ses commentaires. De toute évidence, il connaît le circuit par cœur. Quand j'arrive à l'ombre du vieil arbre entouré de statues décapitées, le guide secoue la tête en un geste de totale désapprobation. « Ce sont des vandales qui ont fait ça, me dit-il. Ils viennent ici la nuit pour ravir des symboles du Bouddha. »

Mon accompagnateur m'entraîne ensuite sur un sentier abrupt taillé dans la pierre. Nous suivons une procession de fidèles jusqu'au sommet du Rocher de la méditation. De là, le panorama est saisissant. La riche verdure des palmiers et des plantations de bananes s'étend à nos pieds alors que, vers l'est, un lac miroite joliment sous les rayons du soleil. Le guide me montre la ferme où il fait la récolte des bananes durant la semaine. Le week-end venu, il se rend à Mihintale pour faire visiter le site dans l'espoir d'empocher quelques pourboires. Du Rocher de la méditation, on a l'impression de flotter au-dessus d'un fertile paradis d'arbres fruitiers ; et avec tous ces symboles religieux qui nous entourent, notre point de vue n'en paraît que plus élevé. « Hier, m'annonce le guide en désignant le dôme blanc du temple, quelqu'un a lancé deux grenades dans le temple durant la visite du ministre des Sports. »

Plus je me rapproche du nord et du territoire des TLET et plus il y a de soldats et de barrages routiers. Les soldats sont si nombreux qu'ils forment éventuellement deux rangs ininterrompus de part et d'autre du chemin. Se tenant dos à la route, ils font face à la jungle dense qui abrite les rebelles, parés à faire feu en cas d'attaque. Dernière ville au nord du territoire contrôlé par le gouvernement, Vavunya est en état d'occupation militaire. Les jeeps et les camions de l'armée conduisent les troupes au front en un va-et-vient continu.

Les soldats sont très jeunes. Certains ont sur le visage une expression de bravade alors que d'autres ont l'air terrifiés. Leur équipement est complètement désuet et semble dater d'au moins un siècle. Les journaux de Colombo rendent souvent hommage aux jeunes soldats de dix-huit, dix-neuf ou vingt ans morts au combat. Durant le repas du midi, un jeune homme qui avait été officier dans l'armée sri lankaise mentionne qu'il avait récemment regardé une vidéocassette enregistrée sept ans plus tôt à l'occasion de son mariage ; la moitié des hommes qui avaient été invités à l'heureux événement étaient morts depuis, fauchés dans la fleur de l'âge par cette horrible guerre.

Au Sri Lanka, s'enrôler dans l'armée est un choix de carrière pour le moins funeste. Certains s'enrôlent parce qu'ils cherchent un revenu stable, d'autres parce qu'ils ont des convictions idéologiques ou parce qu'ils détestent les rebelles tamouls. Sur le champ de bataille, les combats sont d'une férocité inouïe. Les désertions sont monnaie courante. Le gouvernement déclare régulièrement des amnisties qui permettent aux déserteurs de réintégrer les rangs sans être pénalisés. Certains soldats ont l'air beaucoup trop jeunes pour faire la guerre. Critiqué par le passé parce qu'il acceptait des soldats de moins de dix-huit ans, le gouvernement sri lankais a promis d'abolir cette pratique. Pour leur part, les Tigres ont toujours enrôlé des enfants. La rumeur veut que les TLET recrutent ces jeunes combattants contre leur gré en obligeant les familles tamoules à donner un de leurs enfants à la cause. L'armée sri lankaise capture régulièrement des soldats Tigres de moins de douze ans; les champs de bataille sont jonchés de corps d'enfants tués au combat. Le Sri Lanka se retrouve aujourd'hui dans un cercle vicieux: plus la guerre est longue, plus nombreux sont les jeunes gens qui grandissent sans jamais avoir connu la paix, et plus il devient difficile d'interrompre le cycle de la violence. C'est ainsi que la guerre se perpétue indéfiniment. Une guerre qui s'éternise cesse d'être un état de dépravation temporaire, un bouleversement nécessaire à l'amélioration de la condition sociale: elle devient un mode de vie.

Mohan, mon chauffeur, hésite à s'aventurer plus au nord. Nous continuons néanmoins notre avancée jusqu'à une hutte faite de sacs de sable empilés et de tôle ondulée. Nous sommes à cent mètres du dernier poste de contrôle avant la zone rebelle. Je montre ma carte de presse et ma carte d'accréditation gouvernementale à la sentinelle. Après avoir jeté un œil sur mes documents, le garde disparaît dans un bâtiment pour en ressortir en compagnie d'un soldat en t-shirt et pantalon de camouflage. Plus vieux et plus costaud que les autres soldats, ce dernier occupe visiblement ici un poste d'autorité.

« C'est la fin, dit-il, vous ne pouvez pas aller plus loin. »

« Mais je suis journaliste. Je veux continuer. »

Le soldat fait un geste vers la route qui s'étend devant nous en disant: « À partir de là, c'est le territoire des Tigres. »

J'ai tout de suite compris qu'il était inutile de discuter. J'avais affaire à des soldats endurcis, de vrais durs habitués à côtoyer l'ennemi à longueur de journée. Ils n'étaient pas du genre à se plier à vos caprices. La seule chose à faire était de remonter dans le taxi et de rebrousser chemin. Pour me rendre à Jaffna, il me faudrait emprunter la voie des airs.

Quand on se trouve dans une zone de guerre, il ne faut prendre que des risques calculés. Très peu de journalistes sont des casse-cou qui cherchent à vivre dangereusement, dans le boucan des fusillades. Cela dit, il est parfois nécessaire de prendre certains risques pour réaliser de bons reportages. C'est en avion que le journaliste a le plus peur. Il s'y sent vulnérable du fait que sa vie est entre les mains de quelqu'un d'autre, d'un pilote qu'il ne connaît pas, d'un rebelle armé d'un missile sol-air, de Dieu. Sur le plancher des vaches, vous êtes maître de votre destin et vous pouvez faire demi-tour si vous sentez qu'un danger vous guette. À bord d'un avion, vous n'avez pas cette possibilité.

Le gouvernement sri lankais donne aux journalistes le choix de voler à bord d'un avion de transport militaire – fabriqué par la société soviétique Antonov – ou de voyager en avion de ligne sur des vols organisés par l'armée de l'air. La seconde option me paraît plus judicieuse. Les TLET hésiteront peut-être à faire feu sur un avion civil.

Je demande au porte parole du ministère des Affaires étrangères : « Croyez-vous qu'on sera en sécurité ? »

« Étiez-vous en sécurité dans les Balkans » me répond-il. Bref, c'est la guerre et il n'y a de garanties pour personne, quelles que soient les circonstances. Qui veut survivre doit néanmoins faire preuve de prudence.

Je me trouve au nord de Colombo, dans un hangar situé sur une base militaire aérienne. J'attends mon avion tandis que des soldats regardent la télévision. Dehors, des palmiers et des fleurs tropicales éclatantes agrémentent l'espace entre les miradors de couleur vert olive. L'avion dans lequel je suis sur le point d'embarquer appartient à la flotte de Crimea Air. Le capitaine et son équipage ukrainien travaillent à contrat pour l'armée de l'air. Nous montons à bord et, dès que nous sommes installés sur nos sièges, un homme en uniforme militaire parcourt l'allée et vaporise du désinfectant en aérosol sur nos têtes.

La chaleur est si intense dans l'appareil que la cabine s'emplit bientôt d'une vapeur moite. Les passagers s'éventent avec les sacs vomitoires que l'équipage a mis à leur disposition. Le système de climatisation ne se met en marche que lorsque nous amorçons notre ascension au-dessus de l'océan. Le changement de température produit un brouillard si épais que je distingue à peine le diplomate norvégien qui est assis à ma hauteur, de l'autre côté de l'allée. L'agent de bord est un soldat sri lankais en habit de camouflage; des médailles sont épinglées à la poche gauche de sa veste. Il dormira pendant tout le trajet – 80 minutes – et ne se réveillera que lorsque notre appareil aura amorcé sa descente soudaine et abrupte. À travers le hublot, j'aperçois des maisons incendiées et une église catholique, vestige d'une époque où l'île était une colonie portugaise. Grimaçant de douleur sous l'effet du changement de pression qu'occasionne notre descente vertigineuse, l'homme qui est assis devant moi couvre ses oreilles de ses mains et balance son corps fiévreusement, comme s'il se berçait.

Il pleut lorsque nous atterrissons à la base aérienne de Pilally. Une jeep me conduit au quartier général des Forces de sécurité où se trouve le bureau du brigadier général Parakrama Pannipitiya. Quand j'arrive dans le bureau en question, Pannipitiya est occupé à parler au téléphone. Une grande affiche portant l'inscription « Carte secrète de déploiement » est épinglée au mur. Le général raccroche enfin et, à l'aide d'un pointeur laser, m'indique l'endroit où sont postées ses troupes. Après m'avoir rappelé qu'il y a un couvre-feu en vigueur entre 21 h 30 et 4 h du matin, il me sert toute une litanie de statistiques concernant Jaffna: 140 000 kilomètres carrés; saison de la mousson d'octobre à janvier; économie basée sur l'agriculture, l'élevage et la pêche. Puis ses statistiques se font plus inquiétantes: entre janvier 1998 et décembre 1999, six cent un soldats sont tués, trois mille cent cinquante-six blessés et sept cent trente-sept portés disparus. Selon les transmissions radio interceptées par l'armée, mille cinq cent vingt-quatre combattants TLET ont trouvé la mort durant la même période – le gouvernement estime que ce nombre se situe plutôt aux alentours de mille neuf cents.

Le général me dit que la population de Jaffna appuie l'armée, qui a libéré la péninsule de l'emprise des rebelles en 1996.

Les victimes civiles sont nombreuses, toutefois le général attribue ces pertes au manque de précision des obus des rebelles. « Dans l'ensemble, le public est avec nous » assure-t-il, ajoutant que la population locale craint les Tigres et fournit à l'armée des renseignements à leur sujet. L'armée est récemment parvenue à éliminer un leader des TLET qui extorquait de l'argent à la population pour le compte des rebelles. De dire le général : « On lui a tendu un piège, ce qui nous a permis de le supprimer. »

Aux dires du brigadier général Pannipitiya, c'est grâce à des mesures de ce genre que l'armée a pu gagner l'estime du public. « Les gens ont compris que les forces de sécurité du gouvernement sont là pour améliorer leurs conditions de vie. » Sur ce, un autre officier, le lieutenant-colonel W. A. R. Gunawardhana, pénètre dans le bureau. « Appelez-moi 'War'» dit-il – un nom qui, en français, veut dire « guerre ». Il est vrai que le coût de la vie est plus élevé à Jaffna, concède l'officier, mais c'est parce qu'il est très difficile de transporter des marchandises par-delà le territoire rebelle. Le lieutenant-colonel War affirme que les habitants de Jaffna essaient de mener, autant que faire se peut, une existence normale. Les écoles demeurent ouvertes, dit-il, et les étudiants de la ville ont récemment remporté les première et seconde place lors d'un concours national de mathématiques.

Je quitte la base aérienne en autobus. Le chauffeur me fait signe de m'asseoir à l'avant, à côté du soldat qui est là pour assurer notre sécurité. Constatant que le canon de son fusil pointe négligemment dans ma direction, je m'enfonce dans mon siège aussi profondément que possible pour éviter d'être dans sa ligne de tir. Le chauffeur fait jouer de la musique indienne absolument démente, et ce, à un volume assourdissant. Le vieil homme qui est assis derrière moi se plaint, mais en vain. Les classes étant terminées pour la journée, les rues fourmillent d'enfants en uniforme blanc qui rentrent à la maison. Certains tiennent un parapluie dans une main et les guidons de leur vélo dans l'autre. Jaffna est une ville frontalière typique. Ses rues cahoteuses grouillent de petits autobus et de taxis à trois roues ; il y a aussi des tas de petites boutiques où l'on vend du pain, des étoffes, des chaussures et des bijoux en or, lesquels sont très prisés des Sri Lankais.

Patrouilles et postes de contrôle militaire sont disséminés un peu partout dans Jaffna. Au quartier général des Nations unies, on offre aux visiteurs la liste des précautions de sécurité à respecter : « Lors de déplacements en voiture, le conducteur et chacun de ses passagers doivent disposer d'un casque protecteur et d'un gilet pare-balles… NE COUREZ PAS en quittant ou en arrivant à un poste de contrôle… Toute résidence doit être munie d'un abri sûr ou d'un bunker… Où que vous soyez, MINES et BOMBES PIÉGÉES représentent un danger bien réel. » Un second feuillet informe le visiteur des choses à faire ou à ne pas faire. Il nous dit par exemple de « NE PAS ramasser des objets de guerre – douilles, armes, etc. – en guise de souvenir » et de « NE PAS essayer de jouer les héros ».

L'armée sri lankaise estime la population actuelle de Jaffna à cinq cent mille – une baisse marquée considérant qu'elle était évaluée à sept cent trente-huit mille en 1989 et à cinq cent quinze mille soixante-deux en 1995, juste avant que les forces gouvernementales ne délogent les rebelles. Bien que les statistiques de l'armée témoignent d'un récent accroissement de la population, les habitants de la ville semblent tous très empressés de quitter Jaffna ou d'envoyer leurs enfants vivre chez des proches à Colombo ou en Occident.

À Jaffna, je m'entretiens avec un homme qui me dit qu'après une attaque ou un attentat, la police et l'armée arrêtent systématiquement les jeunes. « C'est très risqué de garder nos enfants ici. Tous ceux qui ont des contacts dans d'autres pays envoient leurs enfants là-bas. » L'homme précise que les fournisseurs de faux documents et les passeurs clandestins exigent entre 800 000 et 1,2 million de roupies pour leurs services. « Ils ne vous disent même pas dans quel pays ils vont vous envoyer. Les Sri Lankais qui ont de l'argent sont déjà partis. Si vous êtes encore ici, c'est que vous n'avez pas les moyens de quitter le pays. » Chaque matin, mon interlocuteur doit traverser huit postes de contrôle pour se rendre aux bureaux de l'agence d'aide étrangère pour laquelle il travaille. Son souhait le plus cher est d'envoyer son fils de dix-neuf ans à l'étranger, et ce, le plus tôt possible. « À son âge, on est très vulnérable ; j'économise tout mon argent pour qu'il puisse partir. » Un autre homme décrit en ces termes la situation à Jaffna : « L'issue du conflit est impossible à prévoir. Selon moi, on se trouve toujours dans une impasse. Même s'il ne restait qu'un seul Tigre, il pourrait faire du grabuge. C'est pourquoi le gouvernement est obligé de négocier. La vie est dure, ici. Tout est très cher, et puis il n'y a pas d'avenir pour les jeunes. »

Un employé des Nations unies m'expliquait que les efforts humanitaires ont peu d'impact à Jaffna du fait que les restrictions imposées par les militaires ont complètement bloqué l'économie locale. Toute marchandise doit être approuvée par l'armée avant d'être importée ou exportée. Des voitures achetées à Colombo un an plus tôt n'ont pas encore été expédiées vers la péninsule à leurs nouveaux propriétaires, et il n'est pas rare que des marchandises soient retenues pendant plusieurs mois. Les délais sont trop longs pour permettre l'exportation de denrées périssables. À Jaffna, les organismes non gouvernementaux n'ont pas le droit de s'associer à des organisations locales. L'économie régionale en est une de subsistance et elle est très dépendante du secours fourni par des organismes d'aide. Un rapport rédigé par une organisation d'aide internationale souligne qu'à Jaffna, « notre agence ne peut pas faire son travail rapidement et à coût raisonnable ». Bien que les ordinateurs dont dispose l'agence en question soient complètement désuets, l'armée s'oppose à ce qu'elle en importe de nouveaux pour les remplacer. « On ne peut pas en acheter d'autres sous prétexte que les TLET pourraient s'en servir contre l'armée, raconte un employé de l'organisation. Les appareils que nous avons présentement ont une puissance de 386 MHz. Ils sont trop dépassés d'un point de vue technologique pour représenter quelque menace que ce soit – à moins bien sûr que quelqu'un ne décide de les lancer par la fenêtre du bureau. »

Derrière les villas de style colonial du complexe des Nations unies, une pile de sacs de sable tient lieu d'abri antiaérien. Dans la cour arrière, un étui de mine Claymore a été transformé en cendrier. Jaffna est l'une des régions les plus minées du monde. Les forces de sécurité du gouvernement ont encerclé leur territoire de mines japonaises et pakistanaises ; les rebelles tamouls posent leurs mines de confection artisanale partout où des soldats sont susceptibles de s'attrouper – près des puits et autres points d'eau, autour des maisons, etc. « Les mines des rebelles sont définitivement plus difficiles à trouver et à éviter » d'affirmer un secouriste.

Le terrain de l'école secondaire de Jaffna a été miné, de même que celui de l'école primaire. Au moins une fois par semaine, un civil pose le pied sur une mine ; l'explosion s'avère parfois fatale, mais plus souvent qu'autrement, l'infortunée victime perd une jambe. Au bureau de déminage des Nations unies, les champs de mines connus sont identifiés à l'aide de punaises rouges sur une grande carte géographique. Les Nations unies continuent leurs efforts de déminage, mais sans grand succès. « Le problème est que, pendant que nous essayons d'enlever les mines, le conflit se poursuit » de dire mon interlocuteur. À ces mots, il ouvre un casier et en sort une mine de fabrication rebelle. Il s'agit d'une simple boîte de bois munie d'un détonateur activé par pression sur laquelle apparaît l'appellation « Fabriqué en Eelam tamoul ». Les mines rebelles sont certes rudimentaires, toutefois le nombre croissant d'amputés qui fréquentent l'hôpital de Jaffna témoigne de leur efficacité.

Calmement allongé sur le lit numéro 21, Mohan Tharmalingam attend qu'on lui installe une prothèse. Le moignon de sa jambe droite est enveloppé d'un pansement et repose sur un oreiller. Par un beau samedi matin, l'homme de trente ans avait décidé d'aller ramasser des bâtons dans la campagne entourant le village d'Alaveddy Kambalai, où il habite ; c'était là une occupation coutumière pour ce fabricant de balais. Mohan traversait un champ de riz quand il entendit un étrange son étouffé. « J'ai entendu le bruit de l'explosion, dit-il, mais je ne savais pas de quoi il s'agissait. Je me suis retourné pour voir ce que ça pouvait être, et c'est là que j'ai compris que j'avais mis le pied sur une mine. »

Invalide dans un pays ravagé par la guerre et la pauvreté, Mohan craint de ne plus pouvoir subvenir aux besoins de sa femme et de ses deux jeunes enfants. Compte tenu du nombre de mines qu'il y a à Jaffna et de l'insuffisance des efforts de déminage, les organisations d'aide ont décidé d'éduquer la population quant aux mesures de sécurité à adopter. Pour ce faire, elles ont recours à divers moyens : un message informatif a été inséré au début des cassettes louées dans les clubs vidéo de la ville ; des informations concernant les mines sont diffusées via les journaux, les stations de radio, et même par le biais d'une troupe de théâtre. Mais en dépit des efforts déployés pour informer le public, les mines continuent de faire des victimes à Jaffna. Mohan m'a confié qu'il savait qu'il y avait des mines dans le champ de riz qu'il traversait, mais que, connaissant bien l'endroit, il croyait pouvoir les éviter. « Ce matin-là, j'ai emprunté le même chemin que d'habitude », dit-il.

Voyant que l'explosion avait emporté une partie de son pied, Mohan a appelé au secours. Craignant de déclencher eux aussi une mine s'ils s'aventuraient dans le champ de riz, les gens du village ont laissé Mohan à son sort. Ce dernier est sorti de la zone minée en rampant, avec sa blessure qui saignait à profusion. Il fut conduit à l'hôpital le plus proche pour être transféré à Jaffna moins d'une demi-heure plus tard. Sa blessure était si sévère que les médecins n'ont pas pu sauver sa jambe, qui fut amputée juste en bas du genou. Désespérément pauvre et atrocement diminué par la guerre, Mohan Tharmalingam ne peut rien faire pour améliorer sa condition. Il est en quelque sorte une métaphore vivante du Sri Lanka.

À la tombée de la nuit, l'air se rafraîchit et les oiseaux perchés sur les branches des jaquiers recommencent à crier. Des secouristes travaillant pour diverses organisations d'aide internationale se prélassent sur la véranda d'une maison coloniale en sirotant un bon vin et en mangeant des homards achetés aux pêcheurs locaux. Une secouriste suisse semble étonnée du fait que j'aie pu me rendre à Jaffna en avion. Elle dit que ses patrons préfèrent que leurs employés prennent le bateau pour faire la navette entre Jaffna et Colombo – une traversée de 22 heures – plutôt que de risquer le périple de 90 minutes en avion. « À cause des missiles » dit-elle en catapultant son index vers le ciel tel un projectile. À 21 h 15 précises, notre hôte américain se lève pour annoncer l'approche du couvre-feu. Tous ces jeunes invités travaillant pour les Nations unies, pour le Comité international de la Croix-Rouge ou pour d'autres organismes de secours se ruent alors vers leurs voitures et leurs bicyclettes, empressés de réintégrer leurs quartiers avant l'heure fatidique.

Le soleil paraît plus gros dans le nord. Il est plus ardent, plus intense. Et contrairement à la ville, où l'on peut aisément se réfugier à l'ombre, il n'y a ici aucun endroit où échapper à ses rayons écrasants. Dans le nord, le paysage est aride. La poussière est omniprésente dans cette région qui est la plus sèche du Sri Lanka. Les moussons qui fouettent le sud du pays ne sont pas aussi fortes sous cette latitude, par contre, la terre est plus difficile à cultiver. Le terrain est plat. Les arbres sont tout rabougris. Par son aspect austère, Jaffna est l'antithèse de la luxuriance montagneuse des régions méridionales du Sri Lanka. Le nord sri lankais constitue une sorte d'anomalie géographique au sein du pays, ce qui ne fait que raviver le sentiment d'unicité et la fibre nationaliste de ses habitants.

La tension, ici, est palpable. Les soldats sont partout, nerveux, colériques. Les routes fourmillent de véhicules militaires. Les gens qui vivent ici doivent se montrer prudents, prendre mille et une précautions, profiter de la moindre trêve pour amasser des provisions. Ils savent qu'à chaque reprise des hostilités, la nourriture, tout comme la liberté, se font rare.

Se rendre à Jaffna n'est pas chose facile, mais il est encore plus difficile d'en sortir. Le chauffeur des Nations unies me dépose au quartier général de l'armée. À l'extérieur du bâtiment, ombrelle à la main sous le soleil torride de midi, des centaines de personnes attendent en ligne pour obtenir la permission de quitter la péninsule. D'un air penaud, j'évite la file alors que des soldats m'escortent jusqu'au bureau d'un officier qui, après avoir examiné mes papiers, me tend un stylo et me dicte une lettre dans laquelle j'exprime ma gratitude envers l'armée et affirme avoir été merveilleusement bien traité.

Sa dictée terminée, l'officier m'envoie au bureau d'un supérieur qui signe ma lettre et y appose le tampon officiel de l'armée. Maintenant que mes papiers sont en règle, on me donne la permission de quitter Jaffna. Le hic, c'est que j'ai manqué l'autobus menant à la base aérienne. Je marche donc vers le centre-ville pour y prendre un taxi. Il y a des douzaines de taxis garés en bordure de la route, mais ce ne sont que des épaves abandonnées. Jaffna accuse plusieurs décennies de retard sur Colombo. On dirait que le temps s'y est arrêté avec le début de la guerre. La capitale du nord est un ramassis de vieux véhicules rouillés, de bâtiments délabrés et de technologies surannées. Le moyen de transport de prédilection de ses habitants est la bicyclette. Son vieil hôpital est plein à craquer de malades, de femmes enceintes et de blessés de guerre. Très pressé de me rendre à l'aéroport, je réveille un vieil homme qui dort dans son taxi. La voiture, une antiquité qui semble dater des années 1950, me paraît aussi fatiguée que son propriétaire.

La pluie commence à tomber sur Jaffna et ses maisons ravagées par les bombes, Jaffna et ses invalides qui clopinent, une prothèse se substituant au membre sacrifié aux mines. Et toujours, sur la route, des soldats qui vous tournent le dos, guettant la présence rebelle dans la touffeur de la jungle. À la base aérienne, des soldats rassemblent les passagers du prochain vol pour Colombo dans une aire d'attente extérieure. Il y a un stand où l'on vend du thé et de la limonade.

Nous entendons soudain un vacarme assourdissant. À moins de cent mètres de nous, l'armée tire des salves d'artillerie. Pendant ce temps, des soldats fouillent méticuleusement nos bagages. Un autre soldat nous amène dans une pièce minuscule où nous faisons l'objet d'une fouille corporelle. Un autobus nous conduit ensuite jusqu'à la piste de décollage. En marchant vers l'avion, nous croisons un vieux véhicule blindé surmonté d'une tourelle. Nous nous baissons précipitamment au passage d'un hélicoptère militaire volant au ras du sol, juste au-dessus de nos têtes, puis nous montons enfin à bord du vieil appareil de fabrication soviétique qui nous ramènera à Colombo. Après avoir décollé abruptement en direction nord, le pilote atteint son altitude de croisière en décrivant dans le ciel une série de cercles concentriques très serrés. Si cette ascension est peu orthodoxe, c'est qu'il s'agit d'une manœuvre défensive visant à déjouer les obus – achetés avec l'argent récolté au Canada par les Tigres des neiges – que les TLET lancent à partir de la jungle en contrebas. « Le pilote doit monter rapidement pour éviter les missiles sol-air des rebelles » m'annonce le soldat qui est assis à côté de moi tandis que nous survolons une mer couleur limonade.

CHAPITRE 3

Les partisans de Dieu

L'agent des services de renseignement de l'armée israélienne est assis dans son bureau exigu situé à l'étage supérieur d'un édifice gouvernemental de Tel-Aviv. Les mains de cet homme maigre et nerveux, aux cheveux noirs coupés court, sont déposées sur le bureau parmi des piles de dossiers portant la mention « Secret » en hébreu et en anglais. La fenêtre qui se trouve derrière lui est recouverte d'une feuille de plastique. Les Américains viennent de lancer un assaut sur Bagdad, si bien que tout le pays se prépare au pire. Le gouvernement conseille aux Israéliens de sceller leurs fenêtres au cas où Saddam Hussein déciderait de larguer une bombe chimique ou biologique sur leur territoire. « Tout le monde est tellement préoccupé par l'Irak en ce moment, me dit l'agent, que personne ne s'intéresse à ce qui se passe en Iran. »

Mon interlocuteur fait référence à la menace stratégique potentielle que représente l'Iran. Les autorités israéliennes soupçonnent en effet que l'Iran aspire à devenir une puissance nucléaire régionale, ceci afin de dominer le Proche-Orient, de forcer l'Occident à abandonner Israël et de conquérir Jérusalem pour en faire une ville musulmane. Il y a un moment déjà que l'Iran prépare le terrain en vue de cette invasion, notamment par le biais de confrontations impliquant Hezbollah. Commando officieux du gouvernement iranien, Hezbollah est à l'origine des bombardements sporadiques qui visent les villes du nord d'Israël. Les agents de ce groupe extrémiste ont infiltré plusieurs pays, dont Israël.

« Fauzi fait partie de ce processus » affirme l'agent israélien.

Fauzi Ayub est père de trois enfants et vit à Toronto. À l'époque où Ottawa se demandait si Hezbollah était une organisation terroriste ou un collectif de fermiers et d'enseignants libanais, cet homme à la barbe noire soigneusement taillée fut capturé par les services secrets israéliens (Shin Beit). Bien que l'on ignore toujours quelle était sa mission, les services de sécurité israéliens croient qu'Ayub fait partie du commando d'élite international du Hezbollah. Les autorités canadiennes m'ont dit qu'Ayub lui-même avait confirmé la véracité de ces allégations.

« Fauzi Ayub est un élément très important du Hezbollah, me disait l'agent israélien. Nous détenons des renseignements qui confirment son association avec le commando d'élite. Très peu d'individus font partie de ce groupe. » Arrêté à titre d'« ennemi combattant », Ayub peut être détenu indéfiniment. Les autorités israéliennes l'ont emprisonné parce qu'il représente une menace à la sécurité nationale.

Musulman shiah d'origine libanaise, Ayub s'est joint à la milice d'Amal Shia en 1975. À cette époque, il n'était encore qu'un adolescent. De son propre aveu, il a fait cela dans le but de protéger sa famille durant la guerre civile libanaise. Il allait à l'école de jour et la nuit venue il empoignait ses grenades, ses kalachnikovs, ses M-16, ses lance-roquettes et ses explosifs pour, embusqué derrière des piles de sacs de sable, ouvrir le feu sur les troupes chrétiennes ennemies. Lors de son procès à Tel-Aviv, Ayub disait : « Nous considérions les chrétiens comme nos oppresseurs. » Voyant sa ville déchirée par la guerre et la violence, l'adolescent en est venu à la conclusion qu'il était de son devoir religieux de protéger les opprimés. « J'ai vu des tas de morts, disait-il, des femmes, des enfants. Ça m'a beaucoup affecté. J'ai vu que les faibles et les miséreux avaient besoin d'être protégés. »

En 1983, il quittait Amal pour se rallier au Hezbollah. Plus radical qu'Amal Shia, Hezbollah était à cette époque une puissance émergente au Liban. Dès sa troisième année au sein du groupe, il participa au détournement d'un avion de ligne irakien en Roumanie. Plusieurs ecclésiastiques musulmans shiah étaient emprisonnés en Irak, or, Hezbollah voulait négocier leur libération contre celle des passagers de l'avion. Deux équipes de pirates de l'air furent dépêchées en Roumanie pour remplir cette mission.

Sh'alan, l'éclaireur de l'équipe dont Ayub faisait partie, est arrivé sur les lieux quelques jours avant les autres. « Sh'alan était censé nous rencontrer pour nous donner des pistolets » précise Ayub. Mais la rencontre n'aura pas lieu : arrêté et interrogé par la police, l'éclaireur avait tout avoué. Ayub fut arrêté dès son arrivée à l'aéroport de Bucarest. La seconde équipe connut plus de succès. Le lendemain de l'arrestation d'Ayub, les agents du Hezbollah réussissaient à détourner l'avion irakien. Mais leur victoire fut de courte durée puisque, peu après, l'appareil s'écrasait en Arabie Saoudite, entraînant soixante-deux passagers dans la mort.

« Les Roumains m'ont appris la nouvelle le lendemain, disait Ayub. Je ne pensais pas que notre mission causerait la mort d'innocentes personnes. Quand j'ai appris ça, j'ai pleuré. »

Ayub fut condamné à sept ans de prison, mais Hezbollah envoya un agent pour soudoyer les Roumains, si bien qu'Ayub ne purgera que dix mois de sa peine avant d'être libéré. À sa sortie de prison, il décide de quitter le Proche-Orient. « J'avais la possibilité d'aller au Canada » dit-il. Parrainé par un oncle qui vivait déjà ici, Ayub a profité d'un programme gouvernemental offrant aux Libanais déplacés durant la guerre civile de 1975-1991 l'opportunité d'émigrer au Canada. Fauzi Ayub est arrivé ici en 1988.

« Vous n'avez pas informé les autorités canadiennes de votre implication dans le détournement en Roumanie ? » lui demandera par la suite un juge israélien.

« Non » répondra Ayub.

« Pourquoi ? »

« Parce qu'ils ne me l'ont pas demandé. »

« Ils ne vous ont pas demandé si vous aviez des antécédents criminels ? » de continuer le juge.

« Non. »

Ce n'était pas la première fois que les autorités canadiennes manquaient à leur devoir en permettant à un terroriste notoire d'entrer au Canada. L'année précédente, un membre du Front populaire pour la libération de la Palestine (FPLP), Mahmoud Mohammad Issa Mohammad, alias « Triple M », avait échappé à la vigilance du SCRS. Bien qu'ayant participé à plusieurs attentats, dont celui dirigé contre la compagnie aérienne El Al à l'aéroport d'Athènes en 1968, Mohammad a pu s'installer en Ontario avec sa famille, et ce, avec la bénédiction de nos services de renseignement. Condamné à dix-sept ans de prison par un tribunal grec en 1970, il fut relâché l'année suivante quand des pirates de l'air du FPLP détournèrent un avion de ligne grec et exigèrent sa libération. Après qu'Immigration Canada ait ordonné sa déportation en 1988, Mohammad a demandé le statut de réfugié et continue à ce jour de porter sa cause en appel.

Si le cas de Mohammad a fait beaucoup de bruit, Ayub, lui, est longtemps passé inaperçu. Même le SCRS ignorait qui il était. Le terroriste libanais menait une vie normale au Canada. Il a épousé une Américaine de Detroit, travaillait de jour dans un supermarché et étudiait de soir. « J'ai essayé d'oublier tout ce qui était arrivé à Beyrouth » dit-il. Mais ce n'était pas chose facile. Les autorités israéliennes prétendent que depuis son arrivée au Canada, Ayub a continué de s'impliquer activement dans les activités du Hezbollah, chose que les autorités canadiennes n'ont pas confirmée. « C'est très facile pour un gars comme Fauzi Ayub de vivre en Europe ou au Canada » me disait l'agent du renseignement israélien à qui j'ai parlé. Ayub est devenu citoyen canadien en 1992. Son mariage s'est effrité peu après parce qu'il voulait des enfants alors que sa femme, elle, n'en voulait pas. Il quittera son épouse en 1994 pour se remarier avec une Libanaise. Son premier fils, Abbas, naîtra l'année suivante. Un second fils, Mohamed, viendra deux ans plus tard. Ayub travaillait pour une compagnie informatique à cette époque. Comme son épouse voulait retourner à Beyrouth, Fauzi a commencé à faire des économies. « Ma femme n'aimait pas la vie au Canada » dit-il. À son retour au Liban en 2000, le couple achètera une boulangerie et fondera une compagnie de matériaux de construction. Ayub s'endettera beaucoup en exploitant ces commerces. Les services de renseignement israéliens croient que c'est à cette époque qu'il fut contacté par un membre haut placé du Hezbollah qu'il connaissait depuis ses premiers jours au sein du groupe. Hezbollah avait besoin de quelqu'un qui possédât un passeport occidental pour remplir une mission délicate. Cette mission consistait à infiltrer Israël.

Les quartiers généraux du Hezbollah sont situés dans Haret Hareiq, le quartier shiah de Beyrouth. L'antre du groupe terroriste est difficile à trouver du fait que le secteur est un véritable labyrinthe. De plus, le bâtiment n'arbore aucun signe distinctif, aucune enseigne indicative de l'organisation qui l'habite. Ce n'est qu'une fois que l'on a passé les grilles de l'entrée que l'on découvre, sur les murs d'un escalier sombre et caverneux, des affiches couvertes de slogans arabes et exhibant le logo du Hezbollah – un poing tendu brandissant une kalachnikov. Le groupe militant étant particulièrement paranoïaque en ce qui a trait à la sécurité, il est interdit de photographier l'entrée de l'édifice. On me conduit au troisième étage, dans une pièce où l'on m'enjoint d'attendre en restant sagement assis sur un divan défraîchi. Une affiche géante de l'ayatollah Khomeini est épinglée sur le mur en face de moi. D'épaisses tentures occultent les fenêtres.

La porte s'ouvre et un homme à la barbe noire très fournie pénètre dans la pièce ; il est vêtu d'un turban et d'une tunique de même couleur. Il s'agit de Ghaleb Abu Zeinab, l'un des membres du conseil politique du Hezbollah. Un serviteur entre à sa suite pour nous apporter des tasses de café turc. Le visage de Zeinab arbore une expression étrange, à mi-chemin entre la rage et la sérénité. « En ce qui nous concerne, dit-il en sirotant son café, les Canadiens sont des gens bien ; ils sont respectés du peuple libanais. Il y a entre le Liban et le Canada des liens très forts. »

Et il y a entre le Canada et Hezbollah des liens tout aussi étroits, mais c'est là une chose que ni Zeinab et son chef, le cheik Hassan Nasrallah, ni le gouvernement canadien n'oseraient admettre. Hezbollah a appris à exploiter le Canada tant et si bien qu'il en a fait sa principale base à l'étranger. Le Canada est un refuge sûr pour les agents de l'organisation qui ont besoin de se cacher avant ou après un attentat. Hezbollah a en outre posté plusieurs agents dormants au Canada. Notre pays permet au Hezbollah de solliciter des sommes d'argent importantes et de se procurer le matériel militaire dont il a besoin. Qui plus est, les luxueux véhicules que conduisent les dirigeants de l'organisation ont tous été volés au Canada.

En 1998, Ward Elcock, le directeur du SCRS, admettait pour la première fois que des organisations terroristes islamiques chiites, dont le Hezbollah, avaient une présence active au Canada et étaient surveillées par les forces antiterroristes canadiennes. Il y avait pourtant déjà longtemps que le SCRS enquêtait sur Hezbollah. Dès la fin des années 1990, le Service canadien du renseignement de sécurité savait que l'organisation terroriste amassait des fonds au Canada. Le problème était qu'à cette époque, le Canada n'avait pas de loi concernant le financement de groupes terroristes. Pour porter des accusations criminelles contre les leveurs de fonds, il fallait prouver qu'un don spécifique avait été utilisé pour financer un acte terroriste spécifique. Les organisations terroristes de la trempe du Hezbollah étaient beaucoup trop rusées pour se faire prendre si aisément. Les fonds recueillis étaient déposés dans un fonds central destiné à financer des causes politiques et humanitaires, mais aussi, secrètement, des activités terroristes. Il était impossible de déterminer si un don de 500 $ provenant du Canada servait à acheter des livres pour une école d'un quartier shiah du Liban ou à approvisionner les terroristes en explosif C4. « À l'époque, on croyait que l'argent des levées de fonds était utilisé en partie pour le soutien d'activités terroristes, me disait un ex-agent des services de renseignement, mais c'était très difficile à prouver. » La GRC enquêtait elle aussi depuis la fin des années 1990 sur les stratégies de financement pour le moins inventives de la filiale canadienne du Hezbollah. Selon un agent haut placé des services de sécurité israéliens, « Hezbollah dispose d'une impressionnante infrastructure au Canada ».

Quand j'ai parlé de tout ça à Zeinab, celui-ci a répondu : « C'est drôle ce que vous me dites là. Croyez-vous qu'on peut financer une organisation de ce genre en volant des voitures ? C'est absolument incroyable ! Une histoire digne d'Hollywood ! Hezbollah n'a pas à faire des choses comme ça pour obtenir des fonds. Et puis ce sont là des méthodes qui vont à l'encontre de notre religion. C'est ce qu'on appelle du vol. D'ailleurs, nous n'avons pas besoin de cet argent. Si on nous accuse de dépouiller tout un chacun dans le but de financer notre organisation, c'est uniquement pour déformer l'image du Hezbollah et faire croire aux gens que nous disposons d'une aile distincte qui est chargée de mener à bien ce genre d'activités. »

Il y a plusieurs années déjà que les dirigeants du Hezbollah prétendent que leur organisation n'est rien de plus qu'un mouvement politique visant à aider les Palestiniens et à améliorer les conditions de vie des musulmans shiah. Il s'agit bien sûr d'un mensonge. Hezbollah admet disposer d'une aile armée, mais prétend que sa seule fonction est de résister aux « agressions » israéliennes. En vérité, le Hezbollah est bien plus qu'un simple parti politique doté de sa propre milice : c'est un réseau international dont les objectifs incluent, à court terme, la destruction d'Israël, et à long terme, l'établissement d'une suprématie islamique dans le monde entier. Pour arriver à ses fins, Hezbollah encourage ses adeptes à devenir des martyrs de la cause.

Bien que le réseau international du Hezbollah s'apparente à bien des points de vue à celui d'Al Quaeda, le groupe terroriste libanais est en réalité plus dangereux que la bande de guerriers saints d'Osama bin Laden. Ayant lutté contre l'armée israélienne pendant plusieurs décennies, Hezbollah a une plus grande expérience guerrière qu'Al Quaeda. De plus, Hezbollah bénéficie de l'appui de trois pays, soit l'Iran, la Syrie et le Liban. L'organisation a en outre sa propre infrastructure politique composée de représentants élus comme Zeinab, le sujet de mon entrevue. Hezbollah s'est également fixé des objectifs révolutionnaires à long terme visant l'implantation d'un islamisme radical à l'étranger. Pas étonnant que les politiciens américains aient surnommé Hezbollah « l'Agence tous risques » du terrorisme !

Pour atteindre ses objectifs, le Hezbollah use de plusieurs moyens, l'un des principaux étant le Jihad islamique, une unité d'élite dirigée par Imad Fayez Mugniyah. L'un des terroristes les plus recherchés de la planète, Mugniyah a débuté sa carrière terroriste au sein du Fatah de Yasser Arafat pour passer ensuite au mouvement Amal, lequel a donné naissance au Hezbollah. Interrogé par les services de renseignement canadiens en 1993, un agent du Hezbollah avait ceci à dire au sujet du chef du Jihad : « Mugniyah s'est fait des contacts en Iran à travers l'ambassadeur iranien en Syrie. C'est un combattant très féroce. Quand il s'est joint au Hezbollah, ses hommes et lui ont réalisé plusieurs attentats à la bombe et plusieurs assassinats. L'équipe d'Imad

Mugniyah travaille toujours dans le plus grand secret ; beaucoup d'hommes sont sous ses ordres. »

Le Jihad islamique est une organisation secrète qui recrute et entraîne à Beyrouth des agents qui sont ensuite postés un peu partout dans le monde. Ces agents dormants attendent discrètement de se voir confier une mission qui fera d'eux des martyrs. Le Jihad est une unité distincte de la Résistance islamique, une branche militaire du Hezbollah basée au Liban-Sud. La Résistance islamique et le Jihad travaillent cependant tous deux sous les ordres du Conseil suprême du Hezbollah, lequel est dirigé par Hassan Nasrallah, mais aussi sous autorité de l'Iran. Hezbollah est pour l'Iran une sorte de milice par procuration. En échange de ses services, l'organisation reçoit des armes ainsi que les deux tiers du milliard de dollars qui compose le budget annuel iranien.

Le Jihad islamique est basé à Beyrouth. C'est dans cette ville que l'organisation prépare ses recrues en vue des missions clandestines qui les attendent et c'est là que Fauzi Ayub a appris, dans le plus grand secret, à fabriquer des bombes. Dans la capitale libanaise, Ayub a également appris l'art du subterfuge. Ses maîtres lui ont enseigné comment effacer toute trace de ses origines libanaises. La rumeur veut que Mugniyah lui-même ait assuré une partie de la formation d'Ayub. « Durant son entraînement, Ayub a appris à respecter des règles de comportement très strictes, peut-on lire dans un rapport des services de renseignement israéliens. Il a appris entre autres à parler l'anglais à l'exclusion de toute autre langue et à nier catégoriquement son identité arabe. »

Après des mois de préparation, Ayub était paré à partir pour l'Europe. Dès son arrivée dans les Vieux Pays, il changera de vie et d'identité. Il se débarrassera de tous ses effets personnels, de son passeport canadien, puis il rencontrera un autre agent qui lui fournira un faux passeport américain. En l'espace d'un instant, Fauzi Ayub était devenu Frank Bushy, citoyen américain. Fort de sa nouvelle identité, Ayub est allé en Grèce et, de là, s'est rendu par bateau à Haïfa, en Israël. Nous étions alors en octobre 2000. « Après ça, dit Ayub, j'ai fait ce qu'on m'a dit de faire. Je suis allé à Jérusalem. J'ai logé dans des hôtels. J'ai acheté un téléphone cellulaire et j'ai appelé pour dire que j'étais bien arrivé à Jérusalem. »

Les services de sécurité israéliens prétendent qu'Ayub aurait alors commencé à chercher dans la ville des endroits où cacher des armes. Il passait beaucoup de temps dans un secteur de la capitale qui comptait plusieurs édifices gouvernementaux. En décembre 2000, un autre membre présumé du réseau Hezbollah, un Libanais de citoyenneté britannique du nom de Jihad Shuman, arrivait en Israël. Soupçonné de préparer un attentat, Shuman sera arrêté un mois après son arrivée au pays. En fouillant sa chambre d'hôtel, la police trouvera une somme importante d'argent liquide, un minuteur, trois téléphones cellulaires et une *kippa* (calotte portée par les juifs pratiquants). Au moment de son arrestation, Shuman se trouvait à 300 mètres de la résidence du premier ministre d'Israël.

Hezbollah, qui veut dire « partisans de Dieu » en arabe, fut constitué en réponse à l'invasion du Liban par Israël en 1982. Après la Guerre de six jours de 1967, Yasser Arafat a transféré l'Organisation de libération de la Palestine (OLP) en Jordanie. Chassée du pays par le roi Hussein, l'OLP décide alors de s'installer au Liban. Devant la prolifération des attentats terroristes palestiniens, dont une tentative d'assassinat contre l'ambassadeur israélien à Londres, les Israéliens ont lancé un assaut contre l'OLP. D'abord confiné à la frontière libano-israélienne, le conflit a rapidement atteint Beyrouth. Arafat et ses troupes furent bientôt expulsés de la capitale libanaise.

Voulant adopter une ligne de conduite plus extrémiste que celle préconisée par leurs chefs, les membres les plus radicaux du mouvement Amal (acronyme de Afouadj al-Mouqaouamah al-Lubnaniyyah, qui veut dire « Détachements de résistance libanais ») ont quitté leurs anciens compagnons pour former Hezbollah. La nouvelle organisation n'a pas tardé à s'imposer, en partie parce qu'elle comblait le vide laissé par l'OLP. Hezbollah est le groupe terroriste le plus important de la lignée shiah de l'islam, laquelle s'est détachée des sunnites au XVIIe siècle. Dans l'élaboration de sa mission, le Hezbollah s'est inspiré de la révolution islamique de 1979, qui a marqué l'accession au pouvoir de l'ayatollah Khomeini en Iran. L'Iran a d'ailleurs joué un rôle majeur dans l'ascension du Hezbollah en fournissant à l'organisation terroriste l'entraînement, l'argent et la direction spirituelle dont elle avait besoin. L'Iran a également veillé au financement d'écoles et de cliniques médicales au sein de la communauté shiah, créant ainsi de nouvelles avenues de recrutement pour le Hezbollah. Le groupe terroriste libanais a par ailleurs beaucoup bénéficié de son association avec le grand ayatollah Fadlallah, chef du Conseil religieux shiah.

Hezbollah a trois objectifs principaux. Le premier est de chasser Israël du Liban ; cet objectif fut partiellement réalisé en 2000 quand les Israéliens ont été forcés d'abandonner le territoire qu'ils occupaient à des fins défensives dans le sud du pays. Son second objectif est de détruire l'État d'Israël pour en faire un état islamique qui aurait pour capitale Jérusalem. Le troisième et dernier objectif du Hezbollah est de purger le Liban de toute influence occidentale pour en faire une nation islamiste à l'image de l'Iran – le clergé iranien se sert d'ailleurs du Liban pour voir s'il est possible d'exporter l'idéologie révolutionnaire islamiste.

Hezbollah s'est imposé pour la première fois sur la scène terroriste internationale en avril 1983, dans un attentat dirigé contre l'ambassade des États-Unis à Beyrouth. Six mois plus tard, le 23 octobre, le groupe frappait de nouveau, attaquant cette fois des baraquements de la marine américaine à l'aide d'un camion contenant environ une tonne d'explosifs. Les deux cent quarante et un soldats américains qui sont morts dans l'attentat dormaient lorsque le véhicule piégé a percuté leur caserne. En septembre 1984, Hezbollah faisait sauter l'annexe de l'ambassade américaine à Beyrouth. Les autorités soupçonnent qu'Imad Mugniyah est l'auteur du détournement de la TWA de 1985, attentat au cours duquel un plongeur de la marine américaine fut assassiné. Mugniyah s'est ensuite retrouvé sur la liste des terroristes les plus recherchés du FBI ; le Bureau offrait une prime de 25 millions de dollars américains – le même montant que pour bin Laden – à toute personne qui fournirait des renseignements menant à son arrestation.

Toutes les opérations majeures menées par Hezbollah depuis l'attentat de la TWA ont porté la marque de Mugniyah – ceci inclut l'attentat de 1992 contre l'ambassade israélienne en Argentine, et celui de 1994 contre le centre culturel israélien de

Buenos Aires. Les enquêteurs argentins et israéliens ont découvert que cette dernière mission avait été réalisée avec la collaboration de l'ambassade iranienne et de ministres siégeant au Parlement de Téhéran. (Les familles de cent cinquante-trois des deux cent quarante et un soldats tués dans l'attentat de 1983 à Beyrouth soutiennent que l'opération avait été orchestrée par le gouvernement iranien et ont intenté des poursuites pour dommages-intérêts. Leur avocat affirme que des communications interceptées par les autorités parlent d'une « action spectaculaire contre la marine américaine ».)

En 1996, une autre caserne de l'armée américaine, cette fois en Arabie Saoudite, faisait l'objet d'un attentat au camion piégé. Cet assaut qui fit dix-neuf morts et trois cent soixante-douze blessés avait lui aussi été concocté par Mugniyah en collaboration avec l'armée iranienne. En plus de financer l'attentat, l'armée iranienne en avait assuré la planification quelque trois ans plus tôt, soit en 1993. Après avoir dressé une liste de cibles potentielles, les forces iraniennes avaient choisi de s'attaquer aux Tours Khobar, un immeuble où logeaient les troupes de la base aérienne américaine de Dharhan. Les explosifs avaient été amenés par camion du Liban. L'un des auteurs présumés de l'attentat, Hani Abd Rahim Al-Sayegh, sera par la suite identifié dans un acte d'accusation américain comme un membre haut placé de la filiale saoudienne du Hezbollah. Sayegh recrutait de jeunes chiites saoudiens, puis il les envoyait dans les camps du Hezbollah au Liban et en Iran pour qu'ils y suivent un entraînement militaire. Sayegh était également impliqué dans la surveillance des cibles potentielles de l'organisation et participait activement aux attentats terroristes menés par Hezbollah. Les procureurs américains affirmaient que Sayegh avait participé à la planification de l'attentat des Tours Khobar et qu'il avait passé deux semaines à la ferme où le camion-citerne utilisé dans l'attaque avait été converti en bombe roulante. Le membre présumé du Hezbollah serait ensuite parti en éclaireur pour guider le conducteur du camion piégé vers sa cible, laquelle avait été choisie par l'Iran.

Le 25 juin 1996, à 22 heures, un camion-citerne contenant deux à trois tonnes de plastic faisait irruption dans le terrain de stationnement de la base militaire. Ayant repéré le véhicule, des sentinelles ont tenté de faire évacuer la caserne, mais sans succès. La bombe était deux fois plus grosse que celle qui avait détruit l'édifice fédéral Alfred P. Murrah à Oklahoma City en 1995. Muni d'un faux passeport, Sayegh a quitté l'Arabie Saoudite immédiatement après l'attentat, se rendant d'abord à Boston, pour aboutir au Canada en août 1996. Utilisant un nom d'emprunt, il a demandé le statut de réfugié puis s'est installé à Ottawa. « Al-Sayegh a tenté de s'intégrer à la communauté dès son arrivée au Canada, disait un rapport du SCRS. Il a appris l'anglais et s'est trouvé un travail à temps partiel. » Selon le SCRS, le cas d'Al-Sayegh démontre que le Canada est bel et bien devenu un asile sûr pour les terroristes. Le 18 mars 1997, Sayegh était arrêté dans un dépanneur d'Ottawa.

Un autre agent du Hezbollah arrivera au Canada peu de temps après. Cet homme identifié comme « monsieur X » dans les dossiers de la Commission de l'immigration et du statut de réfugié a avoué qu'il était instructeur pour des groupes terroristes et qu'il enseignait des techniques d'attentat-suicide aux commandos du Hezbollah. Puis il y eut Omar El Sayed, qui arriva à Edmonton en août 1998 muni d'un faux passeport hollandais. El Sayed travaillait illégalement au Canada sous le nom de « monsieur Rahyn » ; il avait un faux numéro d'assurance sociale et des cartes de débit frauduleuses. Selon une déclaration assermentée de la GRC déposée lors de la procédure d'extradition, El Sayed aurait spécifié dans sa demande de statut de réfugié qu'il « faisait partie du Hezbollah, une organisation terroriste libanaise ». Un contrôle de ses empreintes digitales a révélé qu'il était recherché en Allemagne pour trafic d'héroïne et de cocaïne, pour vente d'armes, ainsi que pour avoir menacé de mort un policier en civil. La GRC arrêtera ce « fugitif étranger » en mai 1999 avec l'intention de l'extrader en Allemagne.

Un agent d'immigration canadien précisait qu'El Sayed était « un soldat du Hezbollah » et qu'il avait « participé volontairement à la formation de combattants dans la guerre sainte, ou Jihad, dans laquelle Hezbollah est impliqué ». Le département d'immigration voulait qu'El Sayed soit détenu jusqu'à sa déportation parce qu'il représentait un danger pour la sécurité publique. « Il a été entraîné comme soldat par une organisation terroriste, il a fait le trafic d'armes et de drogues et a menacé de tuer des gens. » Bien qu'El Sayed ait lui-même admis qu'il entretenait des contacts avec Hezbollah, et en dépit des recommandations du département de l'immigration, le juge a déclaré qu'il n'était pas convaincu qu'El Sayed constituait un danger pour les Canadiens et a ordonné qu'il soit relâché séance tenante.

Omar El Sayed n'a jamais été revu depuis sa libération.

Ghaleb Abu Zeinab n'aime pas que l'on accuse Hezbollah de cette façon. Il maintient que l'organisation administre un fonds d'aide pour les pauvres et les orphelins, qu'elle n'est pas impliquée dans des activités terroristes et qu'elle n'emploie pas les dons qu'elle recueille au Canada à des fins militaires. « D'un point de vue strictement religieux, il serait inacceptable d'utiliser cet argent à des fins autres que celles pour lesquelles il a été donné, dit-il. Il serait donc complètement faux de dire que les fonds servent à financer des activités militaires. » Zeinab admet cependant qu'une partie de l'argent est octroyée aux familles de martyrs tués au combat. Ce genre de compensation encourage les actes de terrorisme du fait que les militants savent que leur famille sera à l'abri du besoin après leur mort.

« Tout de ce que nous voulons, affirme Zeinab, c'est de libérer notre nation. Nous sommes conscients que la position de l'Amérique à notre égard repose sur des motivations d'ordre politique. Il est clair que le gouvernement américain n'est pas impartial, qu'il a un parti pris en faveur d'Israël. » Zeinab estime que le Canada ne devrait pas suivre l'exemple des États-Unis. « J'espère que l'opinion du Canada n'est pas calquée sur l'opinion des Américains. Le Canada devrait réviser sa position à notre égard et faire la distinction entre résistance et terrorisme. Je crois qu'il est important que le Canada maintienne de bonnes relations avec le monde arabe et musulman. »

Le 6 août 1991, le vol 414 en provenance de Francfort atterrissait à l'aéroport de Mirabel avec à son bord un ouvrier de la construction du nom de Mohamed Hussein Al Husseini. Natif de Beyrouth, l'homme grassouillet au double menton et aux sourcils broussailleux est arrivé en sol canadien sans passeport.

Il a expliqué à l'agent d'immigration qu'il avait quitté le Liban par bateau deux mois plus tôt pour se rendre à Chypre, puis en Italie. Il était ensuite monté dans le train pour Francfort et, de là, avait pris l'avion pour le Canada. Il disait avoir détruit son faux passeport dans l'avion, juste avant d'atteindre Mirabel. À son arrivée, Al Husseini a demandé le statut de réfugié. Il disait qu'il avait été arrêté par des troupes syriennes en 1990 parce que son père avait participé à une manifestation pour protester contre l'occupation du Liban par la Syrie.

Al Husseini dit avoir été emprisonné à Beyrouth, dans une cellule d'un mètre sur deux. Il prétend avoir été torturé avec un fil électrique sous tension. Ce n'est qu'après que son oncle eût acheté un officier syrien en lui offrant une bouteille de vin qu'il fut remis en liberté. Après s'être caché pendant un temps à Beyrouth-Est, il est monté à bord d'un bateau qui battait pavillon sur la Méditerranée, laissant sa femme et ses deux enfants au Liban. Il disait qu'il était venu au Canada pour « échapper à la persécution » et pour « vivre en paix » en insistant sur le fait qu'il désapprouvait « l'usage de la violence à des fins politiques ». Son histoire a eu l'heur d'impressionner les juges de la CISR. Quelques mois à peine après son arrivée au pays, Al Husseini obtenait le statut de réfugié. Pourtant, il avait menti sur toute la ligne.

Al Husseini vivait sur l'aide sociale à Montréal avec un ami libanais quand, le 9 juillet 1992, il reçut un appel d'un agent du SCRS : le service de renseignement avait mis la main sur son passeport libanais. Un individu était arrivé à l'aéroport et avait présenté le passeport en question en disant que c'était le sien. Quatre jours plus tard, l'agent du SCRS rencontrait Al Husseini pour clarifier l'affaire. Le réfugié libanais maintenait ce qu'il avait raconté aux juges de la CISR. Il disait qu'il détestait les Syriens pour ce qu'ils lui avaient fait endurer, mais qu'il ne chercherait pas à se venger tant qu'il serait en sol canadien. « Il a ajouté qu'il y aurait un jour un grand règlement de comptes au Liban, nota l'agent du SCRS. Il a dit que s'il n'exerçait pas lui-même sa vengeance, son fils s'en chargerait. » Alors que leur rencontre touchait à sa fin, Al Husseini a fait miroiter une alléchante proposition à l'agent, lui disant qu'il était disposé à fournir au SCRS des renseignements concernant la sécurité nationale du Canada.

Les autorités remirent à nouveau en doute la franchise d'Al Husseini lorsque celui-ci se rendit au Liban en août 1993. Le réfugié avait persuadé la SCRS qu'il serait persécuté s'il remettait les pieds au Liban, or voici qu'il y retournait pour un simple voyage d'agrément ! Quelques semaines plus tard, Al Husseini revenait à Montréal sain et sauf. Le 17 septembre, il téléphonait à l'agent du SCRS qu'il avait rencontré précédemment pour lui demander pourquoi sa demande de résidence permanente au Canada n'avait pas encore abouti. Al Husseini et l'agent convinrent de se rencontrer à nouveau, cette fois dans les bureaux du SCRS sur la rue Peel à Montréal. À cette occasion, l'agent a annoncé au réfugié libanais qu'il détenait de l'information suggérant qu'il était membre du Hezbollah. Al Husseini nia la chose d'un « NON ! » catégorique. Puis l'agent porta le coup de grâce : le SCRS savait qu'Al Husseini avait participé au détournement du vol KU422 de Kuwait Airlines en 1988, une opération orchestrée par Imad Mugniyah pour le compte du Hezbollah. L'agent a ensuite bombardé Al Husseini de questions, lançant des noms au hasard et lui demandant s'il les connaissait et, si oui, d'où il les connaissait. Le Libanais a vite compris qu'il était coincé. Il s'est penché en direction de l'agent, est resté silencieux un moment, puis il s'est mis à parler.

« Je veux qu'on s'entende sur une chose, dit-il. Écoutez, j'ai menti, je ne peux plus le nier, mais j'ai un problème et vous le savez. Vous avez besoin de moi – je sais que vous avez besoin de moi –, mais je ne peux rien dire avant qu'on s'entende sur une chose, une chose importante : je veux une garantie.

« Ce que vous voulez savoir, je peux vous le dire. Personne d'autre que moi ne peut vous le dire. Je ne veux rien avouer, mais vous devez savoir une chose : si je ne vois pas ma femme, vous n'obtiendrez rien de moi. Si je vous dis quoi que ce soit, ma vie sera en danger. Alors, quelle garantie pouvez-vous me donner ? Je sais que vous avez besoin de moi, je le sais. Et n'allez pas croire que je ne sais pas qui vous a donné ces renseignements à mon sujet ! Je suis pleinement conscient de ma situation au Canada. Si vous me donnez une garantie, je vous dirai tout. Je vous dirai même comment je suis né. »

Au cours des quatre-vingt-dix minutes qui suivirent, Al Husseini tentera de conclure un marché avec l'agent du SCRS. Il voulait qu'on accélère le processus d'immigration dans son cas et qu'on fasse venir sa famille au Canada, en échange de quoi il révélerait tout ce qu'il savait. Mais le SCRS refusait de marchander, ce qui exaspéra Al Husseini. L'agent ne pouvait garantir qu'une chose : l'information que lui fournirait le réfugié libanais demeurerait confidentielle. « Pour l'amour du ciel ! de s'exclamer Husseini. Je vous ai dit que je voulais parler ! Je suis d'accord pour vous dire ce que vous voulez savoir, mais il faut que j'obtienne quelque chose en retour. Votre attitude m'enrage. Mais puisque je vous dis que je vais vous donner ce que vous voulez ! Vous m'entendez ? Tout ce que vous voulez !

« Je ne parlerai que si j'ai la certitude que ma maison au Liban ne sera pas détruite, que ma femme et mes enfants ne seront pas brûlés vifs, que mes parents ne seront pas séquestrés et que je ne serai pas tué ici même au Canada. Je ne répondrai pas à vos questions tant qu'on ne se sera pas entendu là-dessus.

« Je vous parais peut-être têtu, mais j'ai bon cœur. Si vous m'aidez vraiment, si vous me garantissez que ma vie ne sera pas en danger, alors je vous dirai tout. Et je vous jure que je ne mentirai pas. La personne qui vous a renseigné à mon sujet ne peut pas vous aider autant que je le peux. Je peux vous aider un million de fois plus que lui. Et vous le savez, sinon je ne serais pas ici. »

Pendant qu'Al Husseini quémandait son aide, l'agent continuait de l'interroger au sujet du détournement de Kuwait Airlines. Le Libanais admit qu'il habitait dans le quartier où les otages avaient été détenus, mais il n'en dit pas plus. Pour donner à l'agent un avant-goût du genre de renseignement qu'il pourrait lui fournir une fois leur entente conclue, Al Husseini lui dit qu'il savait qui étaient les auteurs du détournement de la TWA de 1985. Il nomma les individus impliqués, précisant que l'un d'eux vivait présentement en Allemagne. Il donna ensuite à l'agent des renseignements supplémentaires concernant Imad Mugniyah et Hezbollah, puis il fit allusion à la situation au Canada. Il détenait, disait-il, de l'information sur les réseaux de contrebande d'armes et de cigarettes, information qu'il révélerait « en toute bonne foi » au SCRS si celui-ci acceptait de l'aider.

« Hezbollah a des membres partout au Canada, dit-il. À Montréal, Ottawa, Toronto, etc. Hezbollah veut amasser de l'information sur le Canada, sur la vie au Canada, sur son système routier, des choses comme ça, au cas où il y aurait un problème ici.

« Le Hezbollah, continua Husseini, compte également des membres inactifs partout au pays. Ces membres ne sont pas actifs parce que le Canada n'a pas de problèmes avec Hezbollah ou avec le Liban – du moins pas pour le moment. Mais si on ne parvient pas à s'entendre vous et moi, alors vous allez avoir des problèmes avec Hezbollah. » Selon les notes prises par l'agent, Al Husseini aurait éclaté de rire en disant cela.

« Si les membres canadiens ne sont pas vraiment actifs dans l'organisation, a alors demandé l'agent, est-ce que Hezbollah dépêche des hommes ici pour remplir des missions spécifiques et qu'il les renvoie ensuite au Liban ? »

« Voici comment fonctionne Hezbollah, de répliquer Al Husseini. Comment pourrais-je vous expliquer ça ? Laissez-moi réfléchir. O.K. Hezbollah a un service de sécurité semblable au vôtre. Ce service de sécurité est le plus puissant de tout le Proche-Orient. En principe, il peut récolter de l'information sur tous ses membres, où qu'ils soient sur la planète, pour savoir ce qui leur arrive et pour pouvoir juger de leur situation. »

« Vous avez dit 'en principe'. Est-ce que ça veut dire que Hezbollah a déjà fait de la cueillette d'information par le passé ? » demanda l'agent.

« Il y a des personnes à l'étranger qui fournissent de l'information au service de renseignement, de répondre Husseini. Par exemple, si Hezbollah veut savoir quelque chose de spécifique, il envoie des hommes sur place en leur fournissant des passeports, des visas, des billets d'avion et de l'argent. Le Hezbollah s'occupe de tout et envoie ses agents où il veut. À l'aide de photos, de caméras et de vidéos, Hezbollah est capable d'apprendre tout ce qu'il a besoin de savoir, jusqu'aux plus infimes détails. L'organisation serait par exemple capable d'obtenir l'information nécessaire pour prendre le contrôle de l'immeuble dans lequel nous nous trouvons. Ce serait vraiment dans la mesure du possible pour eux.

« L'exécutif du Hezbollah se charge d'envoyer les agents qui exécutent le travail proprement dit, mais tous les préparatifs se font ici même, au Canada. En d'autres mots, si Hezbollah voulait faire sauter cet immeuble-ci, l'opération serait menée conjointement par le service de renseignement et par l'exécutif. »

Al Husseini expliqua qu'il y avait au sein de la communauté shiah de Montréal deux groupes distincts, l'un opposé à Hezbollah et un autre, basé à la Jamaa Islamique de la Côte Sainte-Catherine, pro-Hezbollah. Le Libanais ajouta que Hezbollah avait réalisé des vidéos d'espionnage au Canada. « Je sais qu'ils ont filmé des choses ici et que les vidéos ont été envoyées au Liban. Ils ont filmé les routes, la vie d'ici, etc. »

Le réfugié libanais disait qu'il y avait trois unités armées distinctes au sein du Hezbollah, incluant celle dirigée par Mugniyah, qui travaillent en étroite collaboration les unes avec les autres sous l'autorité des dirigeants de l'organisation. « Ces unités sont sous les ordres de l'Iran, mais l'approbation finale provient de Hassan Nasrallah et de Sayed Fadlallah, précisa Husseini. Hassan Nasrallah est personnellement en contact avec les trois unités. Au fond, on peut dire que Hezbollah, et plus précisément ces trois unités, est l'arme dont l'Iran se sert pour frapper ses ennemis. »

L'interrogatoire durait depuis trois heures déjà. L'agent du SCRS revint alors à sa question du début : Al Husseini était-il membre du Hezbollah ? L'intéressé a répliqué qu'il donnerait sa réponse un peu plus tard, cependant l'agent a insisté, disant à son interlocuteur qu'il devait sûrement appartenir à Hezbollah, sinon il n'en saurait pas autant au sujet de l'organisation. « Oui, oui, de répliquer Al Husseini, je vais vous dire que je suis avec Hezbollah. Mais sous réserve, je vous le dis sous toutes réserves. »

« Vous avez mentionné que lorsque vous étiez au Liban, le quartier que vous habitiez était contrôlé par des membres du Hezbollah. Avez-vous revu ces gens ici, à Montréal ? »

« Oui » répondit Husseini.

« Et c'était bien des membres du Hezbollah ? »

« Oui, oui. »

Désireux de conclure un marché avec le SCRS, Al Husseini en est revenu aux pourparlers, déclarant qu'il pourrait en dire beaucoup plus s'il avait ses papiers d'immigration. Il promit que si on lui accordait ce qu'il voulait, il dévoilerait de nouvelles informations concernant des détournements d'avions irakiens et jordaniens, ainsi que des détails sur Beyrouth. Il disait être en mesure de fournir au SCRS une liste de « tous les membres du Hezbollah à Montréal et Ottawa ».

L'entretien se terminera à 19 heures. Avant de laisser partir Al Husseini, l'agent l'a remercié, et pour cause : le SCRS détenait enfin un témoignage de première main concernant le réseau canadien du Hezbollah.

Les deux hommes se rencontreront à nouveau deux semaines plus tard. À cette occasion, Al Husseini s'est montré plus réticent. D'entrée de jeu, il a réitéré ses demandes ; puis, voyant que l'agent du SCRS ne se montrait pas plus généreux qu'auparavant, il est revenu sur certaines de ses affirmations. « Je n'ai jamais dit que j'étais membre du Hezbollah, fit-il. J'ai dit que je vivais dans un environnement où Hezbollah était présent. »

Il était clair que l'entretien ne mènerait à rien. L'agent a demandé à Al Husseini s'il avait d'autres renseignements à lui fournir concernant Hezbollah. Le Libanais a répondu par la négative. Peu après cette dernière rencontre, la police arrêtera Husseini en vertu d'un certificat de sécurité nationale qui disait qu'il constituait une menace pour le Canada du fait qu'il était membre du Hezbollah. En janvier 1994, un juge de la Cour fédérale du Canada maintiendra l'ordonnance de déportation le concernant. Pourquoi le SCRS n'avait-t-il pas recruté Al Husseini comme informateur ? Un agent du Service m'a dit que c'était parce qu'il était peu fiable et peu coopératif. Des agents avaient vérifié les informations qu'il avait fournies au SCRS, mais les pistes ne menaient nulle part. Peut-être Husseini avait-il inventé tout ça dans le but d'éviter la déportation. Cela dit, le Libanais avait affirmé que des agents du Hezbollah avaient infiltré les principales métropoles canadiennes et faisaient la contrebande du tabac pour financer leur cause. Or, cette information s'avérera exacte.

En général, les gens se soucient peu des crimes sans victimes. L'une des raisons pour lesquelles les terroristes ont pu fonctionner si longtemps ici sans être inquiétés est que nos citoyens et notre gouvernement croient que leurs activités n'ont aucun impact sur le Canada. Si des Libanais ou des musulmans canadiens veulent envoyer de l'argent au Proche-Orient pour soutenir Hezbollah, qui sommes-nous pour les en empêcher ? Même dans les années 1990, à une époque où Hezbollah gagnait sans cesse du terrain en multipliant les attentats terroristes internationaux et en menant une guerre d'usure contre Israël, le gouvernement canadien en faisait très peu de cas. Ce n'est que lorsque les membres du Hezbollah se sont mis à voler des voitures que notre gouvernement a commencé à s'intéresser à eux.

En 1996, les compagnies d'assurance canadiennes annonçaient que les réclamations reliées à des vols de voitures leur coûtaient 600 millions de dollars par année. En réponse à l'augmentation importante de vols d'autos au Canada, la GRC a lancé le projet Sparkplug, une initiative visant à identifier les groupes criminels impliqués dans ce genre d'activité. Les agents de Sparkplug feront l'analyse d'une demi-douzaine d'enquêtes portant sur les réseaux de vols d'autos au Québec et en Ontario. Les voitures, généralement des véhicules de luxe, étaient volées dans de grands centres urbains comme Toronto, puis expédiées outremer par bateau dans des conteneurs. Les analystes de la police ont découvert que la majorité des vols était perpétrée par des organisations criminelles issues d'Asie, d'Europe de l'Est, d'Afrique, et de l'est de l'Inde.

La police a pu déterminer que le réseau libanais basé au Québec était l'un des plus actifs et que ses profits étaient acheminés au Hezbollah. Initiative conjuguée de la GRC, de Douanes Canada et de la Sûreté du Québec, le projet Mermaid de 1998 a mis à jour un réseau de vol de voitures de luxe – Mercedes, Jaguar, Jeep Cherokee, etc. Les policiers du projet Mermaid ont saisi cinquante-cinq automobiles d'une valeur totale de 2,5 millions de dollars. Les véhicules étaient volés au Québec puis exportés par bateau dans des conteneurs recelant trois véhicules chacun. Considérant que le coût d'expédition d'un conteneur était de 5000 $ et que le prix de revente de chaque auto était d'environ 40 000 $US, on comprendra que les contrebandiers réalisaient un joli profit. Or, la police estime que 10 p. 100 des profits du réseau étaient versés à Hezbollah. Certains des véhicules volés étaient expédiés au Liban à des membres dirigeants du Hezbollah.

En 1999, la Direction des renseignements criminels (DRC) de la GRC annonçait : « Les organisations criminelles du Proche-Orient sont de plus en plus actives au Canada. La plupart des groupes extrémistes de cette région du globe lèvent des fonds et font du recrutement au Canada. » La DRC précisait que le Hezbollah et le Hamas, les deux organisations palestiniennes qui avaient perfectionné l'attentat-suicide à la bombe, étaient les groupes extrémistes les plus présents au Canada. « Les organisations criminelles du Proche-Orient sont impliquées dans des réseaux de vol et de contrebande, disait la DRC, et il est possible qu'elles fournissent à des groupes extrémistes des équipements obtenus de manière illicite. »

Tous ceux qui connaissaient Mohamad Hassan Dbouk le décrivaient comme un homme rangé. Marié et père de deux enfants, ce résident de Vancouver avait fui Beyrouth pour débuter une nouvelle vie au Canada en 1998. Il voulait s'installer près de sa sœur qui vivait à Burnaby avec sa famille. Dbouk aimait aller au cinéma avec ses enfants et faire des promenades avec eux dans Stanley Park. Il était très proche d'Ali Amhaz, le mari de sa sœur. Les agents du SCRS ont cependant vu Dbouk sous un tout autre jour lorsqu'ils ont mis sa ligne téléphonique sur écoute. Soupçonnant qu'il entretenait des liens avec une cellule terroriste du Proche-Orient, le SCRS a commencé à le surveiller en février 1999.

Ce sont les Américains qui avaient mis la puce à l'oreille du SCRS. Bob Fromme, un détective du comté d'Iredell en Caroline du Nord, travaillait comme garde de sécurité dans l'entrepôt de la JR Tobacco à Statesville quand il vit un groupe d'hommes qu'il croyait être des Mexicains acheter plusieurs centaines de cartouches de cigarettes. Fromme a bientôt constaté que les hommes en question ne parlaient pas l'espagnol, mais l'arabe. Les hommes ont chargé la marchandise dans une fourgonnette et sont partis sur l'autoroute 77 en direction nord. « Il n'y a rien au nord de Statesville, sauf la municipalité de Mount Airy, lieu de naissance de Andy Griffith, et la frontière de l'État, d'affirmer Robert Conrad, procureur général du district ouest de la Caroline du Nord. Or, traverser la frontière avec une cargaison de cigarettes est un crime fédéral. » Soupçonnant qu'il y avait anguille sous roche, Fromme a rapporté l'incident aux autorités de la Caroline du Nord et au Bureau de l'alcool, du tabac et des armes à feu. En juillet 1996, le Bureau lançait une enquête qui révéla l'existence d'un réseau libanais de contrebande de cigarettes.

Le fonctionnement du réseau était d'une simplicité désarmante : les contrebandiers achetaient leurs cigarettes en Caroline du Nord au prix du gros, puis ils les transportaient par camion jusqu'au Michigan, où les taxes sur le tabac étaient plus élevées, pour les revendre ensuite à prix fort. L'affaire permettait aux contrebandiers libanais de réaliser des profits faramineux en expédiant chaque semaine trois ou quatre fourgonnettes pleines de cigarettes à Detroit. Durant la période où le bureau du tabac a enquêté sur eux, les contrebandiers ont acheté pour 8 millions de dollars américains de cigarettes, réalisant à la revente des bénéfices de l'ordre de 2 millions de dollars américains. Le leader du réseau était Mohammad Youssef Hammoud, un Libanais qui était parti du Venezuela en 1992 pour se rendre à New York à l'aide d'un faux passeport qu'il avait payé 200 $US. Le département de la Justice américain était sur le point de déposer ses accusations quand, selon Conrad : « Le FBI est intervenu, disant que ses agents avaient découvert la présence d'une cellule terroriste du Hezbollah en sol américain. Ils nous ont montré des photos des individus soupçonnés d'appartenir à la cellule du Hezbollah et, à notre grande surprise, nous avons constaté qu'il s'agissait des mêmes gars qui faisaient partie de notre réseau de contrebande de cigarettes. Dès cet instant, le point central de l'enquête est devenu le Hezbollah ; le réseau de contrebande n'était plus qu'une affaire secondaire. »

Les transcriptions de communications interceptées recèlent bien sûr des secrets criminels dont les autorités se servent dans leurs enquêtes, mais elles contiennent aussi une foule de détails anodins, et parfois très intimes, concernant la vie personnelle des individus espionnés. Les journalistes ont rarement accès à ces documents secrets, ce qui est dommage, car ils sont très révélateurs. Même les criminels les plus méfiants ont des moments d'égarement lorsqu'ils sont au téléphone ; ils parlent alors franchement et ouvertement, sans se douter que des agents enregistrent leurs appels, interceptent leur courrier et photographient leurs moindres gestes.

Au moment où le FBI se chargeait de l'affaire de contrebande de cigarettes, les agents du SCRS à Vancouver commençaient à enregistrer les conversations téléphoniques de Mohamad Dbouk. Deux sujets, le Liban et l'argent, revenaient constamment dans les conversations entre Dbouk et son beau-frère, Ali Amhaz. Comment cacher et transférer de l'argent, comment en faire toujours plus, voilà les sujets qui préoccupaient les deux hommes. Pour amasser des fonds, Dbouk échafaudait des combines qui étaient parfois carrément absurdes. Il projetait par exemple de faire 1 million de dollars grâce à une arnaque de « construction de solariums ». Une autre de ses manigances, la « pêche miraculeuse », consistait à contracter des assurances-vie au nom de personnes résidant au Canada pour ensuite leur inventer un faux décès au Liban dans le but de réclamer la prime.

Le dimanche 28 février 1999, Hezbollah faisait sauter deux bombes à proximité d'un convoi militaire israélien, tuant un brigadier général, deux sergents et un reporter de Radio Israël. L'armée israélienne a riposté en lançant des attaques aériennes contre les bases du Hezbollah situées dans le sud du Liban. En apprenant la nouvelle à la télévision, Amhaz a tout de suite téléphoné à son beau-frère. Selon un rapport du SCRS, Amhaz aurait dit à Dbouk qu'il « était en train de regarder les dernières nouvelles de l'opération menée aujourd'hui par Hezbollah au Liban-Sud. » Le rapport précisait que « Amhaz a félicité Dbouk pour cette nouvelle victoire du Hezbollah et a souligné le fait que l'organisation semblait gagner en efficacité puisqu'elle avait forcé Israël à contre-attaquer. »

Quelques jours plus tard, le SCRS en apprenait un peu plus quant à la nature de l'implication de Dbouk dans Hezbollah. Lors d'une conversation téléphonique, ce dernier annonçait à son épouse qu'il avait « visité à Vancouver un entrepôt d'équipement militaire où il avait trouvé du matériel intéressant et où il s'était procuré des catalogues ». Le 5 mars, Dbouk envoyait un fax au Liban dans lequel il indiquait les prix et caractéristiques techniques du télescope de poche Night Vision de la firme ITT, des lunettes de vision nocturne Night Quest 5000, d'une caméra infrarouge et de deux types d'ordinateurs. Quatre jours plus tard, il contactait Hassan Laqis, l'un des acheteurs du Hezbollah au

Liban. Laqis l'autorisa à acheter certains de ces instruments, ajoutant qu'il avait « un urgent besoin » de la caméra infrarouge.

Dbouk a ensuite téléphoné à Said Harb pour l'inviter à Vancouver – Harb était l'un des dirigeants du réseau de contrebande de cigarettes de la Caroline du Nord. Quand Dbouk a fait mine de parler politique, Harb lui a conseillé d'être « plus prudent au téléphone ». Dans ses notes, l'agent du SCRS en charge d'intercepter la conversation écrivait : « Dbouk a répliqué qu'il ne se souciait pas de ce genre de choses et que sa seule préoccupation était d'acquérir le matériel dont ses frères (c'est ainsi que les membres du Hezbollah s'appellent entre eux) avaient besoin, et ce, à n'importe quel prix. Dbouk a ajouté qu'il faisait cela pour gagner sa place au paradis et, par le fait même, éviter d'aller en enfer. Il a ensuite précisé qu'il n'aimait pas vivre ici, qu'il restait au Canada uniquement pour venir en aide à ses frères, mais qu'il était tout de même heureux de faire ce travail important pour l'organisation. » Au terme de la conversation, Harb promit d'envoyer 20 000 $US à Dbouk.

Les appels téléphoniques de Dbouk ont révélé l'existence au Canada d'un réseau d'approvisionnement terroriste dirigé par Hezbollah. Les autorités ont par ailleurs appris que ce réseau s'étendait à la grandeur du pays, les points chauds étant Montréal, Toronto, Windsor et Vancouver. Harb et Amhaz se sont éventuellement donné rendez-vous à l'aéroport Sea-Tac de Seattle. De là, ils ont loué une voiture et ont pris la route pour Vancouver. Harb avait pour mission de livrer à Dbouk une carte de crédit frauduleuse, une fausse carte d'assurance sociale ainsi qu'une série de chèques falsifiés, articles que Dbouk utiliserait pour acheter l'équipement dont Hezbollah avait besoin. Des agents du SCRS ont pris Harb en filature dès son arrivée à Vancouver et l'ont photographié quand il a rencontré Dbouk au bord de la mer. Les clichés pris à cette occasion montrent les deux hommes discutant sous le couvert du crépuscule, mains dans les poches et tête rentrée dans les épaules pour se prémunir contre la fraîcheur du soir. Ils seront photographiés à nouveau sur le pont suspendu Capilano, une attraction touristique de North Vancouver. Après son départ de Vancouver en avril, Harb appellera Dbouk pour lui annoncer qu'il allait ouvrir un compte bancaire à son nom avec un dépôt initial de 10 000 $US. Les profits de la contrebande de cigarettes étaient désormais à sa disposition.

Tel que convenu, Dbouk a acheté l'équipement puis l'a expédié au Liban. Peu après, il envoya à la personne responsable des achats pour Hezbollah un fax dans lequel il expliquait qu'il avait inclus un « petit cadeau » – une paire de jumelles et un Palm Pilot – en plus de la marchandise demandée. « Je m'efforce de faire ce que vous me demandez du mieux que je peux, écrivait Dbouk. Je veux tant que vous compreniez que je suis prêt à faire tout ce que vous voulez et tout ce que veut Notre Père (Mugniyah). Et quand je dis « tout », je suis sérieux !!! » Le fax était signé : « Votre petit frère ».

Si Hezbollah avait dépêché Dbouk au Canada pour y établir une nouvelle base d'opérations, c'est que celui-ci était un agent de premier ordre. À cinq reprises, il avait demandé d'être employé comme martyr pour la cause, mais à chaque occasion le haut commandement du Hezbollah avait rejeté sa requête en disant qu'il était un agent trop précieux pour être sacrifié dans une mission suicide. Après avoir vécu trois ans à Vancouver, Dbouk brûlait de rentrer au Liban. Bien qu'il détestât le Canada, Hezbollah ne voulait pas le laisser partir sous prétexte qu'il leur était plus utile au Canada.

Dbouk est donc resté au Canada pour assurer le bon déroulement des transferts de fonds du Hezbollah et pour acheter des explosifs, des pistolets hypodermiques, des détecteurs de mines, des ordinateurs et autre matériel sophistiqué – Laqis lui a même déjà demandé d'acheter une torche de coupage à l'azote. Dbouk essayait autant que possible de tenir ses activités secrètes. Soucieux de ne pas éveiller les soupçons, il ne faisait jamais de dépôts importants à la banque, préférant diviser les sommes qu'il recevait du Hezbollah en plusieurs petits montants. Il lui est même arrivé de demander à Amhaz, son beau-frère, de transférer une somme au nom d'un contact montréalais ; Dbouk a ensuite pris l'avion pour aller chercher l'argent à Montréal. Il songeait aussi à des moyens de faire de la fraude de cartes de crédit. Bien qu'il maniât de grosses sommes d'argent, Dbouk était extrêmement avaricieux. Plutôt que d'acheter des billets d'avion pour que sa femme et son fils puissent retourner au Liban, il préférait attendre que ceux-ci soient déportés afin que le gouvernement canadien paie leur passage.

Après qu'Israël eut retiré ses troupes du sud du Liban, Hezbollah dut lutter contre une milice pro-israélienne, l'Armée du Liban-Sud, pour tenter de déloger celle-ci de la zone nouvellement sécurisée. Ces violentes confrontations dans la mère patrie ont beaucoup affecté la communauté libanaise du Canada. À cette époque, Dbouk a reçu un appel d'un oncle qui voulait faire un don de 1000 $ aux « braves » du Liban du Sud. Plutôt que d'envoyer de l'argent, Dbouk lui a conseillé d'acheter quelque chose qu'il ferait ensuite parvenir à Hezbollah. Ce que Dbouk a dit ensuite équivalait à une confession : il a dit à son oncle que d'autres personnes lui avaient confié de l'argent pour qu'il achète du matériel pour les « braves » du Liban.

Les agents des services canadiens de renseignement surveilleront Dbouk pendant quatre mois avant de comprendre pour qui il travaillait. Le 1er juin 1999, lors d'une conversation téléphonique entre Dbouk et Amhaz, ce dernier mentionnera le nom « Haj Imad ». Quand Dbouk voulait parler d'Imad, il ne l'appelait jamais par son nom mais disait « *the whole story* ». Les autorités croyaient que le Imad en question était nul autre qu'Imad Mugniyah, âme dirigeante du Hezbollah. À la lumière des conversations interceptées quand Dbouk était sur écoute, cela signifiait que Mugniyah était à la tête du réseau d'acquisition de l'organisation. Dbouk a sévèrement réprimandé son beau-frère pour avoir osé évoquer le nom d'Imad : « Ce que tu viens de dire est très dangereux. Tu crois qu'on peut mentionner son nom, que ce soit ici ou dans un autre pays, et espérer rester en vie ? »

En juin 1999, Dbouk fut enfin autorisé à rentrer au Liban. De là, il a continué de diriger le réseau d'acquisition canadien du Hezbollah. Said Harb retournera à Vancouver en août ; avec l'aide d'Amhaz, il achètera de l'équipement électronique pour Hezbollah, notamment des ordinateurs, un appareil photo numérique et une caméra vidéo. À cette occasion, les agents du SCRS prendront Harb en filature et le photographieront lors d'une rencontre avec Amhaz et plusieurs autres Libanais dans le centre-ville de Vancouver. Simplement vêtu d'un short en jeans, d'un t-shirt et d'espadrilles, Amhaz accueillait ses compagnons en leur faisant la bise. Amhaz était toujours surveillé par le SCRS quand il reçut la visite de deux autres hommes en octobre. « Les trois hommes ont discuté longuement » notait un agent du SCRS. Amhaz parlait d'un objectif photo qu'il avait acheté et qu'il comptait offrir à son beau-frère lors de son prochain voyage au Liban. Les deux hommes ont alors averti Amhaz qu'il risquait gros en faisant ce cadeau à Dbouk. « La police sait que tu es parent avec Dbouk. Ils ne sont pas idiots. Ils savent que si tu emportes des lentilles au Liban, c'est pour que Hezbollah puisse les utiliser dans ses missions. » Les propos des deux hommes ont eu l'heur d'effrayer Amhaz. Se pouvait-il que le SCRS soit au courant de ses activités ?

Les troupes israéliennes se sont retirées du Liban-Sud en mai 2000, un événement que les supporters du Hezbollah ont célébré dans le monde entier. Amhaz a reçu un appel d'un ami qui, selon un rapport du SCRS, était très excité du fait que « le réseau CBC a dit que personne n'avait réussi à humilier Israël comme Hezbollah l'avait fait en forçant les troupes israéliennes à quitter le Liban ». Un autre ami a appelé Amhaz pour lui annoncer qu'une fête avait été organisée au Centre culturel islamique libanais de Montréal ; la célébration serait suivie d'une procession en voiture au cours de laquelle les Libanais seraient invités à brandir le drapeau national. Amhaz a téléphoné à Dbouk au Liban pour le « féliciter d'une voix jubilante et pour dénoncer les agissements des Canadiens et des sionistes » de préciser le rapport du SCRS. Amhaz a ensuite dit qu'il soupçonnait que des espions se cachaient parmi ses contacts. Dbouk lui a conseillé de se montrer prudent. « Embrasse de ma part tous les combattants que tu rencontreras » dit Amhaz avant de raccrocher.

Le 21 juillet 2000, le bureau du procureur de l'État de la Caroline du Nord déposait divers chefs d'accusation contre dix-huit suspects impliqués dans le réseau de contrebande de cigarettes. Le groupe criminel était désormais identifié par les autorités locales comme étant la « cellule Hezbollah de Charlotte » – Charlotte étant la ville principale de la Caroline du Nord. Hammoud et Harb faisaient partie des personnes inculpées, de même que les deux agents canadiens du réseau, Amhaz et Dbouk. L'acte d'accusation disait que ce dernier était « l'agent d'acquisition du Hezbollah » et précisait que Dbouk « achetait régulièrement en Amérique du Nord de l'équipement technique qui était ensuite expédié au Liban à l'intention du Hezbollah ». Dbouk avait fourni à Hezbollah du matériel et des ordinateurs dont le groupe terroriste s'était servi lors d'opérations militaires. Selon les autorités, Hezbollah aurait employé les caméras achetées par Dbouk pour filmer ses assauts contre l'ennemi ; l'organisation utilisait ces images dans ses vidéos de recrutement.

En fouillant la résidence d'Hammoud, les agents du FBI ont mis la main sur des photos intéressantes ainsi que sur plusieurs cassettes vidéo. Sur l'une des photos, Hammoud, alors âgé de quinze ans, pose devant un édifice du Hezbollah avec une AK-47. Dans l'une des vidéos saisies par le FBI, des membres du commando-martyr du Hezbollah font serment d'allégeance à l'organisation. « Nous répondrons à l'appel, nous prêterons serment et jurerons de nous faire exploser nous-mêmes pour que tremble la terre sous le pied de l'Amérique et d'Israël, nos ennemis » proclamait sur la vidéo l'un des leaders du Hezbollah, Hassan Nasrallah. « Nous répondrons à ton appel, Hezbollah ! clamaient les futurs martyrs en guise de réponse. Nous répondrons à ton appel ! » Sur une autre cassette, Nasrallah et ses troupes scandaient : « Mort à l'Amérique ! Mort à Israël ! » Mais les images les plus troublantes étaient sans contredit celles des deux jeunes neveux d'Hammoud, tournées au Liban. « Dites-leur qui vous êtes » leur ordonne un adulte situé hors du champ de la caméra. Les enfants refusent d'abord de répondre, puis quelqu'un les gifle. « Dites-leur qui vous êtes ! » répète la voix d'un ton encore plus menaçant qu'auparavant. Visiblement intimidé, le plus jeune des deux, un petit garçon de trois ans, murmure : « Hezbollah. »

Au terme du procès, tous les individus qui avaient été arrêtés en sol américain furent reconnus coupables, cela en dépit du fait qu'Hammoud avait entrepris des démarches pour faire assassiner Kenneth Bell, le procureur en chef, et qu'il avait tenté de faire poser une bombe dans le bureau où les preuves reliées à l'affaire étaient entreposées. Dbouk et Amhaz furent inculpés, mais pas condamnés. À ce moment-là, Dbouk se trouvait au Liban et était donc intouchable vu qu'il n'y a pas de traité d'extradition entre ce pays et les États-Unis. Amhaz fut appréhendé par la GRC en vue de son extradition aux États-Unis, cependant, la loi canadienne stipule que le gouvernement a le droit d'extrader un suspect vers un autre pays uniquement si celui-ci est accusé d'une chose qui est illégale au Canada. Or, comme Dbouk était accusé d'avoir collecté des fonds pour une organisation terroriste, ce qui à l'époque n'était pas une activité illégale au Canada, la GRC a dû le relâcher. Criminel recherché par les autorités américaines, Dbouk continue de nier toute implication dans le réseau de contrebande de cigarettes.

Lors de son témoignage devant le Comité judiciaire du Sénat américain en novembre 2002, Robert Conrad a souligné le fait que Hezbollah représentait toujours une menace pour les États-Unis et le reste du monde. « Depuis les événements du 11 septembre, disait-il, les gens se concentrent tellement sur Al Qaeda qu'ils ont tendance à oublier Hezbollah. Mais nous, nous n'avons pas oublié. » Conrad a ajouté que tous les suspects impliqués dans la cellule de Charlotte en Caroline du Nord avaient été traduits en justice, à l'exception de quatre fugitifs, dont deux Canadiens (Dbouk et Amhaz).

« C'est très difficile d'extrader quelqu'un du Liban » de signaler le sénateur républicain Arlen Specter.

« Ou du Canada » de répliquer Conrad.

Hormis Hezbollah, plusieurs autres organisations terroristes du Proche-Orient se sont installées au Canada. Lors de la dernière guerre en Irak, je suis allé à Gaza et j'ai assisté aux obsèques d'un chef du Hamas. Des centaines de personnes ont envahi les rues en brandissant des drapeaux aux couleurs de diverses organisations affiliées : vert pour le Hamas ; noir pour le Jihad islamique ; rouge pour le Front populaire pour la libération de la Palestine ; et jaune pour le Fatah. « Nous avons toutes les couleurs, sauf le blanc » m'a fait remarquer un jeune journaliste palestinien. En d'autres mots, toutes les couleurs sauf celle de la capitulation. Toutes les organisations que je viens de mentionner disposent de réseaux de soutien internationaux au Canada. Certaines organisations islamiques du Canada ont même sollicité des dons pour la Holy Land Foundation for Relief and Development, un énorme organisme de charité basé au Texas qui fut démantelé après le 11 septembre parce qu'il canalisait des fonds vers le Hamas. C'est également à partir du Canada que des groupes palestiniens tels que le Jihad islamique et le Hamas diffusent leur propagande sur Internet. Plusieurs membres du Hamas, du FPLP et d'autres groupes extrémistes palestiniens ont été appréhendés au Canada par le passé. À tort ou à raison, le Canada estime que les groupes palestiniens ne représentent pas une menace aussi importante que Hezbollah, sans doute parce que leur principale cible est Israël. N'empêche que ces organisations ont déjà commis des actes de terrorisme international et qu'elles en commettront probablement d'autres éventuellement. De plus, l'idéologie islamiste de groupements comme le Hamas et le Jihad islamique fait de ceux-ci des menaces potentielles à l'extérieur de l'arène israélienne. Le 1er novembre 2003, les autorités israéliennes arrêtaient Jamal Akkal, un Palestino-Canadien de 23 ans qui vivait à Windsor, en Ontario. La police le soupçonnait d'avoir été recruté par le Hamas, qui avait besoin de lui pour attaquer des dignitaires israéliens et des membres de la communauté juive en visite en Amérique du Nord. À ce jour, Akkal continue de nier ces allégations.

L'un des terroristes palestiniens qui fut arrêté au Canada, Qasem Ibrahim Qasem Hussein, était recruteur pour le Hamas et avait étudié l'art de fabriquer des bombes. En 2002, Citoyenneté et Immigration Canada écrivait ceci à son sujet dans son rapport sur les crimes de guerre : « Monsieur Hussein est complice de crimes contre l'humanité dans la mesure où il a participé à l'élimination systématique de citoyens israéliens et de collaborateurs palestiniens entre 1994 et 1998, alors qu'il était membre actif du Hamas. » Hussein fut déporté en Jordanie le 4 mars 2002.

À l'instar de son père, Issam Al Yamani était un membre éminent du FPLP et fiduciaire d'un fonds de un million de dollars appartenant à l'organisation. Arrivé au Canada au début des années 1980, il a épousé une Canadienne et a eu deux enfants ici avant que le SCRS ne découvre qui il était vraiment. « Sa fonction était de relayer de l'information entre les différents groupes du FPLP, disait la Cour fédérale du Canada. Il était en contact avec les bureaux du FPLP aux États-Unis et à Damas. Monsieur Yamani a joué un rôle important au sein du FPLP et il a été le principal instigateur de l'organisation au Canada. Son comportement a démontré qu'il est impliqué dans des activités secrètes et qu'il entretient des desseins cachés. Il n'hésite pas à employer des tactiques de contre-surveillance et à parler en langage codé quand la situation l'exige, ce qui dénote un manque flagrant de franchise et de transparence de sa part... Monsieur Yamani s'acquitte quotidiennement de tâches non violentes pour le FPLP du Canada, et ce, depuis 1988 ; il est toutefois possible que l'organisation lui demande de remplir des missions d'une tout autre nature au Canada. Le simple fait que le FPLP ait un 'chef de chapitre' dans notre pays démontre que l'organisation désire demeurer active au Canada. »

En 1993, lors d'une réunion secrète du Hamas à Philadelphie, les agents de surveillance du FBI ont entendu les terroristes discuter de leurs activités de levées de fonds au Canada. Le FBI a dû analyser seize heures de conversations enregistrées avant de produire son rapport. « Pendant la réunion, lit-on dans ce rapport, les membres du Hamas ont parlé du succès de leur campagne de financement au Canada et se sont entendus sur le fait qu'ils devaient effectuer encore plus de collectes de fonds au Canada. Ils ont parlé d'ouvrir un bureau au Canada et ont mentionné qu'une proposition en vue d'établir le bureau en question avait été soumise à trois reprises au gouvernement canadien, mais qu'elle n'avait toujours pas été approuvée. » Même si le Hamas n'avait pas encore de bureau ici, les dons en provenance du Canada continuaient d'affluer dans ses coffres. La réunion de Philadelphie avait pour but de rassembler plusieurs chefs islamistes radicaux afin qu'ils discutent des moyens nécessaires au soutien du militantisme islamique, notamment en Israël. « Tous les individus présents étaient des fondamentalistes musulmans, disait le FBI dans son rapport. Les vingt-cinq participants venaient de l'État de Washington, de la Virginie, du New Jersey, du Mississippi et du Canada. » La collecte de fonds était le principal sujet de conversation de la réunion. « Sur une période de six mois se terminant en juin 1993, un organisme islamique chargé des levées de fonds a récolté au Canada la somme de 214 000 $. Les participants ont également mentionné que l'organisme en question avait collecté 167 000 $ au Canada en 1992. Cette année-là, une autre organisation islamiste avait recueilli 189 000 $. »

Le réseau international qui soutient les organisations terroristes du Proche-Orient s'est avéré particulièrement dévastateur pour Israël parce qu'il a alimenté le culte du suicide régnant au sein du Hezbollah, du Hamas, du Jihad islamique et de la Brigade des martyrs d'Al Aqsa – un quatuor d'organisations que le chroniqueur américain William Safire a qualifié de « quadriade de la terreur ». Les Israéliens ont bien sûr leur part de responsabilité quant à la situation au Proche-Orient, n'empêche qu'ils font face à un ennemi qui n'a d'autre but que la destruction complète de la nation israélienne. Comme le disait Mohamed Siam, un dirigeant du Hamas, dans le discours qu'il livrait à Los Angeles en décembre 1994 lors d'une conférence organisée par l'Association de la jeunesse arabe musulmane : « C'est simple, il faut achever les Israéliens. Tuez-les tous ! Exterminez-les ! Et ne perdez pas votre temps à parlementer ou à parler politique. Il n'y aura pas de pourparlers de paix avec Israël ! »

Au printemps 2002, j'étais en reportage en Israël. Par un beau samedi matin, je me suis réveillé en espérant que je pourrais enfin me reposer. Il y avait déjà plusieurs semaines que j'assurais la couverture du conflit, or j'avais besoin de souffler un peu. Je songeais à me joindre à des collègues américains qui avaient loué une voiture pour aller faire un tour du côté de la mer Morte. Sous le ciel sans nuages, les rues de Jérusalem étaient tranquilles, ce qui est toujours le cas le jour du sabbat. Le temps était au beau fixe, mais j'appris bientôt une nouvelle qui me fit abandonner tout espoir de répit : un massacre avait eu lieu dans les environs de Hébron. Encore une fois, j'allais devoir plonger au cœur des hostilités, dans l'enfer de cette guerre qui continuait de déchirer le Proche-Orient. Quand je suis arrivé à Adora, les collines grouillaient de troupes israéliennes et des hélicoptères Apache zébraient le ciel. Dans cette implantation israélienne nichée dans les montagnes de la Cisjordanie, toutes les maisons sont identiques et de même couleur – corail, avec des toits de tuiles rouges. Des cinquante-deux familles juives qui habitent ici, dix sont originaires de l'ancienne Union soviétique. J'ai vu une fille qui ne devait pas avoir plus de seize ans marcher le long de la route, Uzi en bandoulière. Après forces négociations, les policiers qui gardent la barrière consentent à me laisser passer. Ce matin-là, deux Palestiniens armés de M-16 et de kalachnikovs avaient coupé la clôture grillagée entourant le village puis étaient allés de maison en maison pour fusiller leurs occupants. Ils ont tué quatre personnes et en ont blessé huit autres.

« Faites attention de ne pas marcher dans le sang » m'avertit un soldat en m'indiquant la flaque énorme qui couvre le plancher de cuisine des Greenberg. Dans la cour arrière, d'amusants gnomes de plâtre agrémentent un petit jardin soigneusement entretenu. À l'étage, dans la chambre des maîtres où Katya Greenberg s'est vidée de son sang, les draps et les oreillers sont tout cramoisis. Les pages d'un quotidien russe sont éparpillées sur le lit. Au rez-de-chaussée, dans la chambre de leur fils adolescent, cinq balles ont troué le mur juste à côté du lit. Une boîte de bougies destinées à être allumées à Hanoukka, la fête des Lumières, est posée à côté de son lit maculé de sang.

À deux maisons de là, chez les Shefi, deux balles ont troué la fenêtre de la cuisine. Les autres fenêtres ont presque toutes été brisées et il y a des éclats de verre partout. Les murs du couloir et des chambres sont criblés de trous de balle, ce qui laisse présumer que les agresseurs ont tiré au jugé. Il y a également trois trous de balles au-dessus du lit de Danielle, la fille des Shefi. Une traînée de sang marque le plancher juste à côté des animaux en peluche et des vêtements d'écolière de la fillette de cinq ans. Deux autres projectiles ont traversé la fenêtre de la chambre de son frère. La mère a été tuée alors qu'elle courait vers sa fille pour la protéger. Le général israélien Amos Ben Avraham m'a confié que, selon lui, « le raid a été soigneusement planifié ». Le Hamas en réclamera éventuellement la responsabilité. Ce soir-là, quand je suis arrivé dans ma chambre d'hôtel, j'ai enlevé mes chaussures et je les ai nettoyées dans l'évier de la salle de bain. Mais j'avais beau frotter et frotter, je n'arrivais pas à déloger les taches de sang qui y étaient incrustées.

Un homme armé d'une simple mallette remplie d'explosifs peut causer à lui seul d'incroyables ravages. Le 7 mai 2002, à

Rishon Lezion, une bombe humaine du Hamas pénétrait dans une salle de billard bondée et détonait sa combinaison explosive. Quelques heures plus tard, la police israélienne me laissait déambuler parmi les décombres, ce qui m'a permis de constater de visu quelle dévastation peut occasionner un attentat-suicide à la bombe. Aucun missile ou obus, aucune arme conventionnelle ne sauraient causer autant de dommages. Les terroristes avaient placé des écrous et des boulons autour du mélange explosif, si bien que, quand la bombe a détoné, cette mitraille a été projetée dans toutes les directions, criblant le plancher, les murs et le plafond de centaines de trous. Toutes les personnes qui se trouvaient dans la salle de billard à ce moment-là ont été atteintes par ces projectiles de métal brûlant qui, dans certains cas, les ont transpercées de part en part avant de poursuivre leur course et de se loger dans les murs de la pièce.

Le corps de la bombe humaine était réduit en charpie – on a retrouvé ses jambes dans la rue. L'attentat a fait dix-sept morts et plus de cinquante blessés. Toutes les victimes étaient des civils. « Les corps étaient empilés les uns sur les autres » déclara un pompier du nom de Ami Rene. La déflagration avait été si violente que le toit de l'immeuble de trois étages avait été soulevé puis s'était fendu en retombant. Comme la salle de billard était située à l'angle de l'édifice, deux murs extérieurs avaient été complètement détruits dans l'explosion. Les machines à sous s'étaient vidées de leurs pièces sous la force de l'impact.

Il y avait une grande éclaboussure rouge au plafond, comme si quelqu'un avait lancé un pot de peinture dans les airs. « C'est là que se tenait la bombe humaine » m'expliqua un policier. Quand je lui ai demandé ce qu'ils avaient fait de son corps, il m'a conduit à l'autre bout de la pièce, nos pas s'enfonçant dans la moquette imprégnée de sang, jusqu'à un sac à ordures. Le policier a ouvert le sac pour me montrer son contenu. Quelques fragments d'os et des bribes de corps humain impossibles à identifier : voilà tout ce qui restait de l'auteur de l'attentat. Je me souviens m'être demandé comment quelqu'un pouvait entrer dans une pièce remplie de personnes innocentes pour les anéantir, comme ça, de sang-froid. Je rencontrerai par la suite un leader du Hamas à Gaza et lui poserai la question. Ismail Abu Shanab répondra que, désormais, l'injustice régnait partout, que les Américains étaient en train d'ouvrir la voie à une ère de cupidité et d'immoralité sans précédent et qu'ils entraîneraient le monde entier à leur suite. Selon lui, les États-Unis n'étaient plus qu'un pantin entre les mains de « mégacorporations contrôlées par des groupes de pression juifs ».

« Alors, lui ai-je demandé, quelle est la solution ? L'islam ? »

Mon interlocuteur a hoché la tête en signe d'assentiment. « L'islam nous permet de développer nos valeurs morales » ajouta-t-il.

« Et selon vous, quelle valeur morale islamique vous autorise à faire sauter un autobus rempli de femmes et d'enfants israéliens ? »

« L'islam ne s'oppose pas à ce genre de geste parce que c'est de la légitime défense. Nous ne faisons que réagir aux attaques, nous ne les provoquons pas. »

Quelques semaines après ma visite, Abu Shanab était tué par un missile israélien alors qu'il se trouvait au volant de sa voiture. Le coup avait été porté avec une précision telle qu'il ne faisait aucun doute que l'attentat le visait personnellement.

Le Hamas et Hezbollah ne sont pas un problème spécifiquement israélien. Il se trouve qu'Israël est aux premières lignes d'un phénomène global, toutefois l'extrémisme islamique s'est maintenant répandu à l'échelle de la planète entière. Les radicaux de l'islam considèrent le monde non musulman, et particulièrement l'Occident, comme une menace qui se doit d'être oblitérée par la force. La fureur de l'islamisme radical n'est plus confinée au Proche-Orient – chose que les Américains ont apprise à leurs dépens au matin du 11 septembre 2001. En l'absence d'une démocratie, le monde arabe s'est tourné vers l'islam. Cette alliance entre religion et politique a produit des sociétés qui ont une vision étroite et peu nuancée du monde. À l'extrême limite de cette nouvelle idéologie, on retrouve des groupes comme le Hamas et Hezbollah qui font appel au terrorisme, et plus particulièrement au terrorisme-suicide, pour accomplir ce que les islamistes radicaux considèrent être la destinée politique de leur peuple telle qu'exprimée par le Coran – ou du moins par leur interprétation du Coran.

Si la rage islamiste est dirigée principalement contre les Israéliens, c'est uniquement parce qu'Israël partage ses frontières avec des pays tels que l'Égypte et le Liban, où le fanatisme musulman est à son paroxysme. Il est vrai que le statut incertain de la Palestine a contribué à exacerber le terrorisme islamique en Israël, toutefois il serait faux de croire que la création d'un État palestinien mettrait fin au terrorisme. Le jour où le rêve de Yasser Arafat se réalisera, les islamistes trouveront un autre peuple vers lequel diriger leur courroux. L'Irak, la Tchétchénie, ainsi que tous les pays arabes – l'Arabie Saoudite, par exemple – qui ont des liens avec les États-Unis sont autant de cibles potentielles. Après l'Afghanistan dans les années 1980 et la Bosnie dans les années 1990, les musulmans « opprimés » d'Amérique du Nord pourraient devenir la prochaine grande cause des radicaux islamistes.

Ce serait une grave erreur que de considérer le Hezbollah et les autres groupes du genre comme un problème typiquement israélien. En voyant la chose sous cet angle, on négligerait la menace que représentent les organisations de soutien terroristes pour la sécurité nationale du Canada. Il y a longtemps que les États-Unis ont compris cela et qu'ils ont entrepris de juguler Hezbollah, mais aussi le Hamas, le Jihad palestinien et, plus spécifiquement, leurs réseaux américains de levées de fonds. Pour quelque mystérieuse raison, le Canada a longtemps hésité à faire enquête sur les organismes de charité musulmans qui entretiennent des liens avec les groupes terroristes du Proche-Orient. La police et les services de renseignement canadiens surveillent Hezbollah depuis plusieurs années, pourtant ce n'est qu'en décembre 2002 que le gouvernement fédéral reconnaîtra officiellement Hezbollah comme une organisation terroriste.

Le gouvernement canadien commencera à débattre du statut du Hezbollah en décembre 2001, soit après l'adoption de la Loi antiterroriste. Un article de cette loi autorise le Cabinet à dresser la liste des organisations soupçonnées d'être impliquées dans des activités illégales reliées au terrorisme. Eu égard aux antécédents de l'organisation, tout le monde s'attendait à ce que le nom du Hezbollah soit rapidement ajouté à la liste.

La Chambre des communes deviendra le théâtre d'un débat enflammé en octobre 2002. Le premier ministre Jean Chrétien revenait de Beyrouth où il avait participé à un sommet francophone auquel Hassan Nasrallah avait également assisté. Quand des reporters l'ont informé du fait qu'il avait été assis à quelques rangées seulement du leader terroriste, Chrétien a répliqué qu'il n'était pas responsable de la liste d'invités. En fait, il ne semblait même pas savoir qui était Nasrallah – pourtant, ne dit-on pas qu'il faut connaître ses ennemis ?

Quelques jours plus tard, Stockwell Day de l'Alliance canadienne accusait Chrétien de « frayer avec un terroriste de notoriété internationale dont le but avoué est de faire entrave à la paix au Proche-Orient ». Day a ensuite demandé : « Pourquoi le premier ministre n'a-t-il pas, pendant la conférence ou durant son week-end de relâche, condamné publiquement ce terroriste ? Et pourquoi n'a-t-il pas demandé au président libanais de s'excuser pour les commentaires tendancieux qu'il a faits à propos de la situation au Proche-Orient ? » Le ministre des Affaires étrangères Bill Graham justifiait en ces mots la politique bifide de son gouvernement concernant Hezbollah : « D'un côté on condamne sa division militaire, dont on reconnaît la vocation terroriste ; et de l'autre, on engage des pourparlers avec ceux qui veulent la paix. La politique de notre gouvernement et la tradition canadienne veulent que nous réglions nos problèmes par la voie diplomatique, par la voie du dialogue, et non pas qu'on essaie de vaincre le terrorisme en traitant de terroristes des membres du parlement libanais, des enseignants, des médecins et des agriculteurs du sud du Liban. »

La Fédération canado-arabe (FCA) se mêlera au débat en envoyant des lettres de protestation à Bill Graham et au sollici teur général du Canada, Wayne Easter. La FCA demandait aux deux politiciens de ne pas succomber aux pressions politiques visant à bannir les groupes terroristes du Proche-Orient. Dans sa missive, la FCA critiquait les mesures restrictives qui avaient été prises contre le Hamas et le Jihad islamique, et soutenait que Hezbollah était « un parti politique libanais tout à fait légitime ». La Fédération affirmait que si le gouvernement canadien proscrivait Hezbollah, toute la communauté arabe en pâtirait. « Les communautés arabes et musulmanes ont déjà assez souffert de la stigmatisation qu'ont entraînée les événements du 11 septembre.

Nous craignons que si le gouvernement ajoute Hezbollah à sa liste d'organisations terroristes, cela ne fera qu'accentuer encore davantage la marginalisation de ces communautés. » Le président de la FCA, Raja Khouri, disait qu'il n'y avait guère de preuves démontrant que le Hezbollah s'était livré au terrorisme.

Le lieutenant-colonel Bob Chamberlain n'était pas de cet avis. Cet ancien attaché militaire du Canada au Liban et en Syrie avait déjà eu des démêlés avec Hezbollah. Durant la guerre civile libanaise, alors que Chamberlain traversait la vallée de la Bekaa, des membres du Hezbollah avaient forcé son véhicule à quitter la route. AK-47 pointé sur la tempe, il avait été contraint de s'allonger sur le sol, puis avait été conduit et séquestré dans un appartement. Ses ravisseurs l'accusaient d'être un espion. Chamberlain parle l'arabe couramment, aussi est-il parvenu à convaincre les hommes de le relâcher. Il avait été gardé captif pendant deux heures. Contrairement à ce qu'affirme l'organisation elle-même, le lieutenant-colonel Chamberlain estime qu'il n'y a aucune différence entre l'aile soi-disant politique et l'aile militaire du Hezbollah. « Ce que j'essaie de vous faire comprendre, c'est que les hommes à qui j'ai eu affaire ne faisaient pas partie de l'aile militaire. Je les connais. Je connais leurs uniformes pour les avoir vus plusieurs fois. Mais les gars qui m'ont enlevé n'étaient pas habillés à la militaire. C'était probablement des gars de l'aile politique, incluant un ecclésiastique, or ce sont eux les leaders du parti. » Chamberlain ajoute que le ministre des Affaires étrangères devrait tenir compte des avertissements des agences de renseignement. « Il a mis l'aile militaire du Hezbollah sur la liste terroriste, mais ce n'est pas suffisant. Je suis désolé, monsieur Graham, mais vous êtes dans l'erreur : c'est l'organisation au complet qu'il faut mettre sur cette liste. »

Le gouvernement canadien n'a jamais expliqué pourquoi il reconnaissait deux ailes distinctes du Hezbollah et pourquoi il traitait celles-ci différemment. C'était illogique, considérant que la division terroriste était dirigée par le leadership politique. Il était peut-être vrai qu'il y avait des enseignants et des agriculteurs au sein du Hezbollah, mais reste que, indépendamment de leur profession, les membres de l'organisation n'ont qu'un seul et même objectif : détruire Israël et faire du Liban un État islamique. Or, l'ensemble du monde libre devrait condamner cet objectif avec véhémence et déclarer qu'il est illégal de le soutenir de quelque manière que ce soit.

Dans les six semaines qui suivront, le sujet du Hezbollah sera régulièrement évoqué à la Chambre des communes. L'opposition déposera une motion proposant au Cabinet de mettre le Hezbollah sur la liste terroriste parce que leur organisation « a commis des atrocités visant des gens innocents » et qu'elle « représente une menace de sécurité pour le Canada et ses alliés ». Comme de bien entendu, la motion fut rejetée. Plusieurs organisations juives exerceront des pressions sur les libéraux et B'nai Brith Canada intentera des poursuites contre le gouvernement canadien.

Le cas de Fauzi Ayub démontre que la branche canadienne du Hezbollah ne fait pas que collecter de l'argent pour la cause : elle est aussi impliquée dans des opérations terroristes d'envergure orchestrées par des individus occupant les échelons supérieurs de l'organisation. Pendant que les libéraux persistaient à défendre leur position concernant Hezbollah, les autorités israéliennes, elles, interrogeaient Ayub. Celui-ci disait qu'il était venu à Jérusalem parce qu'il s'était « porté volontaire pour prendre part à une mission » visant à aider les musulmans opprimés. « Mon nom est Fauzi Mohammed Ayub, dit-il. Je suis d'origine libanaise, mais j'ai la citoyenneté canadienne. » Relâché par les Israéliens, Ayub a pris la route en direction de Hébron, une ville de la rive occidentale située à 40 kilomètres au sud de Jérusalem.

Ayub n'aurait pu choisir terrain plus houleux pour sa mission. À l'instar de Jérusalem, Hébron est une terre sainte pour les Juifs, les musulmans et les chrétiens qui s'y rendent pour faire leurs dévotions au Tombeau des patriarches. Hébron est une ville divisée où règnent de fortes tensions. La majorité de son territoire est contrôlé par les Palestiniens, mais le centre-ville est occupé par des immigrants juifs et protégé par l'armée israélienne. Lors de ma première visite dans cette ville, je m'étais arrêté pour demander des indications à un homme à l'air maussade qui se tenait devant l'entrée de *Hebron Glass*, la fabrique de céramique et verrerie dont il était propriétaire. En ce samedi matin, son atelier était fermé. En d'autres temps, si ce n'avait été de la guerre, il aurait ouvert boutique, car le samedi était son jour le plus occupé de la semaine. Quand je lui ai demandé où se trouvait le centre-ville, il m'a expliqué le chemin d'une voix hésitante.

« Vous ne pouvez pas y aller pour le moment » a-t-il ajouté.

« Pourquoi ? »

« Ils sont en train de pendre des collaborateurs. »

La veille, juste avant minuit, le chef de la milice Tanzim, Marvan Zalum, descendait la rue Peace au volant de sa Mitsubishi Lancer blanche quand deux hélicoptères Apache de l'armée israélienne ont fait feu sur son véhicule. Avec une précision incroyable, l'un des missiles a touché le toit de la voiture. En apprenant l'assassinat de leur leader, les partisans de Zalum ont noué le traditionnel foulard à carreaux (kaffiyeh) autour de leur tête, ont sorti leurs AK-47 de leurs cachettes et ont sillonné les rues de la cité en quête de vengeance.

Sans aucune intervention de la part des services de sécurité de l'Autorité palestinienne, les partisans de Zalum ont traqué trois Palestiniens soupçonnés d'avoir coopéré avec les Israéliens. Aucune accusation formelle ne fut portée contre eux et on ne leur a pas donné la chance de plaider leur innocence. En guise de procès, les trois suspects furent alignés devant les restes de la voiture de Zalum et des militants armés se mirent à leur hurler des accusations au visage. Le simple fait que quelqu'un puisse songer à se détourner de la voie révolutionnaire mettait les miliciens Tanzim dans une colère effroyable. Les cultures militantes ont ceci en commun qu'elles ne tolèrent pas le dissentiment ni la dissidence. Or, tous les prétextes sont bons pour éliminer ceux qui s'écartent du droit chemin.

Personne n'a remis en cause le verdict expéditif de ce simulacre de procès : ces hommes étaient coupables de crimes contre le peuple palestinien ! Les trois condamnés furent fusillés séance tenante, puis leurs dépouilles criblées de douzaines de balles furent exposées à la vue de tous.

Laissant notre voiture à la fabrique de céramique – il était hors de question que nous nous rendions là à bord d'un véhicule arborant des plaques d'immatriculation israéliennes –, nous avons fait le reste du chemin en taxi. Ayant appris que Zalum avait été assassiné et que les collaborateurs responsables de sa mort avaient été exécutés, des centaines de Palestiniens convergeaient vers le centre de Hébron en même temps que nous. Certains d'entre eux étaient armés.

Le corps sans vie d'un des collaborateurs avait été attaché par le pied aux montants d'un pylône électrique. Ses membres pendaient, désarticulés ; sa tête ensanglantée se trouvait à hauteur de la foule qui se massait tout autour pour le frapper et lui cracher à la figure. « C'est pour nous un jour très heureux » me confia un spectateur en ajoutant qu'il espérait que les exécutions publiques découragent quiconque cherchait à aider les Israéliens. « Plutôt mourir que de collaborer avec eux, dit-il. C'est la guerre. » La dépouille du second collaborateur avait été traînée un peu plus loin, jusqu'à la mosquée Al-Ansaar ; le corps avait été pendu lui aussi par un pied. Le troisième cadavre gisait au milieu de la rue et la foule se pressait autour de lui pour le piétiner et lui donner des coups de pied.

Ces gestes d'agression étaient censés exprimer la colère du peuple palestinien, comme si les collaborateurs étaient la personnification même d'Israël et des Israéliens, ces ennemis tant détestés. Mais en observant bien la scène, j'ai eu l'impression que bon nombre de ceux qui rouaient le mort de coups de pied jouaient un peu la comédie. Il y avait certes une part de haine et de colère dans leurs gestes, mais ils faisaient également cela pour démontrer que, contrairement à ces collaborateurs, ils étaient inconditionnellement voués à la cause. Il y avait dans toute cette violence posthume deux messages distincts : « Je déteste les Israéliens » et « Ne me faites pas subir le même sort que lui car je ne suis pas un collaborateur ». Ceux qui n'avaient pas le cœur de s'en prendre aux morts étaient occupés à exprimer ces deux messages de vive voix, ou encore à travers la joie qu'ils mettaient à célébrer, en cette belle journée ensoleillée, le meurtre de trois de leurs compatriotes. « Vous voulez savoir pourquoi tout le monde se réjouit ? me disait un vieil homme. C'est parce que nous savons que ce sont des traîtres. Ces hommes-là sont très dangereux. Ils fournissent des renseignements aux Israéliens ! »

La voiture de Zalum avait été éventrée tel un vieux jouet usé. Les gens qui se massaient autour du véhicule tenaient tous le même discours. « Vous voyez les conséquences du terrorisme d'Israël, me disait un adolescent qui avait apporté une caméra vidéo pour filmer l'auto du défunt leader Tanzim. Mais à la fin, c'est nous qui vaincrons. Nous serons victorieux ! » Un vieillard racontait qu'il était venu pour voir de ses propres yeux ces Palestiniens accusés de collaborer avec les Israéliens. Comme les autres personnes à qui j'ai parlé ce jour-là, il a refusé de se nommer. « Je voulais savoir quel genre d'homme se vend à l'ennemi, m'a-t-il dit. C'est tout. Je voulais savoir de quoi ils avaient l'air. »

Un autre sujet de discussion était sur toutes les lèvres en cette journée de lynchage qui prenait des allures de carnaval : la vertu du martyr Marvan Zalum. Dans cette culture hyper-extrémiste qui caractérise la rive occidentale de la Palestine, mourir pour la cause est la vocation suprême. Le fait que Zalum ait été responsable de toute une série d'attentats terroristes ne l'en rendait que plus méritant. C'est lui qui avait orchestré l'attentat-suicide à la bombe du 12 avril 2002, dans lequel six civils étaient morts et 85 autres avaient été blessés alors qu'ils attendaient tranquillement l'autobus. Zalum était responsable de quantité d'autres attentats à la bombe et attaques armées, dont celle du 26 mars 2001 qui avait coûté la vie à un nouveau-né. Un représentant du gouvernement israélien m'a confié un jour qu'« en termes de menace à la sécurité nationale, Marvan Zalum était à lui seul l'équivalent de toute une milice armée. » Mais aux yeux des Palestiniens d'Hébron, Zalum était un *shaheed*, un martyr qui était mort pour l'islam.

À un moment donné, j'ai perdu mon interprète dans la cohue et j'ai commencé à ressentir un profond malaise. Je sentais que tous les regards étaient braqués sur moi, que tous se demandaient qui j'étais. Étais-je un Israélien ? un Américain ? un espion ? Je me faisais beaucoup remarquer du fait que je portais un gilet pare-balles sur le devant et le dos duquel j'avais inscrit, à l'aide de ruban adhésif rouge, le symbole universel de la presse – « TV ». Voyant que de plus en plus de jeunes hommes armés se mêlaient à la foule, j'ai décidé de battre en retraite et de retourner à la fabrique de céramique. Fort heureusement, mon chauffeur ne m'avait pas déserté. Nous étions sur le point de partir quand le propriétaire de *Hebron Glass* nous a invités, avec beaucoup d'insistance, à entrer dans sa boutique pour admirer la marchandise. C'était bien la dernière chose que j'avais envie de faire, néanmoins je me suis exécuté de peur de l'offenser. J'ai acheté une assiette de céramique en remerciant profusément notre hôte. Alors que je me préparais à remonter dans la voiture pour retourner à Jérusalem, je fus frappé par le ridicule de la situation : je ne m'étais pas encore remis des atrocités que j'avais vues aujourd'hui, de tous ces cadavres frais que l'on malmenait, et voilà que je jouais les touristes dans un magasin de souvenirs !

Fauzi Ayub se rendra à Hébron sans problème. Bien que les Israéliens aient bloqué l'accès à la ville en établissant une série de postes de contrôle sur les routes environnantes, les Palestiniens s'étaient ménagé une voie clandestine leur permettant d'entrer dans la ville à pied sans être inquiétés par les troupes ennemies. En arrivant à Hébron, Ayub contactera un agent qui devait l'assister dans sa mission, puis il entreprendra de rassembler le matériel nécessaire à la fabrication d'une bombe à fragmentation. Se doutant qu'il manigançait quelque chose, la police de l'Autorité palestinienne l'a appréhendé et amené dans leurs quartiers généraux. Ayub prétend qu'on lui a bandé les yeux, puis qu'on l'a battu et accusé d'être un espion israélien. Lorsqu'il a dit à ses tortionnaires qu'il était Libanais, ceux-ci l'ont accusé d'être membre de l'armée pro-israélienne du Liban-Sud.

« Quand je leur ai dit que j'étais originaire du sud du Liban, disait Ayub dans son témoignage à la cour, ils m'ont demandé : 'De quelle organisation fais-tu partie ?' J'ai répondu que j'étais passé du Amal à Hezbollah. Ils n'ont paru satisfaits que quand je leur ai dit que j'étais avec Hezbollah. Après, ils m'ont dit 'Tu es dans la résistance' et je leur ai dit : 'Ici aussi, je suis dans la résistance'.

« Dès que je leur ai dit ça, ils m'ont apporté du café et m'ont laissé tranquille. Ils étaient satisfaits de moi. Ils m'ont dit qu'ils m'apporteraient du poulet et des cigarettes.

« Je leur ai dit que j'en avais assez de me faire malmener… Plus tard, les policiers sont venus me voir un par un et m'ont demandé de leur raconter mes faits d'armes. »

Durant sa période d'incarcération, Ayub a offert de l'argent à un sympathique officier nommé Younis qui l'avait défendu et lui avait apporté du café : s'il l'aidait à s'échapper et à rentrer chez lui, Ayub lui donnerait 5000 $ tout de suite et 5000 $ une fois de retour au Liban. Un jour, Younis ne se présenta plus à son quart de travail. Le mystère de sa disparition fut élucidé quand un autre officier donna à Ayub une copie d'un acte d'accusation qui avait été émis contre Younis.

« L'officier m'a dit que j'avais fait une grosse erreur, dit Ayub. Quand je lui ai demandé ce qu'il entendait par là, il m'a dit que Younis avait révélé aux Juifs certaines informations à mon sujet. »

Le 25 juin 2002, l'armée israélienne lançait un raid sur Hébron. Un convoi militaire fut dépêché devant le quartier général de la police palestinienne, puis un officier israélien muni d'un mégaphone a ordonné à tout le monde de sortir. Les gardes ont réussi à s'enfuir ; sortant seul du bâtiment, Ayub fut arrêté par le Shin Beit. Une fois l'édifice évacué, les Israéliens l'ont rasé. Quand j'ai visité le site un an plus tard, le quartier général de la sécurité palestinienne n'était plus qu'un amas de béton et de barres d'armature tordues. Parmi les décombres, j'ai aperçu les barres de fer blanches d'une cellule, possiblement celle-là même où Ayub avait été enfermé.

Ayub fut détenu à la prison de Kiryat Arba en vertu de la Loi sur l'emprisonnement des ennemis combattants. L'armée israélienne soutenait qu'Ayub avait été envoyé sur la rive occidentale pour assurer l'entraînement de membres du Hamas et du Jihad islamique, et pour les aider à fabriquer des bombes et à planifier des attaques « d'une ampleur sans précédent ». Les services de sécurité israéliens en sont arrivés à la conclusion que le grand manitou du Hezbollah, Imad Fayez Mugniyah, entretenait pour Ayub de plus ambitieux desseins. « Mugniyah n'a pas envoyé un de ses gars de Beyrouth en mission sur la rive occidentale pour faire le genre de boulot que le Hamas y faisait déjà » de déclarer un agent des services de sécurité. Selon les enquêteurs israéliens, Ayub était probablement là pour amasser des renseignements concernant des cibles terroristes potentielles ; on soupçonnait aussi qu'il complotait un assassinat et qu'il était chargé d'implanter en Israël et sur la rive occidentale toute une infrastructure en vue d'attaques futures.

De Toronto, la famille d'Ayub démentit haut et fort les accusations des Israéliens. « On s'inquiète pour lui, disait son frère dans un article du *Toronto Star*. Nous ne savons pas ce qu'il faisait là-bas, mais nous ne croyons pas ce qu'ils disent aux nouvelles. Fauzi est un homme religieux, un dévot. Il a déjà fait un pèlerinage en Arabie Saoudite. Peut-être est-il allé en Israël pour visiter d'autres lieux saints. » Cette hypothèse est peu plausible : si Ayub n'avait été qu'un simple touriste en Terre sainte, n'aurait-il pas utilisé son passeport canadien ? Les gens du consulat canadien qui ont visité Ayub après son arrestation ont tout de suite pressenti que quelque chose clochait dans cette histoire. Un voyageur qui a été arrêté par la police dans un pays étranger tient habituellement à ce que son ambassade remue ciel et terre pour le sortir de là et le rapatrier. Or, tout ce qu'Ayub exigeait des services consulaires, c'était qu'ils lui procurent un tapis de prière, de l'eau de Cologne et un nécessaire de toilette pour qu'il puisse se tailler la barbe. Le détenu semblait résigné à son sort.

Le Shin Beit israélien a pris bonne note des parallèles existant entre les activités d'Ayub, de Jihad Shuman et d'un autre agent présumé du Hezbollah, Hasin Makdad, qui avait accidentellement fait sauter la bombe qu'il portait sur lui dans un hôtel de Jérusalem en 1996. « Il y a de nombreuses similitudes entre la façon dont Ayub a été envoyé en Israël et la façon dont deux autres agents du Hezbollah avaient infiltré le pays avant lui, de préciser un document des services de renseignement israéliens. Chacun de ces trois agents est arrivé à Jérusalem juste avant le début d'une campagne électorale, vraisemblablement dans le but d'influencer le résultat final. De plus, les trois agents étaient actifs dans un quartier de Jérusalem qui comprenait plusieurs édifices gouvernementaux. Le fait que Shuman ait été appréhendé à 300 mètres de la résidence du premier ministre vient confirmer la chose. » Les Israéliens ont éventuellement conclu qu'Ayub avait probablement été envoyé dans leur pays pour assassiner le premier ministre israélien.

En décembre 2002, le Cabinet libéral annonçait que Hezbollah était bel et bien une organisation terroriste. L'approche préconisée par le ministre des Affaires étrangères Bill Graham – traiter avec l'aile « politique » du Hezbollah tout en condamnant son pendant « terroriste » – fut rejetée parce qu'elle n'était pas viable. Même les agents du Hezbollah admettent qu'il n'y a aucune distinction entre les différentes branches de l'organisation. Si le Canada décidait malgré tout d'appliquer ce genre de distinction dans le cas du Hezbollah, ne serait-il pas forcé de faire de même avec Hamas ou Al Qaeda, deux organisations terroristes qui ont des branches s'occupant d'activités humanitaires ? La décision du gouvernement canadien fut bien sûr contestée par Hezbollah et par différents groupes d'intérêts affiliés. L'ambassadeur du Liban au Canada a lui aussi critiqué la décision, proclamant que le gouvernement avait été influencé par les groupes de pression juifs et par la presse sioniste. Ce que l'ambassadeur du Liban ne comprenait pas, c'était qu'en donnant officiellement à Hezbollah le statut d'organisation terroriste, nos politiciens ne faisaient que remplir leur devoir de Canadiens ; cela n'avait rien à voir avec un complot juif. Le Hezbollah devait être déclaré illégal parce que ses opérations au Canada mettaient en péril la sécurité de tous les Canadiens.

À la fin de 2002, le SCRS déposait un rapport top secret intitulé : *Le Hezbollah et ses activités au Canada*. Le rapport décrit comment les membres du Hezbollah « effectuent des collectes de fonds par le biais d'organisations charitables » et comment ils ont implanté au Canada un réseau national de levées de fonds, de propagande et d'acquisition qui compte des agents à Toronto, à Montréal et à Vancouver. On se souviendra que, dix ans plus tôt, Al Husseini avait décrit un réseau semblable mais que, malheureusement, le SCRS n'avait pas voulu de lui comme informateur. Les services canadiens de renseignement se rendaient maintenant compte que Husseini avait dit la vérité.

Quelque mois plus tard, soit le 18 février 2003, Fauzi Ayub tentait de convaincre un tribunal de Tel-Aviv que Dieu l'avait choisi pour remplir une mission bien précise. Il se décrivait lui-même comme un soldat de l'islam et un défenseur des musulmans opprimés. À ce titre, il se disait prêt à accepter son châtiment.

« Ma destinée en ce monde consiste à protéger ceux qui sont opprimés, dit-il au juge. Je veux sauver mon peuple de la répression, même si je sais que ceux qui entreprennent ce genre de mission finissent toujours en prison. Je ne suis pas venu ici pour faire de l'argent ou pour vendre de la drogue : je suis venu ici pour remplir une mission sacrée. »

« Mais qui sont ces opprimés dont vous parlez ? a demandé le juge. Qui sont-ils ? »

« Les musulmans sont opprimés, et j'entends mener à bien ma mission, que ce soit avec les Palestiniens ou avec d'autres. Vous voulez savoir pourquoi je suis venu ici ? Je suis venu ici parce que Dieu me l'a ordonné. Ma religion me dicte que je dois défendre les opprimés. »

Peu impressionné par cette noble image qu'Ayub peignait de lui-même, le juge lui a rappelé qu'il avait participé à un complot terroriste qui avait causé la mort d'une soixantaine de personnes. Même si son intention première n'avait pas été de tuer ces gens, Ayub devait bien se douter que, pendant la mission, ses hommes risquaient de commettre des erreurs qui pouvaient s'avérer fatales pour d'innocentes victimes.

« Quand nous faisons une erreur, rétorqua Ayub, c'est que Dieu l'a voulu ainsi. Si des innocents meurent, c'est parce que tel est leur destin. »

Le 29 janvier 2004, tandis que, à Jérusalem, une bombe humaine faisait sauter un autobus rempli de passagers, Fauzi Ayub quittait sa prison israélienne et partait pour l'Allemagne. Des médiateurs allemands avaient négocié au nom du Hezbollah la libération d'Ayub et de vingt-sept autres prisonniers, en échange de quoi l'organisation s'engageait à relâcher l'homme d'affaires israélien Elhanan Tannenbaum et à restituer les corps de trois soldats israéliens. Le soir même, Ayub arrivait à l'aéroport de Beyrouth. Sourire aux lèvres, il s'est avancé sur la piste où l'attendait Sheikh Nasrallah. Les deux hommes se sont étreints chaleureusement. Ayub était redevenu un homme libre. Avant de quitter sa cellule en Israël, il avait confié à un officier du consulat canadien qu'il songeait à retourner au Canada.

CHAPITRE 4

Fateh l'Algérien

Les gendarmes français escortent jusqu'à la 14e chambre du Palais de justice un homme menotté portant un chandail de laine gris et un pantalon serré à la taille par un cordon. Fateh Kamel se rend au banc des accusés en se traînant les pieds, tend les bras pour que les gardes aux cheveux ras lui enlèvent ses menottes, puis s'assoit en posant sa tête sur ses bras croisés. Quand il relève la tête pour gratter sa barbe noire, son visage est du même vert que le papier peint de la salle d'audience. Ses yeux cernés témoignent de son sommeil troublé.

Le complexe de l'Île-de-la-Cité dont fait partie le Palais de justice fut d'abord la demeure des rois, puis une prison où des milliers de prisonniers, dont Marie Antoinette et Robespierre, furent détenus avant d'être guillotinés sur la Place de la Concorde. Mais en ce petit matin frisquet de février 2001, ce sera le procès d'une tout autre révolution qui se fera ici : la révolution du Jihad international et des radicaux musulmans qui croient qu'il est de leur devoir religieux de lutter contre les infidèles, contre les « ennemis de l'islam » et, notamment, contre l'Amérique.

L'accès à la salle d'audience est gardé par un policier qui contrôle les spectateurs et les avocats en robe noire à l'aide d'un détecteur de métal avant de les laisser entrer. Un second gendarme fouille de ses gants blancs les mallettes et les sacs à main de tout ce beau monde. Dans la salle, des policiers inspectent le dessous des bancs de bois ainsi que tout autre endroit susceptible de receler une bombe. Une équipe de télévision américaine bombarde de questions l'avocat de Fateh Kamel. « Est-il vrai que Kamel était en Afghanistan et qu'il a rencontré bin Laden ? » demande un reporter. L'avocat esquive la question en répondant simplement : « Mon client est Canadien. C'est un homme libre et il n'a rien fait de mal. Il a un peu voyagé, c'est tout. »

Kamel a effectivement la citoyenneté canadienne. Ancien propriétaire d'une petite boutique d'artisanat en banlieue de Montréal, cet homme de quarante et un ans domicilié à l'île Perrot avec sa femme et son fils fait maintenant face à de sérieuses charges criminelles. L'acte d'accusation que l'on a déposé sur le bureau du juge précise que Kamel, alias Moustapha, est accusé d'avoir « participé à une association criminelle dans le but de préparer des actes de terrorisme ». À cela s'ajoutent deux chefs de trafic de faux passeports destinés à des militants islamistes. Les enquêteurs français disent que Kamel œuvrait à titre de « logisticien » au sein du Jihad international. À la fois recruteur et organisateur, il veillait à l'affectation des effectifs militants islamiques et contribuait à la planification d'attaques terroristes. L'homme qui employait les noms de guerre « Moustapha » et « El-Fateh » était le chef présumé de la cellule canadienne du réseau extrémiste algérien, mieux connue sous le nom de « Groupe Fateh Kamel ». La cellule compte plusieurs membres notoires, dont un jeune fabricant de bombes algérien du nom d'Ahmed Ressam. Un magazine parisien avait surnommé Kamel « le Carlos islamiste », d'après le célèbre terroriste vénézuélien « Carlos le chacal ».

En 1999, cinq jours avant son trente-neuvième anniversaire, Kamel quittait la quiétude de l'île Perrot pour effectuer un voyage d'affaires qui le mènerait d'Athènes à Istanbul pour se terminer dans la ville sainte de La Mecque. En faisant ce voyage, Kamel commettait une grave erreur. La police savait qu'il se spécialisait dans le passage clandestin de terroristes islamiques en Europe et en Amérique du Nord. Arrêté lors d'une escale à Amman, il fut promptement extradé en France – les autorités françaises avaient émis un mandat d'arrestation international contre lui. À ce jour, il demeure incarcéré à la prison de la Santé à Paris. Aux yeux des agences de renseignement occidentales, Kamel incarne le nouveau visage du terrorisme international. Poussés par leur zèle religieux, les terroristes radicaux islamiques ont commencé à s'organiser en cellules plus ou moins structurées, mais positionnées stratégiquement un peu partout sur la planète. Ces cellules qui tirent leur financement d'entreprises criminelles ou légitimes et communiquent par courriel et par téléphone cellulaire sont mobiles, extrêmement motivées, et proviennent de différents pays. Avec, pour résultat, qu'elles sont presque impossibles à dépister. La seule chose qu'elles ont en commun est leur dévotion au Jihad dans son expression la plus violente.

Le terme « Jihad » renvoie à la notion de lutte contre le mal. La doctrine de l'islam enjoint le fidèle de combattre le mal avec la langue, le cœur, la main et l'épée. Axé sur un Jihad plus spirituel et intérieur, l'islamisme moderne met l'accent sur les trois premiers éléments. Les radicaux, en revanche, préconisent une lecture bien différente de la loi islamique. Selon leur interprétation, il est de leur devoir d'user de violence pour défendre leur religion et obliger les non-musulmans à se plier aux règles de l'islam. Ceux qui meurent en se battant pour l'islam se verront réserver une place de choix au paradis.

La première vague de cette nouvelle génération de terroristes est venue d'Afghanistan. Dans les années 1980, de jeunes musulmans radicaux du monde entier se sont rendus en terre afghane pour combattre l'occupation soviétique aux côtés de leurs frères *mujahedeen*, les guerriers saints afghans. Cette guerre sera le Vietnam des Soviétiques – quelque quinze mille soldats russes y trouveront la mort. Après le retrait définitif de l'Armée Rouge en 1989, les islamistes ont ressenti un enivrant sentiment de victoire. Cela dit, les guerriers musulmans se sont soudain retrouvés complètement désœuvrés. La plupart d'entre eux ne pouvaient pas rentrer chez eux – leurs gouvernements ne voulaient plus accueillir ces citoyens islamistes désormais rompus à l'art de la guerre. Les guerriers saints étaient devenus des soldats en mal de guerre.

Osama bin Laden se chargera de rassembler ces vétérans radicaux et de les unir sous la bannière d'une guerre sainte contre les Américains, les Juifs et leurs alliés. L'organisation de bin Laden, Al Qaeda, qui signifie « la base », deviendra le point de ralliement des groupes radicaux les plus extrémistes de la planète, dont le Al-Jihad égyptien et le Groupe islamique armé, une organisation algérienne dont Kamel faisait partie. Les membres d'Al Qaeda se sont donné pour vocation de combattre les ennemis de la foi islamique, ceci afin que l'islam puisse accomplir sa destinée en devenant l'unique religion, celle à laquelle toutes les autres religions se soumettront.

Certains vétérans de la guerre en Afghanistan sont retournés à Alger et à Riyad pour y semer les germes d'une insurrection musulmane. D'autres firent de même un peu partout dans le monde, quoique de manière plus clandestine. Ces guerriers ont amené le Jihad en Bosnie, en Tchétchénie, au Kosovo, au Cachemire et dans plusieurs autres pays. Dans le cadre de leur campagne anti-occidentale, ils ont été appelés à mener de nombreuses attaques terroristes de faible envergure. Bien que le FBI ait offert une rançon de 5 millions de dollars américains pour sa capture en 1998, bin Laden est parvenu à échapper aux autorités en se plaçant sous la protection des talibans en Afghanistan et en veillant à ne jamais rester trop longtemps au même endroit. Incapables de mettre la main sur bin Laden lui-même, les États-Unis et leurs alliés ont entrepris de démanteler le réseau qu'il avait mis sur pied en Europe et en Amérique du Nord en lançant une série de procès criminels à New York, à Los Angeles, à Londres et à Francfort. L'une de ces causes est présentement entendue dans un procès présidé par trois juges au Tribunal de grande instance de Paris.

Les premiers rapports qui signalent la présence d'Al Qaeda au Canada datent du début des années 1990, soit peu après la fondation du mouvement. En octobre 1992, plusieurs témoins disent avoir vu le chef spirituel d'Al Qaeda, le cheik Omar Abdel Rahman, prêcher dans des mosquées de l'est du pays. Ces signalements ont précédé de quelques mois l'attentat au cours duquel Rahman et ses complices ont tenté de faire sauter le World Trade Center à l'aide d'un camion piégé – un sinistre présage de l'attaque infiniment plus dévastatrice qui allait survenir huit ans plus tard. Le Comité de surveillance des activités de renseignement de sécurité a enquêté sur ces allégations, mais n'a jamais pu en déterminer la véracité.

Après l'attentat de 1993 à Manhattan, les Américains ont demandé au SCRS de les aider à débusquer les extrémistes sunnites qui se cachaient au Canada. C'était la première fois que les autorités américaines et canadiennes luttaient ensemble contre la menace terroriste islamique. Dans la même année, Essam Hafez Marzouk, un membre de l'organisation égyptienne Al-Jihad, se présentait à l'aéroport international de Vancouver avec un faux passeport saoudien et tentait de s'infiltrer au Canada. Il fut immédiatement arrêté. Marzouk connaissait bin Laden du temps de la guerre soviétique en Afghanistan, pays où il avait étudié la contre-ingérence. Il avait dirigé un des camps d'entraînement d'Al Qaeda et avait été l'une des personnes chargées de transporter bin Laden au Soudan en 1991. Lorsque bin Laden a appris que Marzouk avait été arrêté, il a envoyé deux membres d'Al Qaeda en Colombie-Britannique avec 3000 $US pour assurer sa libération. L'un de ces hommes, Khaled al-Sayed Ali Mohamed Abul-Dahab, travaillait comme représentant pour une firme de produits chimiques en Californie et était l'un des cadres financiers d'Al Qaeda.

Abul-Dahab tenait Israël et la CIA pour responsables de l'écrasement dans lequel son père, un pilote d'Egypt Air, avait perdu la vie. En 1986, peu après l'accident, Abul-Dahab s'installait à Santa Clara, en Californie. Là, il s'est lié à un groupe d'islamistes égyptiens qui étaient très impliqués dans la guerre en Afghanistan. «Mon père est un martyr, a-t-il dit à la police lors d'un interrogatoire, et ma mère a été nommée 'Mère égyptienne de l'année' en 1990 et 1991.» En 1990, Abul-Dahab enseignait le deltaplane aux recrues dans un camp d'entraînement de bin Laden en Afghanistan. (Al Qaeda songeait à utiliser ce mode de transport dans des attaques aériennes sur la ville du Caire – un projet qui fut éventuellement abandonné.) Abul-Dahab se rendra ensuite au Pakistan, où il fera la connaissance de Marzouk, puis il retournera aux États-Unis.

Al Qaeda commencera bientôt à utiliser Abul-Dahab pour expédier de l'argent à des agents postés outremer. Abul-Dahab acheminait les «transferts de fonds du Jihad» que les aides de bin Laden lui faisaient parvenir à des cellules d'Al Qaeda de partout dans le monde. Interrogé par la police égyptienne en 1998, Abul-Dahab disait que l'argent était envoyé «à des stations du Jihad au Pakistan, en Égypte, au Yémen, en Australie et au Canada».

Abul-Dahab qualifiait son voyage à Vancouver de «mission pour le Jihad». Ses chefs lui avaient donné l'ordre de retirer une somme d'un compte bancaire californien puis de remettre l'argent à Ali Mohamed, un autre agent d'Al Qaeda. Quelqu'un aurait dit à Abul-Dahab que cet argent « provenait d'Osama bin Laden et était destiné à aider Essam Mohamed Hafez (Marzouk), qui était emprisonné au Canada ». Tel que convenu, l'argent fut transféré d'un compte d'Al Qaeda au Soudan au compte bancaire d'Abul-Dahab. Ce dernier soutient que l'argent de bin Laden a ensuite été livré à l'avocat de Marzouk à Vancouver ; cependant, l'avocat en question, Phil Rankin, dit qu'il ne se souvient pas avoir reçu quelque argent que ce soit des collègues de Marzouk. « Je ne me rappelle pas avoir reçu d'argent, sauf de Marzouk lui-même, dit-il. Il est possible que sa femme m'ait amené de l'argent à un moment donné, mais je n'en suis pas sûr. » Marzouk sera détenu en Colombie-Britannique pendant près d'un an ; il ne sera relâché qu'une fois sa demande du statut de réfugié acceptée. Après sa libération, il se mariera, travaillera comme camionneur et vivra un temps sur l'aide sociale. Personne ne se doutait qu'il était en train de préparer l'un des assauts les plus dévastateurs de toute l'histoire d'Al Qaeda.

Au début des années 1990, très peu de gens au sein des services de renseignement canadiens savaient ce qu'était Al Qaeda. À cette époque, le terrorisme sikh était toujours la priorité numéro un du SCRS. Les Français avaient demandé au Canada de les aider à enquêter sur l'une des organisations affiliées à Al Qaeda, le Groupe islamique armé (GIA), mais pour les autorités françaises comme canadiennes, les organisations de ce genre n'étaient qu'une sorte de prolongement de la guerre civile algérienne. Avec la parution de l'article *Clash of Civilizations* (L'affrontement des civilisations) de Samuel P. Huntington dans la revue *Foreign Affairs* en 1993, la notion d'un islamisme radical préconisateur d'un Jihad mondial a commencé à émerger en Occident.

Ce n'est toutefois qu'à la fin de 1995 que les dirigeants des services canadiens de renseignement prendront conscience de la menace que représentait bin Laden et sa bande d'extrémistes sunnites islamiques. Ironiquement, ce sera un ancien ennemi du temps de la Guerre froide, la Russie, qui alertera le Canada au sujet d'Al Qaeda. En décembre 1995, le directeur du SCRS, Ward

Elcock, et Jim Warren, directeur adjoint des opérations, se rendirent en Russie pour établir les bases d'une coopération entre les agences de sécurité russes et canadiennes. Mais un autre sujet intéressait les Russes : l'extrémisme islamique. À la lumière de leur désastreuse expérience en Afghanistan et des révoltes qui fomentaient en Tchétchénie et dans les républiques du sud, les Russes avaient acquis une bonne connaissance des périls du militantisme musulman. Les Russes se sentaient également menacés par les mouvements islamistes en Ouzbékistan et au Tadjikistan, sans parler de la Bosnie qui était pour eux comme une dague islamique géante pointée sur le cœur même de la Russie. Lors de leur voyage en Russie, Elcock et Warren ont beaucoup appris au sujet de l'islamisme radical. Ils étaient bien sûr conscients du fait que les Russes servaient leurs propres intérêts en soulignant la menace de l'extrémisme islamique au moment où l'Occident discutait de la possibilité d'une intervention internationale en Bosnie. Mais même si les Russes exagéraient un peu, la menace n'en était pas moins réelle. « C'était la première fois que je m'arrêtais pour vraiment réfléchir à ce qu'ils disaient, se souvient Warren. Je ne suis pas certain que j'étais d'accord avec les Russes quand ils parlaient de 'guerre' entre l'islam et la chrétienté – ça, c'était leur discours à eux –, mais c'était tout de même la première fois que je voyais le problème comme une sorte de 'choc des civilisations'. Je crois qu'avant ça on était tous conditionnés à penser que le terrorisme du Proche-Orient visait principalement les Palestiniens et, dans une moindre mesure, l'impérialisme tel que pratiqué par les Français en Afrique. »

Il y a à Montréal, sur la rue Saint-Laurent, à deux pas du Cinéma l'Amour et d'un magasin de surplus de l'armée appelé Les soldats de la mode, une minuscule boutique sur la vitrine de laquelle on a peint un palmier. On y vend des bijoux tribaux, des chandails tricotés dans une laine brute et épaisse, ainsi que des mobiles colorés où dansent des poissons tropicaux, des perroquets et des éléphants. Il y avait six ans que Julie Lalonde et son mari d'origine algérienne, Mohamed Fenni, tenaient leur petite boutique d'artisanat exotique quand un commerce similaire a ouvert ses portes de l'autre côté de la rue. Le magasin One World, leur compétiteur, avait l'avantage d'une plus grande superficie. « On ne pouvait pas leur faire concurrence, se rappelle Julie Lalonde. Notre commerce est plutôt modeste alors qu'eux, ils pouvaient importer en grande quantité. » Les affaires du couple sont allées en périclitant jusqu'au jour où un inconnu est entré dans leur boutique en disant qu'il avait eu vent de leurs problèmes financiers à travers la communauté algérienne de la ville. L'inconnu se nommait Fateh Kamel et il était là pour proposer au couple de racheter leur magasin. « Je me suis tourné vers mon mari et je lui ai dit : 'Mon Dieu ! mais c'est le ciel qui l'envoie !' » raconte Julie Lalonde. Il y avait un hic, cependant : lorsque Kamel a remarqué que certains articles vendus dans la boutique représentaient des animaux, il a précisé qu'il allait à l'encontre de sa religion de faire le commerce d'objets façonnés à l'image d'êtres vivants. Julie Lalonde et son mari répliquèrent que si leur acheteur potentiel se débarrassait de toutes les pièces artisanales qui avaient une forme animale, il ne resterait plus rien dans la boutique. Kamel a éventuellement consenti à acheter la totalité de l'inventaire, néanmoins, aux yeux de Julie Lalonde et de son mari, il était clair que Fateh Kamel était un homme qui prenait ses croyances religieuses très au sérieux.

Fateh Kamel est né le 14 mars 1960 à El-Harrach, en Algérie, dans un coin de la planète où la religion est une puissance à la fois politique et militaire. Kamel est venu au monde au beau milieu d'une guerre sanglante, alors que l'Algérie, s'opposant au colonialisme français, se battait pour son indépendance. Ses parents, Mohand Tahar et Fatima Mayouch, l'ont baptisé Fatah, ce qui veut dire « conquête » en arabe. Kamel choisira plus tard le nom « Fateh », une variation de Fatah. El-Harrach est situé en banlieue d'Alger, l'antique capitale du pays. À part son équipe de soccer imbattable, la ville a peu à offrir. Deux décennies de socialisme et de mauvaise gouvernance ont complètement bousillé l'économie locale. Le taux de chômage s'élevait à 30 p. 100 et 84 p. 100 des chômeurs avaient moins de trente ans. L'optimisme qui marqua la fin du règne français fut de courte durée. Bien qu'ayant gagné son indépendance, la population algérienne avait peu de perspectives d'avenir et vivait dans l'instabilité politique. Les citoyens désœuvrés étaient si nombreux qu'ont leur a donné le nom de *hittistes*, ce qui veut dire « ceux qui tiennent les murs », parce qu'ils n'avaient rien d'autre à faire que de se tenir dans la rue, adossés aux édifices. Sans travail et sans ressources, quantité d'Algériens ont décidé de quitter le pays.

Fateh Kamel et son frère Yazid se joignirent à l'exode en 1987. Alors que Yazid décida de s'établir à Paris, Fateh opta pour le Canada, et plus précisément pour Montréal, ville où la communauté algérienne était en plein essor. En 1990, le parti du Front islamique du salut (FIS) remportait des élections locales en Algérie et menaçait d'accéder au pouvoir à Alger. C'est alors que l'armée est intervenue pour empêcher une victoire islamiste dans la capitale. En réponse à la répression militaire, une faction extrémiste du FIS formera le Groupe islamique armé. Le GIA représentait une école de pensée émergente qui maintenait que seule la création d'un État islamique pourrait libérer l'Algérie de la tyrannie gouvernementale, et que ce changement fondamental ne pourrait survenir que par la voie des armes.

Le GIA est né du Mouvement islamique armé (MIA), lequel fut fondé par un vétéran de la guerre coloniale française qui suivait les enseignements du philosophe islamiste Sayyed Qutb. Durant la guerre d'Afghanistan, le MIA a dépêché des milliers d'Algériens dans les montagnes afghanes, via l'Arabie Saoudite, pour combattre les troupes soviétiques. À la fin de la guerre en 1989, ces soldats sont retournés en Algérie et ont formé le GIA. Les guerriers algériens ne sont cependant pas tous retournés dans leur pays. Certains sont partis pour l'Europe et l'Amérique du Nord. De là, ils ont continué à soutenir l'effort de guerre algérien en faisant des vols de banque et en levant des fonds pour leurs frères expatriés. Des documents des services de renseignement canadiens révèlent que vers la fin de la guerre contre les Soviétiques, Fateh Kamel s'est rendu en Afghanistan via le Pakistan pour prendre part aux combats. Ce sera là la première étape de son jihad personnel. L'avocat de Kamel prétendra que son client voyageait pour le plaisir et que, étant musulman, il lui était plus facile de visiter des pays musulmans. Mais à l'époque où Kamel est allé en Afghanistan, l'endroit était loin d'être une destination touristique. C'était une zone de guerre.

Au début des années 1990, Fateh Kamel est devenu une manière de leader à Montréal. Figure charismatique et respectée, il dispensait aide et conseils aux immigrés des communautés algériennes et nord-africaines de la ville. «Tout le monde à Montréal connaît Fateh. Vous dites tout simplement 'Fateh' et tout le monde sait de qui vous parlez» de dire Abdellah Ouzghar, un Marocain qui avait fait la connaissance de Kamel après avoir émigré au Canada. (Ouzghar fera éventuellement face à des accusations reliées au terrorisme en France et sera condamné *in absentia*.) Peu après son arrivée à Montréal, Kamel épouse Nathalie Boivin, une psycho-éducatrice originaire de Gaspé, mais il n'en devient pas casanier pour autant. Deux ans plus tard, il se rend en Bosnie, pays où allait se jouer le prochain Jihad musulman. À cette époque, la Bosnie était le théâtre de violents conflits ethniques entre Serbes, Croates et musulmans. Confrontées à la perspective d'une purification ethnique dans les villages musulmans de Bosnie, les communautés musulmanes d'Europe, d'Asie et d'Amérique du Nord, de même que l'ensemble du monde islamique, se sont mobilisés pour venir en aide à leurs frères bosniaques. Plusieurs centaines de combattants volontaires venus de l'étranger se sont rendus à Zenica, une enclave musulmane située non loin de Sarajevo, pour y établir le «Bataillon Mujahedeen».

Le jihad bosniaque s'inspirait du modèle afghan. Des camps d'entraînement furent établis en Bosnie et des organismes de charité islamistes ont été implantés dans la région dans le but de récolter des fonds pour que les combattants puissent acheter des armes. Ces organismes permettaient en outre aux factions du Proche-Orient de justifier leur présence dans les Balkans. Dans un rapport confidentiel de 1996, l'Unité de coordination de la lutte antiterroriste (UCLAT) de France disait: «Les Arabes afghans ont eu accès aux camps bosniaques et croates grâce aux organismes de bienfaisance islamistes, aux ONG et aux agences gouvernementales. Ces organismes se sont employés à alimenter le conflit bosniaque pour en faire un jihad.» Un rapport de la CIA estimait que le tiers des organismes de charité musulmans introduits en Bosnie n'étaient rien de plus que des sociétés-écrans à l'usage des terroristes.

Kamel prétend que lorsqu'il voyage aux Balkans, c'est toujours par affaires. Ayant fondé une compagnie, la Société Mandingo, avec un partenaire montréalais du nom de Pierre Aklil, Kamel disait qu'il allait en Bosnie pour décrocher des contrats à tendance humanitaire – fournir des crayons aux institutions scolaires, par exemple. Les autorités sont maintenant convaincues que Kamel allait en Bosnie pour se battre. Même que son implication dans le leadership du Bataillon Mujahedeen remonterait à l'une de ses premières visites dans la zone de guerre. La chose se serait déroulée ainsi : Kamel roulait en moto sur une route de Bosnie lorsqu'un obus est tombé sur la chaussée devant lui ; un automobiliste a fait une embardée pour éviter l'explosion, puis a percuté sa motocyclette. Selon les enquêteurs français, Kamel aurait été grièvement blessé à un pied et aurait été conduit à l'hôpital de la base mujahedeen à Zenica. Là, il fut traité par Christophe Caze, un jeune Français farouchement dévoué au Jihad et qui avait abandonné ses études de médecine. Personne ne sait exactement ce qui s'est passé à Zenica, toutefois les autorités françaises affirment que c'est à partir de ce moment que Kamel a délaissé ses activités commerciales pour s'occuper exclusivement du transport et de l'infiltration de recrues mujahedeen en Bosnie.

Dans les deux années qui suivront, Kamel fera plusieurs fois la navette entre le Canada, la Bosnie et la Croatie, faisant escale en France, en Allemagne, en Hollande, en Autriche, en Italie et en Slovénie pour dénicher des faux papiers et coordonner les convois de recrues à destination de Zenica. Il a éventuellement rompu sa relation d'affaires avec Pierre Aklil. Kamel prétend qu'il a laissé tomber la Société Mandingo parce qu'il s'opposait à la consommation de tabac alors que Aklil, lui, voulait commencer à faire le commerce des cigares. De son côté, Aklil a dit aux enquêteurs qu'il n'entretenait aucun lien avec son partenaire en dehors de leurs activités commerciales légitimes et qu'il avait lui-même mis fin à leur association parce que Kamel revenait toujours bredouille de ses voyages à l'étranger.

En 1994, Fateh Kamel faisait un saut à Milan pour rencontrer Anwar Shaaban, chef politique du Bataillon Mujahedeen de Bosnie. Égyptien d'origine, Shaaban était basé à l'Institut culturel islamique de Milan. Dans le cadre d'une initiative baptisée « Opération Sphinx », la police milanaise a placé Shaaban sous surveillance et a mis l'institut sous écoute. Plusieurs des conversations interceptées faisaient référence à un homme que tout le monde appelait « frère Fateh », « El-Fateh » ou tout simplement « Fateh ». Les autorités italiennes ont vite déduit que « Fateh l'Algérien » était l'individu chargé d'acheminer les combattants vers la Bosnie. Travaillant en étroite collaboration avec Shaaban, Fateh avait pour mission d'organiser les recrues musulmanes et de les faire pénétrer en territoire bosniaque. Ses ordres étaient exécutés sans aucune intervention de la part de ses supérieurs, ce qui démontre qu'il occupait un rang très élevé au sein de la hiérarchie mujahedeen. Lorsqu'il fut confronté à un resserrement international des mesures de sécurité frontalière, frère Fateh décréta un arrêt temporaire du transport de recrues. « Frère Fateh est responsable de toute la région » disait un homme dans l'une des conversations interceptées. Les enquêteurs français affirment que le mystérieux frère Fateh était nul autre que Fateh Kamel.

C'est à cette époque que l'Alliance occidentale a commencé à s'intéresser à la guerre en Bosnie. Les pourparlers de paix entamés par les États-Unis ont mené à l'accord de Dayton, lequel divisait la Bosnie en deux enclaves ethniques distinctes, l'une serbe, l'autre musulmane. Les soldats étrangers impliqués dans le conflit devaient quitter le pays séance tenante ou déposer les armes, cela afin de stabiliser la région et d'ouvrir la voie aux gardiens de la paix de l'Organisation du Traité de l'Atlantique Nord (OTAN). Bien que le président bosniaque ait remercié les guerriers saints de leur aide et ait accordé la citoyenneté à ceux qui avaient épousé des citoyennes bosniaques, il était clair que le Mujahedeen n'était plus le bienvenu en Bosnie. La population locale fut soulagée de leur départ. Le contingent mujahedeen avait été toléré du fait qu'il combattait les forces de Slobodan Milosevic, cependant les Bosniaques n'avaient jamais vraiment apprécié la présence sur leur territoire de ces soldats volontaires qu'ils considéraient comme des étrangers et des fanatiques et qui avaient l'habitude de les réprimander parce qu'ils disaient « bonjour » plutôt que « gloire à Allah ». Dans son livre sur la guerre en Bosnie, *Seasons in Hell*, le journaliste Ed Vulliamy écrit ceci au sujet des guerriers musulmans : « Ils ne souriaient pas souvent. Les Croates les craignaient, la plupart des musulmans bosniaques les détestaient, et le projet politique de la Bosnie-Herzégovine ne tenait absolument pas compte d'eux. » De plus, une des sources de Vulliamy dit que les guerriers mujahedeen avaient l'air de « pingouins perdus dans le désert ».

Le Mujahedeen de Zenica fut estomaqué de la tournure des événements. Ses soldats avaient donné leur vie pour combattre les Serbes et, maintenant que la victoire était assurée, voilà qu'on leur disait de plier bagages et de s'en aller ! Loin de réaliser leur objectif qui était de faire de la Bosnie un État islamiste, ils devaient se désister et passer les rênes aux soldats venus des États-Unis, d'Europe et du Canada – bref, de l'Occident chrétien. En réponse à cette usurpation de pouvoir, Shaaban a orchestré l'attentat-suicide à la bombe d'un poste de police croate à Bijenkan ; l'auteur de l'attentat était un soi-disant « employé » de l'organisation de secours international Third World. Shaaban a ensuite entrepris d'organiser des attaques terroristes contre les forces de l'OTAN. En décembre 1995, il fut tué par balle par des agents des services de sécurité croates.

À la mort de Shaaban, la majorité des guerriers mujahedeen quittèrent la Bosnie ; Fateh Kamel est lui aussi rentré chez lui. Mais cela ne voulait pas dire que le Jihad était terminé, loin de là ! En fait, les guerriers saints étaient sur le point de trouver autre chose à reprocher au monde occidental.

Sur la photo de mariage, une demi-douzaine d'invités sont installés dans une salle de banquet de Montréal, tranquillement assis aux places qu'on leur a assignées. L'un d'eux, un barbu arborant une épaisse crinière noire, est debout devant une carte géographique épinglée au mur derrière lui. Il pourrait s'agir de l'Algérie, mais c'est difficile à dire. Cette photo est la première image figurant sur un rouleau de film saisi à la résidence montréalaise d'Adel Boumezbeur. (Durant la razzia, la police a également mis la main sur des passeports et des cartes de crédit volés.) Sur le même rouleau de film, il y avait neuf photos d'Ahmed Ressam. Des enquêteurs américains ont interrogé un homme de

Vancouver du nom de Nabil Ikhlef afin de tenter de confirmer l'identité des individus apparaissant sur les photos en question. Sur la vidéo de l'interrogatoire, on voit Ikhlef identifiant son propre frère, Mourad, ainsi que Boumezbeur et son frère. Boumezbeur fut par la suite reconnu coupable de complicité dans une affaire impliquant des terroristes français.

« Reconnais-tu quelqu'un d'autre sur la photo ? » demanda l'un des enquêteurs à Ikhlef.

« Fatah » répondit celui-ci en pointant du doigt le barbu qui se tenait debout.

« Est-ce que tu connais son nom de famille ? »

« Kamel. Il vivait dans le même quartier que moi en Algérie. »

Cette photo ainsi que plusieurs autres sur le même rouleau montre Kamel durant ce qui était probablement l'une des meilleures périodes de sa vie. Maintenant que la guerre en Bosnie était terminée, il n'avait plus à passer son temps à voyager. Il était revenu à son appartement de l'avenue Rockland à Outremont, qu'il partageait avec son épouse Nathalie. Leur premier enfant, un fils, est né en mars 1996. Kamel passera les premiers six mois de 1996 au Canada, toutefois l'appel du Jihad continuait de se faire sentir. À cette époque, le GIA était devenu encore plus extrémiste qu'auparavant. De mouvement révolutionnaire, il s'était transformé en un groupe apocalyptique résolu à tuer quiconque n'adhérait pas à son idéologie fondamentaliste, incluant les Algériens et les musulmans. Ses attaques se sont faites encore plus sanglantes qu'avant. Décimant des villages entiers et massacrant sans hésitation des touristes étrangers, le Groupe islamique armé lança bientôt une campagne d'attaques terroristes visant les pays d'Occident, et plus particulièrement la France. Le métro de Notre-Dame fit l'objet d'un attentat à la bombe au cours duquel une Canadienne perdit la vie. Le GIA a également détourné un avion français qui survolait Paris. L'organisation est devenue si radicale que même Osama bin Laden et Ayman Al Zawari, les deux chefs d'Al Qaeda, s'en sont distanciés. Plusieurs membres du GIA ont abandonné l'organisation pour retourner aux idéaux du Jihad international qui avaient émergé durant la guerre en Afghanistan. En d'autres mots, ces hommes se sont joints à Al Qaeda.

Kamel a commencé à fréquenter un appartement situé Place de la Malicorne, dans le district montréalais de Ville d'Anjou. Un vétéran de la guerre de Bosnie, Said « Karim » Atmani, vivait là avec Moustapha Labsi et Ahmed Ressam, deux criminels algériens de peu d'envergure. L'endroit était fréquemment visité par d'autres ex-guérilleros mujahedeen. En fait, cet appartement était le quartier général canadien du Jihad algérien. Les relevés téléphoniques des trois hommes démontrent que la cellule de Montréal était liée à d'autres cellules en France, en Italie et en Turquie, pays où les guerriers mujahedeen s'étaient établis après avoir quitté Zenica.

Le filet des enquêteurs européens se resserrait autour de Kamel. Christophe Caze, le médecin du bataillon de Zenica, avait formé un gang dans le nord de la France ; la vocation de ce gang, le Groupe Roubaix, était de récolter des fonds pour le GIA en cambriolant des commerces et des banques. Le groupe était responsable de la mort d'au moins un homme et avait placé une bombe dans une voiture garée à l'extérieur d'un poste de police, non loin du lieu où avait lieu un sommet du G7. La police coincera la bande dans un ghetto musulman en mars 1996. Toutefois, les terroristes du Groupe Roubaix n'avaient pas l'intention de se rendre sans combattre : après avoir mis le feu à leur repaire, ils ont ouvert le feu sur les policiers. Au terme de la fusillade, quatre membres du gang avaient perdu la vie, dont Caze. À l'intérieur du refuge incendié, la police a trouvé des fusils d'assaut Kalachnikov, des pistolets automatiques, des grenades, des munitions, ainsi que des documents provenant d'un groupe extrémiste algérien. L'agenda électronique de Caze contenait un numéro de téléphone montréalais avec l'inscription « Fateh-Can ».

Les membres de la cellule montréalaise avaient recours au vol et à la fraude pour amasser des fonds destinés à des militants islamistes basés à l'étranger. Alors que, durant la guerre, Kamel avait été chargé de mener les recrues en Bosnie, sa fonction en était maintenant une d'« exfiltration », pour employer le terme favorisé par les enquêteurs français, ce qui signifiait qu'il fournissait les faux papiers dont les anciens combattants mujahedeen avaient besoin pour voyager et mener à bien leurs opérations terroristes.

C'était là une nouvelle étape dans la carrière jihadiste de Kamel : de guérillero, il était devenu un terroriste en bonne et due forme.

Les relevés téléphoniques de l'appartement situé Place de la Malicorne témoignent d'un débordement d'activité durant cette période. On compte un grand nombre d'appels entre cet appartement, la résidence de Kamel, et la Fondation pour les Droits de l'homme et le secours humanitaire, un organisme de charité turc impliqué dans le trafic d'armes et de passeports. En juin 1996, un homme du nom de Laifa Khabou se rend à Montréal, avec pour mission d'acheter des passeports sur le marché noir pour quatre militants islamistes qui se cachent dans un ghetto d'Istanbul. Quelqu'un est allé chercher Khabou à l'aéroport de Mirabel pour le conduire à l'appartement de Ville d'Anjou où il restera pendant toute la durée de son séjour, parmi les membres du Groupe Fateh Kamel. Said Atmani, que les Français considèrent comme le bras droit de Kamel, a pu dénicher trois passeports marocains pour Khabou. Bien qu'il lui manque toujours un passeport, Khabou quitte Montréal deux semaines plus tard. Il emporte les passeports en Belgique pour changer les photos des détenteurs, puis il les livre lui-même en Turquie.

Pendant ce temps, la police de Milan continue de surveiller l'Institut culturel islamique. Dans le cadre d'une nouvelle initiative policière baptisée « Opération Shabka », deux associés de l'organisation, Youcef Tanout et Rachid Fettar, sont mis sur écoute. Fettar était le coordonnateur du réseau européen du GIA. « Où est Moustapha le terroriste ? demande Tanout dans l'un des appels interceptés. On ne le voit plus ces temps-ci. » Le soir du 6 août 1996, un homme que Tanout et ses associés appellent « le Canadien » est arrivé à l'appartement de Tanout à Milan. L'individu en question répond au nom de Moustapha ou de Fateh. Au cours des quatre jours suivants, les hommes parlent fréquemment et ouvertement d'activités terroristes reliées au GIA et au Jihad international. « Je ne crains pas la mort, disait Moustapha à ses hôtes, et je n'ai pas peur de tuer. Longue vie au Jihad ! »

Lors de conversations enregistrées durant l'été de 1996, les hommes discuteront d'une attaque terroriste devant se dérouler en France. À une occasion, Moustapha a demandé à Tanout s'il avait obtenu « la poudre ». Tanout répondit par la négative, après quoi Moustapha lui a demandé : « De quoi as-tu peur ? Que tout t'explose à la figure ? Dis-moi au moins que Mahmoud est allé chercher la bouteille de gaz. » Les trois hommes discutèrent ensuite de la meilleure façon de faire livrer les explosifs en France – le mot de code qu'ils employaient pour explosifs était « chaussures ». Moustapha se proposait d'expédier la moitié des explosifs par messager, mais les autres n'étaient pas chauds à cette idée. Tanout craignait que les « chaussures » ne soient découvertes. Moustapha a apaisé les craintes de ses complices en disant : « Tout ce que vous avez à faire, c'est d'envoyer beaucoup de choses en même temps et de glisser les chaussures dans le colis. »

« As-tu bien caché toute la marchandise ? » de demander Moustapha. « Oui, répondit Fettar, dans la camionnette. » Quelques jours après avoir intercepté cette conversation, la police italienne effectuait une descente à l'appartement de Tanout. Les policiers trouveront deux bidons d'essence, une minuterie, cinq transmetteurs et trente-huit cylindres métalliques qui auraient pu servir de contenants dans la fabrication des bombes. Le dénommé Moustapha réussira à s'échapper, néanmoins la police italienne sera en mesure de l'identifier grâce à des caméras cachées qui avaient été placées à l'extérieur de l'appartement : Moustapha était nul autre que Fateh Kamel.

Cet automne-là, Kamel voyagera en Bosnie, en Allemagne et en Turquie. Dans les derniers mois de 1996, il quittera Montréal pour effectuer un périple qui le mènera en Bosnie, à Istanbul, en Belgique, puis de nouveau à Istanbul et en Bosnie. De là, il s'envolera vers Istanbul pour une troisième fois et finira son voyage à Amsterdam où il aidera un ancien guerrier mujahedeen à se procurer un faux passeport lui permettant de rentrer dans son pays. Kamel retournera en Bosnie en mars et en avril 1997. Il se rendra ensuite à Istanbul et aux Pays-Bas pour revenir à Montréal le 24 avril. Après cette date, Kamel cessera soudain de voyager. La fin de ses aventures coïncidait avec la publication d'un entrefilet dans *L'Événement du Jeudi*, un hebdomadaire parisien, qui liait Kamel à des enquêtes sur le terrorisme menées en France et en Italie et qui l'identifiait comme un vétéran de la guerre en

Afghanistan et en Bosnie. L'article disait que Kamel était l'un des gros bonnets du GIA et qu'il était soupçonné d'avoir orchestré des attaques terroristes contre la France, dont l'attentat à la bombe de la station de métro Port-Royal à Paris qui avait fait quatre morts et 122 blessés – un attentat pour lequel Kamel ne fut jamais inculpé. Pour finir, l'article liait Kamel à Christophe Caze et au Groupe Roubaix.

Dans les mois qui suivirent, les autorités françaises ont mené une enquête encore plus approfondie sur le Groupe Roubaix et sont parvenues à déchiffrer le code secret employé par le Mujahedeen. Les enquêteurs français découvriront que lorsque les terroristes notaient un numéro de téléphone, ils remplaçaient les chiffres 0 à 9 par les lettres m-o-h-s-a-l-e-d-i-n, ce qui faisait référence à Saladin, le sultan musulman qui avait combattu les chevaliers de la chrétienté au XIIe siècle. Le nom et le numéro de téléphone de Kamel apparaissaient dans plusieurs des carnets d'adresses qui furent saisis lors de razzias policières visant les cellules du Jihad au Canada, en Belgique et en Italie.

Au Canada, Kamel faisait l'objet d'une surveillance étroite. Les services de renseignement canadiens le considéraient comme l'un des principaux protagonistes du mouvement extrémiste islamique international. À cette époque, les agents du SCRS notèrent que Kamel se comportait comme si sa liberté et sa sécurité n'étaient pas menacées. Il ne démasquera qu'une seule fois un agent du service de renseignement, l'accusant d'être un policier. Les agents du SCRS ont même pris Kamel en flagrant délit de vol à l'étalage ! Quand ils ont relayé l'information à la GRC, les gendarmes ont répliqué qu'ils ne s'occupaient pas de délits mineurs. Ce qu'il y avait de frustrant dans les enquêtes de ce genre, c'était que des agences telles que le SCRS étaient en mesure d'identifier les individus liés au terrorisme, mais qu'elles n'avaient pas les outils nécessaires pour agir contre eux.

Le SCRS savait pourtant tout de Kamel, de ses activités criminelles et de ses connexions. Ses relevés téléphoniques prouvaient qu'il avait entretenu des contacts répétés avec des terroristes islamistes. Le problème, c'est qu'un terroriste ne peut être officiellement identifié comme tel que lorsqu'il a commis un acte de terrorisme. En vertu de quelle loi peut-on arrêter un homme qui, comme Kamel, est citoyen canadien, n'a jamais tué personne, mais n'en travaille pas moins pour le Jihad ? Tout ce que le SCRS pouvait faire, c'était de le tenir à l'œil et de surveiller son réseau. Or, cette simple tâche mobilisait de nombreux agents et représentait une somme impressionnante de travail.

En surveillant Kamel, les agents du SCRS en sont venus à s'intéresser à un personnage mineur de la cellule montréalaise, un homme qu'ils considéraient davantage comme un dilettante que comme un jihadiste pur et dur. Cet homme se nommait Ahmed Ressam.

Premier né d'un vétéran de la guerre indépendantiste algérienne, Ahmed Ressam a passé son enfance dans un quartier pauvre de Bou Ismaël, à une cinquantaine de kilomètres à l'ouest d'Alger. Le seul espoir qu'avaient les jeunes du quartier de se sortir de leur misère était d'émigrer. Un graffiti tracé sur les murs de l'édifice où Ressam a grandi désigne en un mot le siège de cet espoir : « Canada ».

Belkacem Ressam, le père d'Ahmed, était un musulman pratiquant qui priait cinq fois par jour. Sa mère et sa sœur portaient le *hijab*. Ahmed allait à l'école et aimait jouer au soccer dans la rue avec ses quatre frères. Ses parents espéraient qu'il remplirait les conditions requises pour l'éducation universitaire gratuite, mais un ulcère l'a empêché de fréquenter l'école pendant de longues périodes durant son enfance. Échouant aux tests d'admission à l'université, Ahmed a dû se résigner à travailler comme serveur dans le café de son père. Quand le mouvement islamiste algérien a commencé à recruter des volontaires pour le Jihad à Bou Ismaël, Ressam ne s'est tout d'abord pas intéressé à la chose. À cette époque, il préférait la frénésie des boîtes de nuit à l'austérité de l'islamisme radical. Puis, un jour, il décida de suivre la voie que ce graffiti qu'il voyait depuis plusieurs années lui avait indiquée : il émigrerait au Canada. Il prit d'abord un bateau pour la Corse. Il restera un temps sur l'île, travaillant à la cueillette de raisins et d'oranges, mais aussi comme peintre dans un centre de villégiature. Identifié comme immigrant illégal par la police corse et menacé de déportation, Ressam a acheté un passeport français au nom de Tahar Medjadi et a pris l'avion pour Montréal.

À son arrivée à l'aéroport de Mirabel le 20 février 1994, il fut immédiatement contrôlé par un officier d'immigration qui entretenait certains doutes quant à la validité de son passeport. Après avoir avoué son vrai nom à l'officier, Ressam a réclamé le statut de réfugié. Dans sa demande, il prétend qu'il a été emprisonné en Algérie pour trafic d'armes et association avec des terroristes, ce qui est faux. Ce genre de révélations aurait dû mettre les gens d'Immigration Canada en état d'alerte, mais ce ne fut pas le cas. Ressam fut promptement relâché. Ce sera la première erreur du gouvernement dans le dossier Ressam… mais non la dernière.

Après avoir logé un temps au YMCA de Montréal, Ressam a emménagé avec des compatriotes algériens – Moustapha Labsi, Adel Boumezbeur et Karim Atmani, l'adjoint de Fateh Kamel. Vivant de l'aide sociale, Ressam arrondissait ses fins de mois en volant des passeports et en jouant les pickpockets. « Je dépouillais les touristes, avoua-t-il à un tribunal new-yorkais. J'allais dans les hôtels et, dès qu'ils avaient le dos tourné, je volais leurs bagages… Je gardais l'argent, vendais les passeports, et s'il y avait des cartes de crédit ou des chèques de voyage, je les vendais ou je les utilisais. »

Quand Ressam volait des pièces d'identité – des cartes d'assurance sociale, par exemple – il les vendait à son ami Mokhtar Haouari. Ressam sera arrêté quatre fois, mais ne sera condamné qu'une seule fois. Sa peine : une amende. Il habitait depuis plus de quatre ans au Canada, or pendant tout ce temps il n'avait eu qu'un seul travail légitime, qui était de distribuer des prospectus. Il avait démissionné au bout d'une semaine.

Les vendredis, Ressam se rendait à une mosquée où des fervents du Jihad distribuaient des vidéos de recrutement. « Venez en Afghanistan, disait l'une des vidéos. Venez participer au Jihad. Si vous êtes de vrais croyants, Allah s'attend à ce que vous fassiez pour lui un effort supplémentaire. » Les agents du SCRS connaissaient bien Ressam. « Nous l'avions à l'œil, mais c'était évident qu'il n'était pas un personnage important » disait un ancien officier des services de renseignement. Mais tout ce temps que Ressam passait aux côtés de Kamel et des membres de sa cellule l'a fait songer à l'Afghanistan. « Quand mes amis revenaient de là, disait Ressam, ils me parlaient de ce qu'ils avaient appris, de leur entraînement; ils me parlaient aussi du Jihad et m'encourageaient à suivre leur exemple. Alors ça a commencé à m'intéresser. » Abderaouf Hannachi, un mujahedeen de Montréal entraîné en Afghanistan, a un jour contacté Abu Zubayda, recruteur de Peshawar travaillant pour bin Laden, pour le prévenir de l'arrivée de Ressam. En mars 1998, Ahmed Ressam achetait un billet aller-retour pour Karachi via Francfort. Avant de partir, il s'est assuré qu'il pourrait revenir au Canada. À l'aide d'un certificat de baptême vierge qu'il avait subtilisé à la paroisse Notre-Dame-des-Sept-Douleurs, il s'est créé une nouvelle identité, puis effectué une demande de passeport sous son nom d'emprunt, Benni Norris. Le Bureau des passeports ne fut que trop heureux de lui fournir le document en question.

Sa demande de statut de réfugié lui donnera davantage de fil à retordre. La requête de Ressam sera rejetée parce qu'il avait omis de se présenter à une audience devant la CISR. Mais peu lui importait puisque le Service de l'Immigration venait de déclarer un moratoire sur les déportations en Algérie à cause de la violence qui sévissait là-bas. Ressam n'avait plus à craindre l'expulsion, par contre il devait se soumettre aux conditions stipulées par Immigration Canada. Encore une fois, Ressam faillira à ses obligations en omettant de se présenter à un rendez-vous avec un agent d'immigration. Un mandat d'arrestation fut lancé contre lui le 2 juin 1998, mais il était trop tard : Ahmed Ressam était déjà parti pour l'Afghanistan.

À l'époque de la guerre contre les Soviétiques, Peshawar était un point d'entrée important pour les jeunes volontaires musulmans qui voulaient s'infiltrer en Afghanistan pour avoir la chance d'y mourir au nom d'Allah. Cette ville frontalière pakistanaise deviendra le berceau du régime taliban, puis la pierre angulaire d'Al Qaeda. C'est en effet à Peshawar que les recrues d'Al Qaeda étaient sélectionnées et endoctrinées avant d'être envoyées aux camps d'entraînement afghans. La personne chargée de cette porte d'entrée au Jihad était un Palestinien du nom d'Abu Zubayda, l'un des principaux hommes de confiance de bin Laden.

Ressam disait ceci de Zubayda : « Il reçoit des jeunes hommes de tous les pays. Soit il vous accepte, soit il vous rejette. C'est lui qui s'occupe des dépenses reliées aux camps et qui organise le transport des recrues. » Dans les camps d'entraînement d'Al Qaeda, personne n'utilise son vrai nom ; à son arrivée à Peshawar, Ressam se vit attribuer le prénom « Nabil ». Zubayda a admis Ressam au camp d'entraînement et lui a rédigé une lettre d'introduction écrite dans la langue locale, le pachtoune. Il lui a dit de se laisser pousser la barbe et lui a donné des vêtements afghans. Ressam fut conduit en voiture jusqu'à la frontière et, tôt le matin, un guide l'a amené à pied sur un sentier de montagne. Il y avait une centaine de personnes au camp de Khaldun : des Saoudiens, des Jordaniens, des Tchétchènes, des Algériens, des Turcs, des Allemands, des Suédois, quelques Français... et même un autre Canadien. Les recrues étaient regroupées par nationalité, aussi Ressam fut-il placé avec le contingent algérien, lequel comptait une trentaine d'individus. Parmi les personnes que Ressam rencontrera durant son entraînement, il y avait un Marocain qui, au camp, répondait au nom de Zubeir Al-Maghrebi. Le SCRS croit qu'Al-Maghrebi est en fait Adil Charkaoui, propriétaire d'une pizzeria à Montréal.

À son premier mois d'entraînement, Ressam a appris le maniement des armes de poing, de la mitraillette et du lance-grenades. Ses instructeurs lui ont ensuite enseigné à fabriquer des bombes avec du TNT et du C4 et lui ont montré comment utiliser ces explosifs pour « saboter l'infrastructure d'un pays ». Ressam apprendra que les cibles idéales d'un terroriste sont les bases militaires, les centrales électriques, les usines à gaz, les voies ferrées, les corporations, les hôtels et les aéroports. D'autres leçons portaient sur les méthodes de combat en zone urbaine et les techniques d'assassinat. À propos des techniques de surveillance, les recrues apprenaient ceci : « Quand vous allez quelque part, habillez-vous toujours de manière à ne pas éveiller les soupçons. Portez le genre de vêtements que portent les touristes. Il vous faudra observer et, dans certains cas, prendre des photos. » La sécurité était une autre matière à l'étude. On expliquait aux futurs terroristes l'importance de travailler dans le secret le plus absolu ; lors d'une mission, chacun ne devait être informé que du strict nécessaire.

Un jour, les instructeurs ont distribué un feuillet sur lequel apparaissait la photo du cheik Omar Abdel Rahman. Le message disait que Rahman avait émis une *fatwa*, ou décret religieux, appelant les soldats du Jihad à «combattre les Américains et à frapper leurs intérêts partout dans le monde». En vérité, il était peu probable que le message provenait de l'ecclésiastique aveugle puisque celui-ci purgeait une peine de prison aux États-Unis pour son implication dans l'attentat du World Trade Center de 1993. Ce genre d'appel aux armes religieux faisait tout simplement partie du rituel d'entraînement – c'était d'ailleurs l'un de ses aspects les plus importants. L'équipe de Ressam fut appelée à élaborer un plan d'attaque en réponse à la fatwa du cheik Rahman. «Nous avons convenu de nous rencontrer au Canada pour faire des vols de banque, dit-il, puis d'utiliser l'argent pour financer une opération aux États-Unis. Il était question d'un attentat dans un aéroport et un consulat.»

Ressam allait passer les six dernières semaines de son entraînement au camp de Dharunta, en bordure de Jalalabad. Là, il apprendra d'autres techniques de fabrication de bombes – comment mélanger des produits chimiques pour en faire un cocktail explosif; comment fabriquer un détonateur à partir d'une carte de circuit imprimé; etc. Le sujet des armes chimiques était également exploré. Ressam dut revêtir un masque à gaz pour observer la démonstration suivante: après avoir mis un chiot dans une boîte contenant une petite quantité de cyanure, l'instructeur en chef a ajouté un autre produit chimique au mélange. Moins de cinq minutes plus tard, le chien était mort. «Imagine, de dire l'instructeur à Ressam, ce qui arriverait si tu mettais ce mélange gazeux devant le conduit de ventilation d'un immeuble en Amérique.»

Ayant achevé ses six mois d'entraînement, Ressam est retourné à Peshawar. Avant de lui faire ses adieux, Abu Zubayda lui a demandé de lui envoyer des passeports canadiens. Ressam n'est pas reparti au Canada les mains vides: il emportait avec lui 12 000 $US en liquide, un carnet de notes contenant toutes les instructions nécessaires à la fabrication d'une bombe, quelques pastilles d'urotropine et une petite quantité de glycol liquide, deux produits chimiques qui entrent dans la composition d'une bombe.

Lorsque Ressam est arrivé à l'aéroport de Los Angeles, son passeport canadien fut vérifié. Ne se doutant pas qu'il s'agissait d'un faux, les contrôleurs l'ont laissé passer. En attendant son vol de correspondance pour Vancouver, Ressam s'est amusé à éprouver quelques-unes des techniques de surveillance qu'il avait apprises au camp d'Al Qaeda. À l'aéroport international de Vancouver, il bernera sans problème les douaniers et les agents de l'immigration. Lorsque Ressam avait quitté le Canada, le SCRS avait alerté tous les services de renseignement de la planète. Soupçonnant qu'il reviendrait éventuellement au Canada, les agents du SCRS guettaient son retour. Mais l'homme que les agents du SCRS recherchaient était un Algérien du nom d'Ahmed Ressam, et non un Canadien nommé Benni Norris.

À cette époque, le Groupe Fateh Kamel éprouvait de sérieux ennuis. Atmani avait été arrêté à Niagara Falls pour fraude de cartes de crédit, puis déporté. Kamel se doutait que les services de renseignement canadiens le surveillaient, mais décida de rester tout de même au pays. Joseph Elfassy, son avocat à Montréal, soutenait que son client s'était montré fort contrarié du fait qu'il était considéré comme un terroriste en France. « C'était un homme marié et un père de famille, disait Elfassy. Il faisait ses petites affaires et avait l'air d'un type bien. Il était très troublé par ce qui lui arrivait et contestait ces allégations ; il voulait intenter des poursuites contre tout le monde. »

Kamel et sa famille habitaient maintenant un duplex à Pincourt, en banlieue de Montréal. L'endroit avait un petit côté provincial tout à fait charmant et les Kamel disposaient d'une vaste cour arrière donnant sur un bois. « Il avait l'air d'un bon gars, de dire Pamphile Thibodeau, son propriétaire de l'époque. Il m'a dit qu'il était dans l'import-export. On ne se voyait pas très souvent, mais je n'ai jamais eu de problèmes avec lui. »

En mars 1999, après avoir vendu sa boutique d'artisanat du boulevard Saint-Laurent à un Algérien du nom de Mokhtar Haouari, Fateh Kamel s'achetait un billet d'avion pour le Proche-Orient. Il fut arrêté en Jordanie, puis livré aux autorités françaises. « C'est complètement absurde, disait son épouse Nathalie au *Toronto Star*. Ce qu'ils disent est inconcevable… Tout ce que je sais, c'est que quand des catholiques vont à l'étranger pour aider des gens, personne ne leur prête de mauvaises intentions.

Mais quand des musulmans vont à l'étranger pour les mêmes raisons, les gens sont toujours méfiants. »

À son retour au Canada, Ressam s'est installé à Vancouver. Il habitait avec Abdelmajid Dahoumane, un ami algérien. Mokhtar Haouari faisait partie de son cercle d'amis. Haouari avait été impliqué dans une arnaque de cartes Visa avec un autre Algérien, Samir Ait Mohamed. Samir désirait ardemment aller dans les camps d'Osama bin Laden en Afghanistan, pour suivre l'entraînement, certes, mais aussi pour partager sa connaissance des explosifs avec les recrues. Il s'intéressait passionnément au soulèvement des fondamentalistes islamistes en Tchétchénie et songeait sérieusement à se joindre au Jihad tchétchène. Samir dira à Dahoumane qu'il était prêt à fabriquer des bombes, du moment que Dahoumane irait lui-même les poser.

C'est à cette époque que Ressam a demandé à Samir de lui dénicher un pistolet – plus spécifiquement un pistolet-mitrailleur Scorpion avec silencieux – pour qu'il puisse faire des vols à main armée. Au lieu de l'arme voulue, Samir lui trouva un Heckler & Koch 9 mm – volé, comme de bien entendu. Mais le plan que Ressam avait échafaudé en Afghanistan ne se déroulera pas tel que prévu, du fait que les autres membres de la cellule du camp de Khaldun ne purent se rendre au Canada. Voyant que Moustapha Labsi avait été arrêté en Angleterre, Ressam a contacté Abu Doha, le chef présumé d'une cellule terroriste algérienne du Royaume-Uni, qui avait lui aussi été formé en Afghanistan. Doha lui annonça que leurs plans avaient changé. Les autres membres de la cellule avaient décidé de rester en Europe. Ressam faisait désormais cavalier seul.

En août 1999, Ressam a fait part de ses plans à Samir et les deux hommes ont discuté de cibles potentielles. Leur première idée fut d'attaquer un quartier juif de Montréal. Samir trouvait qu'Outremont était un bon endroit pour un attentat, surtout aux abords de la rue Laurier et de l'avenue du Parc où il avait vu des tas de Juifs « marcher avec leurs longs favoris frisés ». La bombe devait idéalement être installée dans un camion-citerne rempli d'essence, disait Samir, cela afin d'amplifier la force de l'explosion. Ressam n'était pas d'accord avec ce plan. Il se remémorait les leçons qu'il avait apprises en Afghanistan : il faut s'en prendre aux infrastructures de l'ennemi, frapper ses entreprises, ses bases militaires et… ses aéroports. C'est à ce moment que Ressam eut l'idée de poser une bombe à l'aéroport de Los Angeles. Le plan qu'il élabora était d'une simplicité désarmante. Il commencerait par tâter le terrain en laissant une valise sans surveillance sur un chariot à bagages dans l'aéroport, ce qui lui permettrait d'évaluer le temps dont il disposait avant l'intervention des agents de sécurité. Il répéterait ensuite l'opération, sauf que cette fois la valise ne serait pas vide. Ressam s'acheta une carte géographique et un guide touristique de la Californie, puis, travaillant dans son appartement de la rue du Fort à Montréal, il entreprit de fabriquer un détonateur électronique. Il trouva chez Radio Shack et Active Électronique les cartes de circuit imprimé et le câblage dont il avait besoin pour confectionner la minuterie qui allait détoner la charge explosive. Il fabriqua quatre minuteries de ce genre avec des montres Casio.

Depuis l'émergence du Groupe Roubaix en France, le juge antiterroriste français Jean-Louis Bruguière s'employait à dépister les liens que ce groupe entretenait avec des cellules terroristes canadiennes. Lorsqu'il comprit que Montréal était devenu une base opérationnelle pour les extrémistes algériens, le magistrat a sollicité l'aide du Canada. Il avait entendu parler de Ressam en 1996, alors que celui-ci n'était pas encore une figure dominante dans le paysage terroriste canadien. Mais après le voyage de Ressam en Afghanistan, le juge Bruguière notait qu'un «changement d'attitude et de statut» s'était opéré. «Après l'arrestation de Fateh Kamel, Ressam a pris sa place. Il occupera un rang plus élevé au sein de la cellule et adoptera un rôle opérationnel plus direct. »

En avril 1999, Bruguière fit parvenir aux autorités canadiennes une lettre faisant état des résultats de son enquête. Le moins que l'on puisse dire, c'est que la GRC mit du temps à réagir. Avant que toute la paperasse soit remplie et que la police puisse fouiller l'appartement de Ressam, nous étions déjà en octobre. L'intervention policière venait trop tard : le repaire de la Place de la Malicorne avait été évacué. La police a alors décidé de fouiller le nouveau domicile d'Adel Boumezbeur sur la rue Sherbrooke. Là, les hommes de la GRC mettront la main sur tout un assortiment de passeports et cartes de crédit volés ainsi que sur des photos de Fateh Kamel, Nabil Ikhlef et autres membres de la cellule. Ils trouveront également un livret de compte bancaire suisse dans lequel étaient inscrits : un numéro de boîte postale appartenant à Abu Zubayda ; divers numéros de téléphone ; l'adresse d'un magasin d'électronique de Montréal ainsi que celle de Evergro Products, un fournisseur de produits chimiques situé à Delta, en Colombie-Britannique. La GRC n'a tiré aucune conclusion de ces indices, se contentant de remettre les preuves qu'elle avait recueillies aux autorités françaises.

Les agents du SCRS ont essayé de retracer Ressam, mais sans succès. « C'est très difficile de suivre la trace de quelqu'un qui opère sous un nom différent de celui que vous lui connaissez, me disait un officier haut placé des services de renseignement canadiens. Même si vous savez de source sûre que l'individu en question est ici, au Canada, il vous faut tout de même le trouver. Sauf que vous ne savez pas quel nom il utilise ! Vous savez, le Canada est un pays immense. C'est comme d'essayer de trouver une aiguille dans une botte de foin. »

Une semaine après la fouille de l'appartement de Boumezbeur, la police canadienne, à la demande des autorités françaises, interrogeait Abdellah Ouzghar. Le procès-verbal de l'interrogatoire fut introduit au procès de Ressam et Ouzghar fut appelé à comparaître. « Si vous ne voulez pas vous convertir à l'islam, expliquait Ouzghar au tribunal, vous devez payer la *gisia*, c'est-à-dire un certain montant d'argent. Si vous obtempérez, on s'occupera de vous, on vous protégera. Mais si vous refusez de vous convertir ou de payer l'argent de la protection, alors ce sera la guerre entre le prophète et le pays qui refuse de se convertir à l'islam. » Au cours du procès, Ouzghar a demandé une suspension d'audience pour pouvoir faire ses prières. Les soupçons du juge Bruguière quant à l'existence d'une cellule terroriste algérienne au Canada semblaient bel et bien fondés.

Mais où était donc Ahmed Ressam ?

Le 19 novembre 1999, Ressam et Dahoumane s'installaient dans la chambre 118 du Motel 2400 de Vancouver. À l'aide de produits chimiques qu'il avait achetés ou volés, Ressam a commencé à concocter un mélange explosif sur la table de cuisine. Ayant fait ces mêmes gestes en préparation à un attentat à la bombe visant un aéroport d'Alger en 1992, Dahoumane savait comment s'y prendre et était là pour guider Ressam. À un moment donné, Ressam s'est brûlé à la cuisse en renversant un peu de la mixture. Les femmes de chambre ont remarqué qu'en dépit du froid hivernal, les deux hommes laissaient toujours les fenêtres de la chambre grandes ouvertes. De plus, les femmes de chambre n'étaient pas autorisées à aller dans la seconde chambre, laquelle était située à l'arrière de la chambre principale.

Ressam confectionnera de la diamine d'hexaméthylène triperoxyde, un explosif d'amorçage, selon une formule qu'il avait ramenée d'Afghanistan. Après avoir versé le liquide dans un flacon de Tylenol, il mélangera d'autres produits pour fabriquer un lot de cyclotriméthylène trinitramine (RDX) qu'il versera dans un flacon de pastilles au zinc. Il préparera finalement du dinitrate d'éthylène glycol, un explosif secondaire, qu'il versera dans des bocaux ayant contenu des olives. Afin d'amplifier l'explosion, il placera ces mélanges explosifs dans des sacs à ordures remplis d'urée et de sulfate d'alumine.

Ressam a ensuite loué une voiture chez Lo Cost Rent-A-Car, mais l'a immédiatement retournée parce que la roue de secours était trop petite. Il optera plutôt pour une Chrysler 300M verte de la firme de location Thrifty. Une fois leur véhicule garé dans le stationnement du motel, Ressam et Dahoumane ont retiré la roue de secours du coffre et ont déposé la bombe dans la cavité. Le 14 décembre, les deux hommes prirent un traversier pour l'île de Vancouver, puis ils se sont séparés. Dahoumane retournera à Vancouver et Ressam poursuivra sa mission en embarquant sur un traversier à destination de Port Angeles, dans l'État de Washington. Sa voiture sera la dernière à descendre du bateau.

À son arrivée en sol américain, Ressam était très nerveux, ce qui a éveillé la méfiance du douanier qui était chargé de le contrôler. Voyant que Ressam lui tendait sa carte de membre de chez Costco en guise de preuve de citoyenneté, le douanier lui a demandé de descendre de son véhicule. Affolé, l'Algérien a pris la fuite. Il fut appréhendé peu après alors qu'il tentait de s'emparer du véhicule d'un automobiliste arrêté à une intersection. Les autorités américaines eurent tôt fait de découvrir sa véritable identité. Les agents trouvèrent la bombe cachée dans le coffre de la voiture, ainsi que le numéro de téléphone d'un des principaux collaborateurs de bin Laden au Pakistan, griffonné à la hâte sur un bout de papier. Même s'ils enquêtaient sur le réseau terroriste algérien au Canada depuis plusieurs années déjà, ce n'est qu'à ce moment que nos agents de renseignement ont compris que le GIA s'était intégré au réseau d'Al Qaeda. «La capture de Ressam fut pour nous une sorte de révélation» me confiait un haut fonctionnaire des services canadiens de renseignement.

L'affaire Ressam fut le signe avant-coureur de la guerre que les radicaux islamistes étaient sur le point de déclarer au monde occidental. Tout comme la défection du chiffreur de l'ambassade soviétique Igor Gouzenko avait déclenché la Guerre froide en 1945 – il avait emporté avec lui une centaine de documents prouvant l'existence d'un important réseau d'espionnage du KGB au Canada –, la capture de Ressam s'avéra être un point tournant : les pays de l'Ouest savaient désormais que des agents d'Al Qaeda avaient infiltré leur territoire en vue de commettre des actes terroristes. À l'instar de Gouzenko, Ressam était tout disposé à parler. Il n'a pas hésité à nommer les membres de son réseau, ce qui a permis aux autorités de procéder à de nouvelles arrestations. Mais l'affaire Ressam différait de l'affaire Gouzenko, en ce sens que Ressam n'était pas sous la garde du Canada. Comme il se trouvait entre les mains des Américains, les agents canadiens ne pouvaient avoir accès à lui qu'à travers leurs contacts aux États-Unis. La situation était d'autant plus fâcheuse que le patron de Ressam, Fateh Kamel, était entre les mains des autorités françaises.

L'avocat qui allait tenter de persuader les tribunaux français de l'innocence de Fateh Kamel est un vieil homme au dos voûté qui occupe sur le boulevard Saint-Germain, en plein cœur du quartier latin parisien, un petit bureau qui sent le renfermé. Par une belle journée ensoleillée, quelques jours à peine avant la fin du procès de Kamel, l'avocat en question, Mourad Oussedik, s'installe laborieusement à son bureau pour griller une cigarette. D'origine algérienne, Oussedik a représenté de nombreux militants islamistes au fil des années. Se décrivant lui-même comme un homme de gauche et un ardent défenseur des Droits de l'homme, il a réussi entre autres choses à faire libérer des prisonniers de guerre détenus au Maroc dans des conditions déplorables. Sa firme a également représenté Carlos le chacal – une cause qu'il perdit ; son client fut condamné à la prison à vie en 1997 pour le meurtre de deux agents secrets français.

En voyant le bureau d'Oussedik, avec ses airs surannés, ses deux chaises bancales et sa radiocassette perchée sur une vieille bibliothèque, on se dit que l'homme qui travaille ici n'a décidément pas ce goût du luxe qui caractérise généralement les gens de sa profession – ou alors, c'est qu'il n'a tout simplement pas les moyens de se payer ce genre de frivolités. Il n'y a pas d'enseigne à l'extérieur pour indiquer qu'il s'agit d'un cabinet d'avocats, mais ceux qui ont besoin de lui savent où le trouver. Oussedik se souvient de la première lettre que Kamel lui a envoyée. De sa cellule à la prison de la Santé, le Canadien lui avait écrit pour solliciter son aide. Après avoir étudié le dossier de Kamel en profondeur, Oussedik fut persuadé de son innocence – du moins était-il persuadé que celui-ci n'avait enfreint aucune loi en France. « Monsieur Kamel n'a rien fait de mal, déclare l'avocat. Il est possible qu'il ait innocemment rencontré des islamistes au cours de ses voyages, mais il n'y a aucune preuve qui dit qu'il a été complice d'actes de terrorisme. »

Oussedik soupçonne que les États-Unis sont à l'origine des problèmes de son client. L'avocat prétend que des agents du FBI sont venus à Paris pour inciter Kamel à témoigner contre Ressam à Los Angeles. Sans élaborer sur le sujet, Oussedik soutient que c'est la CIA qui tirait les ficelles dans l'affaire et que, devant le refus de son client à collaborer, elle l'avait puni en laissant son sort entre les mains des tribunaux français. La stratégie légale d'Oussedik n'est pas très claire. Il assiste rarement aux audiences et, lorsqu'il fait acte de présence, il ne semble pas intéressé à défendre activement son client. Durant la dernière semaine du procès, il a même délégué la cause à un avocat plus jeune que lui, l'invitant à plaider à sa place. Il est vrai que le système judiciaire français est complètement différent du nôtre. En France, c'est le juge qui mène le bal au cours d'un procès, lui qui pose les questions et sonde les témoins. Bien souvent, les avocats de la défense font figure de simples spectateurs.

Au dernier jour de témoignage de Kamel, des agents de la police nationale montaient la garde devant le palais de Justice, coiffés de leur képi bleu. Véritable forteresse, l'édifice de couleur sable occupe la portion ouest de l'Île-de-la-Cité, cet îlot étroit qui sépare les quartiers chic de la Rive droite du Paris bohémien de la Rive gauche. Une clôture en fer forgé noire encercle le périmètre. Dans la cour, les gargouilles agrippées au clocher de la chapelle exhibent de terrifiantes grimaces de pierre. De l'autre côté de la place, les tours de Notre-Dame crèvent le ciel hivernal. Sous son blouson marron clair, Kamel porte un chandail à col roulé noir. Sa barbe et ses cheveux semblent taillés de frais. Tandis qu'il attend que l'audience commence, une jeune avocate qui est assise près de lui va pêcher un contenant de tabac à chiquer dans son sac à main et s'en cale une portion derrière la lèvre inférieure. À 14 h 13, la femme qui fait office de juge presse le bouton de sonnerie de la porte d'entrée pour annoncer son arrivée. Dans la salle d'audience, tout le monde se lève. Le magistrat prend place derrière la montagne de dossiers qui encombre son bureau, lit à voix haute les chefs d'accusation puis demande à Kamel s'il a déjà utilisé le nom El-Fateh. « Non » répond l'accusé. Et le nom Moustapha ? « Non plus. »

Le juge évoque alors des événements survenus à Milan en août 1996. Les procureurs lisent des transcriptions de conversations interceptées qui, selon eux, décrivent les préparatifs d'une attaque terroriste en France. « Nous avons besoin de beaucoup d'argent » disait Moustapha dans une conversation enregistrée par la police italienne à l'aide d'un micro caché. Moustapha s'écarte ensuite du sujet de la mission pour exprimer son mécontentement : « Tu sais, quand les gens s'imaginent un musulman, ils se le représentent à dos de chameau, avec quatre femmes derrière lui et des bombes qui explosent. Tous des terroristes ! Cette vision-là est le résultat de la propagande du monde chrétien contre le GIA. Pourquoi ne parlent-ils pas de Jihad au lieu de parler de terrorisme ? » Dans l'esprit de Moustapha, Jihad et terrorisme sont deux choses bien différentes.

Certaines discussions portent sur le transport de « tomates » – le nom de code employé pour désigner des armes légères. Il est également question de passeports que des Algériens de Montréal vendent 3000 $ pièce sur le marché noir. Tout au long des conversations que la police a enregistrées, Moustapha se dépeint lui-même comme un vaillant jihadiste, prêt à tout pour servir la cause.

« Je suis du GIA, disait-il. C'est facile pour moi de tuer. »

Juste avant de quitter Milan, il cessera de jouer les fanfarons et commencera à se plaindre de sa dure existence de militant. « J'ai failli perdre ma femme. J'ai trente-six ans et j'ai un fils de quatre mois et demi. Ma femme est sans doute en train de jouer avec lui en ce moment, alors que moi je suis ici. Je suis presque un soldat. Je ne sais plus du tout où je m'en vais. »

À l'entendre parler, on jurerait qu'il en a assez d'être un guerrier saint.

Aujourd'hui, dans le box des accusés, Kamel maintient avec indignation et conviction qu'il n'est pas Moustapha. Il dit qu'il connaît à peine Ressam et Atmani et prétend ne les avoir visités qu'à quelques reprises. Kamel affirme qu'il n'a jamais entendu parler de l'Institut culturel islamique et qu'il n'a jamais rencontré de dénommés Fettar ou Tanout. Lorsque la cour lui montre des photos de « Moustapha » prises secrètement par la police, Kamel admet qu'il « est possible » que ce soit lui. Il informe ensuite le tribunal qu'il s'est fait voler sa carte d'appel, ce qui expliquerait la présence d'appels suspects sur son compte téléphonique.

« Qu'est-ce que j'ai fait ? d'implorer Kamel. Il y a deux ans que je suis ici. Alors dites-moi, votre honneur, qu'est-ce que j'ai fait ?... Je n'ai pas été arrêté parce que j'avais des armes. Pas une seule fois ! Je n'ai jamais eu d'arme ! Je n'ai jamais eu de faux papiers ! »

Toisant Kamel telle une maîtresse d'école devant un élève indiscipliné, le magistrat lui dit qu'en fait, ce qu'il est en train d'essayer de lui faire croire, c'est qu'un individu qui lui ressemble utilise son nom et son numéro de téléphone, voyage aux mêmes endroits que lui exactement au même moment que lui, mais que ce n'est pas lui. En guise de réponse, Kamel se frotte les yeux, croise les bras et baisse la tête. Au terme du procès, le procureur exige une peine de dix ans d'emprisonnement en précisant que Kamel est « un membre important du GIA faisant partie du Jihad international » et qu'il a « cherché à se procurer de faux documents dans le but de perpétrer des actes terroristes contre la France ».

Le 6 avril 2001, Fateh Kamel était reconnu coupable des charges qui pesaient contre lui et écopait d'une peine de huit ans de prison. Seize autres personnes furent également condamnées, dont Ressam et Adel Boumezbeur, qui reçurent tous deux des sentences de cinq ans de prison. Depuis la fin de ce procès, presque tous les membres présumés du Groupe Fateh Kamel ont été arrêtés – notamment Mokhtar Haouari, Moustapha Labsi, Samir Ait Mohamed, Abdelmajid Dahoumane, Mourad Ikhlef et Adil Charkaoui. Joseph Elfassy, l'avocat qui a défendu Kamel et Haouari, maintient que tous ces hommes n'avaient eu qu'un tort : ils s'étaient trouvés « au mauvais endroit, au mauvais moment ». « En langage juridique, on appelle ça 'coupable par association' affirme Elfassy. Je sais que la personne à qui Haouari a vendu sa boutique est complètement déstabilisée parce qu'il est sous surveillance policière vingt-quatre heures sur vingt-quatre. Des gens comme vous publient ce genre d'histoire et font courir ce genre de bruit parce que c'est bon pour les journaux et pour la police. » Et pourquoi la police s'amuserait-elle à arrêter des innocents ? ai-je demandé à Elfassy. « Tout le système fonctionne de façon à tenir le public en émoi » m'a-t-il répondu.

Pour le journaliste-enquêteur, le monde obscur et clandestin du terrorisme renvoie à l'allégorie de la caverne de Platon : le plus souvent, ce que le journaliste perçoit de cet univers n'est pas la vérité, mais une image de la vérité, projetée en ombres évanescentes sur les parois d'une grotte ténébreuse par la flamme d'une bougie. Réalisé sous le sceau du secret officiel, le travail des agences de contre-terrorisme gouvernementales est éternellement enveloppé de mystère. Les terroristes internationaux ne sont pas plus faciles à cerner : fugaces et insaisissables, ils se manifestent au hasard des cités d'Occident, se réunissant dans des mosquées et des repaires clandestins pour y planifier leurs activités dans le plus grand secret. Et ils sont d'autant plus difficiles à dépister que leurs activités ne sont pas toujours suspectes. Plus souvent qu'autrement, ils ne font qu'attendre, se fondant du mieux qu'ils peuvent dans le paysage urbain, à Ottawa, à

Montréal, soldats discrets et invisibles attendant le signal de l'attaque. Avec un peu de chance, si les enquêteurs trouvent de bons informateurs, posent les bonnes questions et se lancent sur les bonnes pistes, l'attaque pourra être arrêtée à temps. Dans le cas du Groupe Fateh Kamel, il est heureux qu'Ahmed Ressam ait été si nerveux en traversant la frontière, sinon il aurait pu s'infiltrer en territoire américain pour mettre à exécution le premier grand attentat à la bombe du nouveau millénaire. L'aspect le plus inquiétant de ce Jihad est sans nul doute qu'une poignée de petits commerçants et de criminels de bas étage aient pu rivaliser avec les agences antiterroristes les plus sophistiquées de la planète.

Mais comment associer le dangereux terroriste que décrivent les dossiers de la police et des tribunaux à ce Canadien accablé que les gendarmes français sont en train de menotter avant de le ramener dans sa cellule à la Santé ? Ne s'agit-il pas après tout d'un homme qui, par principe, avait refusé de vendre des cigares et des mobiles aux formes animales ? Quand Kamel fut arrêté, la police a trouvé la photo d'une jeune fille dans son carnet d'adresses. L'inscription « À oncle Fatah et tante Nathalie, et bien sûr à Karim » apparaissait à l'endos, innocent témoignage de l'amour d'une nièce pour un parent adoré. Selon Oussedik, Kamel aurait pleuré la première fois où il avait été interrogé. Pour qui ou pour quoi pleurait-il, ça, nul ne le sait.

S'il est si difficile de concilier ces deux facettes de Fateh Kamel, c'est sans doute parce que nous avons en Occident une idée préconçue de ce qu'est un terroriste. Alors que nous voyons en eux des fous dangereux, les jihadistes se perçoivent comme de nobles combattants, des guerriers saints prêts à sacrifier leur vie pour la cause. Et ils savent que s'ils meurent au nom de la liberté, d'autres viendront aussitôt les remplacer. Abdel Ghani Meskini, l'homme chargé d'assister Ahmed Ressam dans sa mission aux États-Unis, avait fait à son insu une audacieuse déclaration à un informateur de police : « Allah fera trembler le monde et une nouvelle génération viendra châtier l'Amérique. » À l'époque, certains croyaient que ce genre de discours relevait de la fanfaronnade. Personne n'aurait pu imaginer qu'Al Qaeda ferait bientôt de ces paroles une véritable prophétie.

CHAPITRE 5

Une brève rencontre
avec un (présumé) terroriste canadien

Tout en haut des collines qui surplombent Beyrouth, une route bordée de cyprès serpente à travers de petits villages où les Libanais aiment venir pour fuir la chaleur estivale. La voie se termine abruptement en cul-de-sac à la prison centrale de Roumieh, un complexe massif dont l'architecture évoque ces châteaux issus d'empires disparus qui sont disséminés dans les austères déserts de l'est. Des soldats en habit de camouflage et coiffés de bérets rouge sang gardent les grilles de l'entrée. Des femmes et des enfants attendent en ligne aux postes de garde, les bras chargés de victuailles et de cigarettes destinées au mari, au père détenu qu'ils viennent visiter. Une fontaine glougloute au milieu de la cour intérieure ensoleillée et, tout autour, des draps fraîchement lavés pendent aux fenêtres sombres des cellules tels les drapeaux blancs d'une vaste reddition.

C'est l'heure des visites. Les prisonniers sont conduits dans une pièce longue et étroite. Des barreaux de fer et un grillage blanchis à la chaux se dressent entre eux et les visiteurs. Il y a tant de monde dans la salle que l'on doit crier pour être entendu ; il en résulte une assourdissante cacophonie où s'entremêlent l'arabe et le français. Maris et femmes, pères et enfants, couples d'amoureux, tous hurlent ici leur affection jusqu'à en perdre la voix.

La porte de métal s'ouvre à nouveau. Kassem Daher pénètre dans la pièce, fend la foule et s'arrête à ma hauteur. Il porte des lunettes à large monture et un polo arborant une petite feuille d'érable rouge. Jusqu'à tout récemment, Daher pouvait se targuer d'être un homme d'affaires accompli. Cet exploitant de salles de cinéma et père de famille était un membre respecté de sa communauté. Or, du jour au lendemain, sa vie est devenue un véritable cauchemar où les repas infects succèdent aux nuits sans sommeil, le tout étant entrecoupé du bref divertissement que lui procurent ses visiteurs sporadiques. Les autorités libanaises prétendent que Daher est un guerrier saint islamiste et qu'il est le leader d'une cellule terroriste loyale à Osama bin Laden. Plusieurs agences de renseignement soupçonnaient depuis un moment déjà qu'il était impliqué dans le Jihad avec d'autres extrémistes d'Al Qaeda.

« Je faisais la belle vie au Canada, me dit Daher en criant pour dominer la cohue. J'avais des salles de cinéma, j'avais réussi. J'ai quatre enfants canadiens. Ma femme est canadienne elle aussi.

« Je suis Canadien. »

La guerre civile qui a déchiré le Liban et l'a rendu synonyme de terrorisme et de kidnapping a marqué Beyrouth à tout jamais. Des gratte-ciel éventrés et criblés de balles rappellent d'amers souvenirs aux survivants ; tout ici ne semble être qu'une douloureuse évocation du conflit. Le pays entier fait présentement l'objet d'une reconstruction massive, mais celle-ci est loin d'être complétée. Il est vrai que les bâtiments modernes poussent comme des champignons le long de la mer Méditerranée et que la ville que tous connaissent comme la capitale mondiale de l'attentat à la voiture piégée compte maintenant un Virgin Megastore, un McDonald's, un Burger King et un Starbucks, mais malgré cela, la guerre ne semble pas prête à battre en retraite.

Dans Beyrouth, une grosse Mercedes couverte d'antennes radio me dépasse en trombe. Tous ses passagers portent la barbe. Le journaliste local qui me tient lieu d'interprète m'explique la chose en un mot : « Hezbollah. » Le Hezbollah contrôle toujours certaines parties de Beyrouth et du Liban-Sud. Dans la vallée de la Bekaa, nous croisons plusieurs camions qui transportent des soldats syriens. Ce matin-là, tous les journaux parlaient de l'assassinat d'un chef militaire chrétien. Bien qu'un groupe libanais opposé à la présence militaire syrienne au pays en ait réclamé la responsabilité, tout le monde dit que ce sont les Israéliens qui ont fait le coup.

Le procureur général du Liban, Adnan Adoum, a six téléphones dans son cabinet. L'un d'eux, de couleur rouge vif, est réservé aux appels d'urgence. Sur le dessus de son immense bureau, parmi les textes de loi, j'aperçois un bol de bonbons à l'emballage doré, une bouteille d'eau, un vase de roses et un aigle en argent. Il y a également dans la pièce un drapeau libanais monté sur pied ainsi qu'un portrait d'Émile Lahoud, le président du Liban, accroché au mur lambrissé. Adoum m'invite à m'asseoir sur un canapé de cuir noir.

Le motif de ma visite ne lui est pas inconnu.

Le Canadien qui est détenu à la prison de Roumieh est accusé du pire crime qui soit. Adoum me dit que Daher était « émir » d'un groupe terroriste islamique qui avait essayé de renverser le gouvernement par la force. « Vous savez ce qu'est un émir ? me demande-t-il. Cela veut dire un prince. »

Le prince en question faisait partie d'un groupe d'islamistes purs et durs qui voulaient convertir le Liban en un État islamique. Leur chef, Abou Aycha, était un vétéran de la guerre en Afghanistan. Bien qu'Adoum ne puisse me donner de montant précis, il soutient que Daher collectait de l'argent pour le groupe au Canada. Daher est venu au Liban et a rencontré Bassem Kenj, un autre des leaders de l'insurrection. Selon Adoum, il serait ensuite allé dans un camp de réfugiés palestiniens du Liban-Sud pour négocier une transaction avec un marchand d'armes.

En 1999, au début du ramadan, le mois saint des musulmans, les insurgés ont établi un camp d'entraînement paramilitaire dans la vallée de la Bekaa et ont appelé tous les musulmans à se joindre au Jihad. Ayant appris la chose, les services de sécurité libanais sont intervenus pour démanteler l'opération. Une première confrontation aura lieu à Tripoli. Les guerriers musulmans livreront une lutte féroce, mais la plupart d'entre eux seront tués ou blessés. Voulant à tout prix éviter une autre guerre civile, le Liban voyait cette nouvelle insurrection d'un très mauvais œil, d'autant plus qu'elle était menée par des fondamentalistes sunnites tels que Daher.

Dès février 2000, les troupes libanaises lançaient des assauts agressifs visant à écraser les islamistes. Cinquante soldats libanais sont descendus sur Karoun, dans la vallée de la Bekaa. Au terme d'une fusillade que la presse locale a qualifiée de «spectaculaire», neuf extrémistes musulmans présumés furent appréhendés. Selon Umm Kassem, mère de Kassem Daher, les soldats auraient fait irruption à la maison de son fils à 4 heures du matin. «Ils l'ont tout de suite arrêté, dit-elle. Il était en pyjama.»

En fouillant le village, les soldats ont découvert quatre caches d'armes contenant, entre autres choses, des lance-grenades, des obus de mortier, des mines, des explosifs et des détonateurs. «Nous avons trouvé beaucoup d'armes, dit Adoum. Ces gens-là avaient des armes légères, mais aussi de l'artillerie lourde.» Durant l'opération, l'armée a fouillé la résidence d'un autre Canadien, Ahmed Aboughousch, un jeune informaticien d'Edmonton qui gérait un café Internet dans la vallée de la Bekaa. Il était marié à la cousine de Daher.

«Ils me demandaient: 'Où est Ahmed? Où est Ahmed?' raconte la mère de celui-ci, Fatima Aboughousch. Quand Ahmed est rentré à la maison, les soldats étaient partis. Sa mère l'a averti du fait qu'ils le cherchaient. «Je lui ai dit: 'Es-tu certain, mon fils, que tu n'as rien fait?' et il m'a répondu: 'Non, je vais aller voir ce qu'ils me veulent.' Il est donc parti voir les soldats, mais il n'est jamais revenu.»

Les deux Canadiens arrêtés à Karoun étaient accusés d'avoir participé à une organisation dont l'objectif était de renverser le gouvernement libanais. «Ils récoltaient des fonds pour s'armer, de dire Adnan Adoum. Ils se préparaient et attendaient le moment propice pour attaquer.» En raison de son rôle de leadership au sein du mouvement, Daher faisait l'objet d'accusations plus sévères que son compatriote.

Bien qu'aucune preuve ne vienne soutenir cette hypothèse, Adoum en a déduit que, logiquement, Osama bin Laden était nécessairement à l'origine de l'insurrection. De fait, puisque la plupart des guerriers musulmans ont été tués au combat, le procureur général doit user de déduction pour découvrir la vérité. «Tous ces guerriers étaient prêts à combattre jusqu'à la mort», dit Adoum. Les insurgés étaient membres du groupe Takfir wal Hijra, un groupe radical sunnite lié à bin Laden.

Adoum se montre plutôt bavard pour un procureur général. Une chose est certaine, c'est qu'il n'entretient aucun doute quant à la culpabilité de Daher. «Je sais qu'il a collecté de l'argent pour cette organisation, proclame-t-il d'une voix pleine d'assurance. Il a de bons contacts à l'extérieur du Liban.»

«Mais comment pouvez-vous être certain de ce que vous avancez?» ai-je demandé.

Adoum me regarde comme si j'étais le dernier à apprendre ce qu'il est sur le point de m'annoncer.

«Daher a avoué.»

Le nom de Kassem Daher fut associé pour la première fois au terrorisme dans un rapport du SCRS qui l'identifiait comme un «contact» de Mahmoud Jaballah, un Égyptien qui vivait à Toronto et avait demandé le statut de réfugié – Jaballah était membre de l'organisation égyptienne Al-Jihad et avait été lié à Essam Marzouk, un terroriste canadien appartenant à Al Qaeda. Le rapport du SCRS disait ceci: «Le 2 février 2000, à la suite d'affrontements avec les autorités libanaises, Kassem Daher et huit autres individus ont été arrêtés dans la vallée de la Bekaa au Liban. Les individus arrêtés étaient liés à un groupe extrémiste islamique.»

J'ai assisté par la suite au procès de Jaballah à la Cour fédérale du Canada à Toronto. Durant son témoignage, un agent du SCRS simplement identifié par le prénom «Mike» disait ceci au sujet de Daher: «Votre honneur, Kassem Daher est un citoyen canadien. On le soupçonne d'être membre d'une organisation extrémiste islamique qui était active au Liban. Avant février 2000, le gouvernement libanais a pris des mesures pour tenter de contenir les missions ou organisations terroristes au Liban. À un moment donné, il y a eu une fusillade entre le groupe religieux extrémiste dont monsieur Daher faisait partie et les forces libanaises.

«Votre honneur, de continuer l'agent, nous estimons que toute personne ayant eu des contacts soutenus avec monsieur Kassem Daher fait probablement partie de cette même organisation extrémiste islamique.»

Intrigué à l'idée d'un Canadien faisant ce genre de choses au Liban, je décidai d'en apprendre un peu plus sur Kassem Daher. J'ai retracé sa sœur, Samira, qui vivait à Ponoka en Alberta. Elle m'a raconté que sa famille était originaire de la vallée de la Bekaa mais que, à l'instar de quantité de Libanais, elle avait traversé l'océan en quête de nouvelles opportunités. Le père de Daher avait ouvert un magasin général en Colombie. « Il vendait de tout, disait Samira, des vêtements aux chaussures en passant par les parfums. »

Kassem Daher avait quatorze ans à son arrivée en Amérique du Sud. Il ira bientôt en Alberta pour visiter ses sœurs et son frère, Yaya. L'endroit lui ayant fait grande impression, Kassem est retourné au Liban le temps que sa demande d'immigration au Canada soit acceptée. À la fin des années 1980, il revient au pays à titre d'immigrant entrepreneur et s'établit à Leduc, une municipalité de quinze mille habitants située au sud d'Edmonton. En 1990, sa compagnie, Afendy Theatres Ltd., achète la salle de cinéma Leduc Twin Theatres. Kassem est directeur de la compagnie et détient 33 p. 100 des parts ; son épouse, Badar, porte elle aussi le titre de directeur. Le couple s'occupera activement de la compagnie jusqu'en mai 1998.

« Monsieur Daher travaillait ici, m'a dit le présent gérant du Leduc Twin Theatres. Il a été le gérant du cinéma pendant quatre ans. » Mais comme toutes les personnes que j'ai questionnées sur Daher, mon interlocuteur ne voulait pas m'en dire trop à son sujet. « Je suis désolé, monsieur, m'a-t-il dit, mais vous posez trop de questions. Je ne peux pas vous aider davantage. »

En 1994, Daher achetait un deuxième cinéma en Alberta, plus précisément à Ponoka, un village de six mille âmes situé à mi-chemin entre Red Deer et Edmonton. Le Capitol Theatre est une minuscule salle de cinéma qui occupe un édifice patrimonial situé juste à côté d'une voie ferrée. Bien que Daher ait lui-même signé l'acte de vente, l'endroit appartient officiellement aux Daher Bros. – les frères Daher. Kassem Daher avait l'habitude de fréquenter une mosquée d'Edmonton, or c'est là qu'il rencontrera Ahmed Aboughousch, un compatriote libanais qui avait immigré au Canada quand il était bébé. Aboughousch avait grandi à Edmonton et avait étudié à l'Institut de technologie du Nord de l'Alberta. Daher et Aboughousch discutaient parfois ensemble après les prières du vendredi. Un jour, des agents du SCRS ont visité la mosquée pour questionner les fidèles ; Daher leur dira qu'il n'était pas un extrémiste.

Après le décès de son père au Liban, Daher est retourné dans son village natal, soi-disant pour prendre soin de sa mère. Sa femme et ses enfants, tous des Canadiens, étaient aussi du voyage. À peu près au même moment, Aboughousch, alors âgé de vingt-quatre ans, est lui aussi retourné au Liban pour s'occuper de ses vieux parents. Revenus depuis peu dans leur pays d'origine, ceux-ci habitaient un village situé à huit kilomètres seulement du village natal de Daher. Au dire de Mohammed, le frère d'Aboughousch : «Nos parents voulaient rentrer au Liban, alors Ahmed les a accompagnés pour prendre soin d'eux.» Aboughousch épousera éventuellement la cousine de Daher, Sarab, avec laquelle il aura un fils.

Les deux Canadiens seront arrêtés moins d'un an après leur arrivée au Liban. «Ils étaient là depuis à peu près un an quand ça leur est tombé dessus» racontait Samira, la sœur de Daher, en janvier 2002. «Il n'y a pas de lois, là-bas. La police arrête qui elle veut. Nous ne savons encore rien de leur situation, mais nous gardons espoir parce que nous savons que les autorités n'ont encore aucune preuve contre eux. C'est difficile d'en savoir plus vu qu'ils sont là-bas et que nous sommes ici. Tout ce que je sais, c'est qu'il n'y a pas de preuves et qu'ils n'ont pas encore été accusés de quoi que ce soit.»

En dépit des circonstances, Kassem Daher joue les hôtes attentifs. Il me reçoit en prison comme dans son salon.

«Je vais bien, m'assure-t-il. On nous traite très bien, ici.»

«Ils disent que vous avez essayé de faire un coup d'état. Est-ce que c'est vrai?» ai-je demandé.

«C'est absolument faux, de répondre Daher. Je suis venu ici pour prendre soin de ma mère.»

Il ajoute que son désir le plus cher est de retourner vivre en Alberta pour reprendre le fil de la vie qu'il avait avant de revenir au Liban. «C'est ce que j'ai l'intention de faire, dit-il. Ma famille veut retourner au Canada elle aussi.» Les Canadiens disent souvent que voyager à l'étranger leur fait apprécier davantage la vie qu'ils mènent au Canada. Or, j'ai l'impression que c'est exactement ce que ressent Daher en ce moment. «Nous sommes très fiers d'être Canadiens. Je menais vraiment une belle vie, là-bas. J'avais mes cinémas; j'avais tout ce qu'il faut pour être heureux.»

Au dire de Daher, les allégations qui pèsent contre lui ne sont que des « manigances politiques ». Il nie avoir levé des fonds au Canada pour financer la cause terroriste. Il admet avoir effectué des collectes de fonds, mais il soutient que c'était au profit d'organismes de bienfaisance. Des agents du SCRS s'étaient déjà présentés à la mosquée qu'il fréquentait en Alberta pour poser des questions. « Je leur ai dit que j'étais musulman, ce qui est vrai, mais je suis aussi Canadien, ce qui est très important pour moi. » Daher ajoute qu'il détient un argument qui prouve que les accusations dirigées contre lui sont fausses : « Ils disent que je suis un extrémiste, or ça ne peut pas être vrai puisque les extrémistes ne vont jamais au cinéma et ne regardent jamais de films. »

Suite à leur arrestation, les deux Canadiens avaient été transportés à Beyrouth où ils avaient été détenus au sous-sol d'un édifice du ministère de la Défense. L'endroit était si sale qu'ils y avaient contracté une maladie de la peau. Daher et Aboughousch prétendent qu'ils ont été torturés et qu'on les a obligés à signer une confession dont ils ignoraient le contenu. Aboughousch dit qu'on l'a forcé à se tenir debout pendant trois jours entiers ; ce n'est qu'après avoir obtenu sa signature au bas de sa confession que ses tortionnaires lui ont accordé le droit de consulter un avocat. Il soutient qu'il n'avait pas été autorisé à lire le document avant de le signer. « Il fallait que je signe, dit-il, je n'avais pas le choix. » Les deux prisonniers canadiens ont alors amorcé une grève de la faim pour protester contre l'injustice de leur situation. Six mois plus tard, ils étaient transférés dans une vraie prison en attente de leur procès.

Depuis le début des audiences à l'automne 2000, les choses ont bougé lentement, le problème étant que les autorités libanaises ont décidé de juger simultanément une vingtaine de membres présumés du groupe terroriste. « Le jugement va être long à venir » d'affirmer Bassam El Halabi, l'avocat d'Aboughousch à Beyrouth. « Je suis venu ici pour une cause humanitaire, et regardez où ça m'a mené, dit Aboughousch d'une voix résignée. Leurs accusations sont fabriquées de toutes pièces. Ils disent que j'appartiens à ce groupe terroriste, mais moi, je n'ai jamais vu ces gens-là de ma vie ! »

« C'est de la politique, tout ça » de dire Mohamed Khaled, un médecin britannique qui a été arrêté sous des allégations identiques. Le praticien de Londres prétend qu'il est lui aussi revenu au Liban à la demande de ses parents. Il dit avoir été arrêté sous prétexte qu'on avait trouvé son numéro de téléphone dans le carnet d'adresses d'un militant. Khaled affirme qu'il a signé une confession uniquement après que des soldats lui ont dit qu'ils violeraient sa femme et le forceraient à regarder. « Et dire que, trois jours avant d'être arrêté, je songeais à rentrer en Angleterre ! » de s'exclamer le médecin.

Certains incidents inopportuns et malheureux joueront cependant contre les inculpés. De un, quelqu'un fera sauter une voiture appartenant au juge qui présidait au procès, ce qui aura l'heur d'attiser les soupçons. Peu après, sept ministres libanais recevront des menaces de mort écrites provenant de militants qui disaient représenter les accusés. « Les choses s'annoncent plutôt mal » concède Aboughousch. Le 14 mai 2003, les autorités libanaises arrêtaient neuf islamistes qui projetaient de kidnapper des diplomates de l'ambassade américaine dans le but de négocier la libération d'individus arrêtés lors du soulèvement de 2000.

Il est difficile de déterminer si Daher, Aboughousch et les autres prévenus qui font face à des accusations similaires sont d'innocentes victimes ou si, comme la plupart des criminels, ils nient en espérant que tout tournera pour le mieux. Bon nombre de terroristes islamistes confessent volontairement leurs crimes lorsqu'ils sont interrogés parce qu'ils ne croient pas qu'ils ont fait quoi que ce soit de mal – ils ne faisaient après tout qu'accomplir la volonté divine. En revanche, si mentir vous permet de continuer à exécuter les ordres de Dieu lui-même, alors pourquoi s'en priver ? Qu'est-ce qu'un mensonge pour un terroriste qui est prêt à tuer pour le bien de la cause ?

Lorsque j'énumère les allégations, Daher les nie une à une. Il ne connaît pas Mahmoud Jaballah. Il n'a jamais acheté des armes pour les Palestiniens du Liban-Sud – mieux encore, il prétend ne jamais être allé au Liban-Sud. Et il n'a pas participé au soulèvement islamique de l'an 2000.

« Je n'ai rien à voir dans tout ça, dit-il. C'est la pure vérité. »

Située à proximité de la principale autoroute nord-sud de la vallée de la Bekaa, la ville de Karoun est bordée vers l'est par la chaîne du Mont-Liban et vers l'ouest par les montagnes de l'Anti-Liban, par-delà lesquelles s'étend la frontière syrienne. À Karoun, la maison des Daher se trouve derrière un garage. Il faut traverser un cimetière de voitures pour atteindre l'entrée, mais une fois là, on découvre un véritable palace digne d'un quartier huppé de la Californie. La fastueuse demeure a vue sur une oliveraie, un lac et sur les montagnes environnantes. Assez vaste pour une famille de huit personnes, elle est dotée d'un grand garage pouvant accueillir quatre véhicules. Je cogne à la porte. J'entends des bruits à l'intérieur, mais personne ne répond. Des enfants finissent par sortir sur le balcon qui se trouve au-dessus de ma tête pour me demander ce que je veux. Il y a trois filles et un garçon âgés de dix, douze, quatorze et quinze ans. « Je veux rentrer au Canada, me dit l'une des filles. Je n'aime pas ça ici. »

« C'est très difficile pour moi d'élever les enfants toute seule » me confie madame Daher. Comme elle refuse de m'en dire plus, j'attends patiemment sans dire un mot dans l'espoir de l'avoir à l'usure. Les enfants viennent éventuellement nous rejoindre. Je joue un moment au basket-ball avec eux, mais cela n'a pas l'heur d'attendrir madame Daher qui refuse toujours de me parler. Lorsque je sors mon appareil pour prendre des photos de la maison, la grand-mère apparaît et se met à m'admonester en arabe.

« C'est un bon garçon, me dit-elle en parlant de son fils. Son père est mort, alors il est venu ici pour s'occuper de moi. Accordez-lui au moins son procès pour qu'il sache à quoi s'en tenir.

« C'est malicieux ce qu'ils font. Tout ça, c'est des mensonges. Ils viennent ici pour prendre de l'argent aux fils de Karoun et ensuite ils les accusent de toutes sortes de choses.

« Notre famille est une famille religieuse. On ne se mêle pas de ce que font les milices. »

Quittant Karoun et les Daher, je me rends à Lala pour m'entretenir avec Sarab Aboughousch, l'épouse du second Canadien emprisonné. Elle m'ouvre sa porte et m'invite à entrer pour prendre un café. Dans le salon, il y a un poêle à bois et un téléviseur Sony. Le fils du couple Aboughousch, un petit rouquin de deux ans, est occupé à jouer à nos côtés. Sarab sort son album de photos de mariage et me montre une image d'elle dans sa robe de mariée. La portion de la photo où apparaissait le marié est manquante. « Des soldats sont venus et l'ont déchirée parce qu'ils voulaient avoir une photo d'Ahmed » m'explique madame Aboughousch. Il est évident que sa vie à elle a également été déchirée, mais est-ce à cause des affres du terrorisme en tant que tel ou à cause du zèle excessif de ceux qui s'acharnent à le combattre ? Difficile à dire.

Six mois plus tard, le 20 août 2002, Ahmed Aboughousch est libéré. Ayant complété leur enquête, les autorités libanaises ont décidé de ne pas déposer d'accusations contre lui. Trois jours plus tard, Aboughousch téléphonait aux diplomates de l'ambassade canadienne à Beyrouth pour les remercier de leur aide. Daher, par contre, ne sera pas relâché. Il croupit toujours dans une cellule de la prison centrale de Roumieh en attendant que le gouvernement libanais décide de son sort.

Les Libanais se trompent-ils au sujet de Daher ? Puisque la plupart des insurgés islamistes sont morts, seul Kassem Daher le sait. Il est possible que les autorités libanaises et canadiennes ne sachent trop que faire de lui, néanmoins elles semblent soupçonner qu'il est de mèche avec la branche égyptienne du réseau canadien d'Al Qaeda.

Après les attaques du 11 septembre, le quotidien arabe *Sharq al Awsat* a publié un article étrange qui disait que le Canada, par le biais d'Interpol, avait demandé au Liban des renseignements concernant huit individus, dont un homme qui était considéré comme un « partenaire » de Daher. Cet homme s'appelait Ahmed Khadr.

CHAPITRE 6

Le Jihad de la famille Al Kanadi

À l'intersection de Kennedy Road et d'Eglinton Avenue East, le paysage est fait de parcs de stationnement, de centres commerciaux linéaires et de tours à immeubles dénuées de charme. Au XVIIIe siècle, cette municipalité portait le nom de « Glasgow Township » ; ce fut Elizabeth Simcoe, l'épouse du premier lieutenant-gouverneur du Haut-Canada, qui rebaptisa l'endroit « Scarborough » parce qu'il lui faisait penser à la ville du même nom située dans la région de North Yorkshire en Angleterre.

Aujourd'hui, le secteur nord-est de Scarborough est un véritable melting-pot ethnique et culturel. Sur une même rue, les restaurants chinois font concurrence aux commerces philippins et aux marchés indiens. Des cinq cent cinquante mille résidants de Scarborough, plus de la moitié sont des immigrants ou appartiennent à des minorités visibles. La plupart d'entre eux viennent de Chine et du sud de l'Asie, mais on y rencontre aussi des gens originaires des Caraïbes, des Philippines, de l'Amérique latine, du Japon, de la Corée et des pays arabes. Les commerces de cette communauté à la fois bigarrée et déconcertante exhibent des enseignes de toutes les langues – tamoul, arabe, anglais, etc. Si ce n'est du bureau de poste et du restaurant Tim Horton's, on pourrait aisément oublier que l'on se trouve au Canada.

À l'ombre d'un poste de transformation et de ses deux tours massives, sur un terrain entouré d'une clôture grillagée qui fait l'angle de la rue, trône un édifice bleu pâle semblable à un aréna de hockey. Il y a sur le toit un dôme coiffé d'un croissant de lune, symbole universel de l'islam. Une enseigne à l'entrée indique que nous nous trouvons au Centre islamique Salaheddin, l'une des plus grandes mosquées de Toronto. Des milliers de fidèles fréquentent assidûment l'endroit, notamment Ahmed Said Khadr, un Canadien d'origine égyptienne qui a déjà vécu à quelques rues de là sur Khartoum Avenue, dans la petite maison en briques de sa belle-mère. Vaste et dégagée, l'avenue en question est bordée de grands blocs à appartements devant lesquels poussent quelques jeunes érables et sapins. Fatimah Elsamnah, la belle-mère de Khadr, semble peu intéressée à entretenir sa cour arrière qui est envahie par les pissenlits. Une jardinière de tulipes du même rouge que le drapeau canadien orne le porche de la maison.

« Le sang des Occidentaux est précieux, tandis que notre sang à nous ne vaut pas grand-chose » me dit la propriétaire de céans en parlant de la guerre en Afghanistan, guerre à laquelle elle s'oppose catégoriquement. « Plutôt que de bombarder les talibans et Al Qaeda, dit-elle, les Américains devraient se demander pourquoi ils ont été attaqués. S'il m'arrive une mauvaise chose, je vais me demander pourquoi ça m'est arrivé avant d'aller punir quelqu'un d'autre. Ma première réaction serait de penser que j'ai sans doute fait quelque chose de mal pour mériter ça. »

Fatimah Elsamnah s'inquiète pour sa fille, Maha, et pour ses petits-enfants qui se trouvaient en Afghanistan avec leur père à l'arrivée des troupes américaines. Fatimah n'a pas eu de nouvelles d'eux depuis le début des hostilités. Elle sait que son gendre fait face à plusieurs accusations. Ahmed Said Khadr, alias Abu Abdurahman Al Kanadi, est soupçonné de travailler en étroite collaboration avec Osama bin Laden. Les autorités croient que l'organisme de charité qu'il dirige n'est qu'une couverture servant à financer les activités des islamistes fondamentalistes et que Khadr lui-même est le principal protagoniste de la branche égyptienne du réseau canadien d'Al Qaeda. Selon un rapport du SCRS, « Khadr est l'un des principaux collaborateurs de bin Laden et il aurait eu des contacts avec bin Laden en Afghanistan ».

« Pourquoi nous traitez-vous comme ça ? s'écrie Fatimah. Quand vous accusez les gens comme ça, vous les poussez à faire de mauvaises choses. Si vous êtes bon et que vous faites de bonnes choses et que vous vous efforcez d'être une bonne personne, mais qu'on vous accuse toujours de quelque chose, peut-être que vous allez finir par être cette mauvaise personne qu'on vous accuse d'être et peut-être ferez-vous quelque chose de mal.

« C'est comme si chaque fois que vous voyiez quelqu'un vous lui disiez : 'Tu es un assassin ! Tu es un assassin !', eh bien, il y a des chances que cette personne finisse par tuer quelqu'un. »

L'invasion de l'Afghanistan par les Soviétiques en 1979 a, plus que tout autre événement, favorisé l'essor du terrorisme international. Ce conflit a radicalisé des milliers de jeunes musulmans qui ont perçu le coup d'État à Kaboul comme une attaque contre leur religion. Le fait que cette attaque ait été perpétrée par des communistes ne faisait qu'envenimer les choses.

Sensibles à la souffrance de leurs frères afghans, des musulmans de partout dans le monde ont mis sur pied des organismes de secours pour les aider. Or, certains individus, notamment de richissimes Saoudiens, se sont servis de ces organisations pour acheminer des fonds aux guerriers saints de l'Afghanistan et du Pakistan. Les organismes de bienfaisance islamiques servaient également de couverture pour infiltrer des combattants musulmans dans la zone de guerre afghane. Ainsi, un jeune musulman désireux de se battre pour le Jihad en Afghanistan pouvait se faire accréditer en tant que représentant auprès d'un organisme de secours saoudien, après quoi il lui était facile d'obtenir les visas nécessaires pour voyager en toute liberté.

Ahmed Khadr vivait à Ottawa quand la guerre a éclaté en Afghanistan. Ayant quitté l'Égypte en 1975 pour s'établir au Canada, il avait étudié l'informatique à l'université d'Ottawa, travaillait chez Bell Northern Research et était marié à Maha Elsamnah. Les parents de celle-ci, des émigrants palestiniens, étaient propriétaires d'une boulangerie à Scarborough. Maha avait donné à son mari deux filles et quatre garçons. Khadr vivait bien, mais à cette époque il ne pensait qu'à une chose : la guerre en Afghanistan. Les témoignages décrivant l'invasion soviétique et le déplacement des réfugiés lui avaient fait si grande impression qu'il avait décidé de se joindre à Human Concern International (HCI), un organisme de secours musulman fondé un an après le début de la guerre. Khadr fut bientôt nommé gérant régional des bureaux du HCI au Pakistan. Cette branche de l'organisation avait pour mandat de fournir de l'aide aux réfugiés afghans. L'argent du HCI provenait de donateurs musulmans canadiens et de l'Agence canadienne de développement international (ACDI), un organisme fédéral chargé de fournir une aide humanitaire aux pays en voie de développement.

Khadr fut vendu à la cause dès son premier voyage au Pakistan. Pour un musulman pratiquant, la guerre est l'occasion rêvée d'accomplir la volonté divine. Le conflit en Afghanistan était l'incarnation même de ce que l'on prêchait dans les mosquées les plus radicales du monde arabe : à l'oppression exercée sur les musulmans par des forces non musulmanes, il fallait répondre par le Jihad ; la guerre sainte était le seul moyen de défendre la foi musulmane et de venir en aide aux musulmans opprimés. L'Afghanistan était la terre où germerait le Jihad.

Khadr investissait toute son énergie dans son travail. Arrivant tôt le matin à son bureau de Peshawar, il travaillait jusqu'à la tombée de la nuit ; il prenait des nouvelles du front en s'entretenant par radio avec des guerriers mujahedeen, évaluait les besoins des réfugiés et sollicitait des dons. Une connaissance le décrivait comme « un brasier ardent, un être brûlant d'enthousiasme qui voulait donner tout ce qu'il pouvait aux frères musulmans qui brandissaient si courageusement le drapeau du Jihad ». La guerre afghane était une cause si importante pour Khadr qu'il installa bientôt sa famille à Peshawar, dans le même complexe où se trouvaient les bureaux du HCI.

En 1986, Khadr envoyait au quotidien *Ottawa Citizen* une lettre corrosive dans laquelle il dénonçait le manque d'aide aux réfugiés afghans, dont le nombre se montait alors à plusieurs millions. « En tant que Canadiens, écrivait-il, sommes-nous prêts à encourager dès aujourd'hui notre gouvernement, nos agences d'aide internationale et nos concitoyens à accorder leur soutien aux réfugiés afghans ? » La lettre expliquait ensuite que Human Concern International était en train de construire Hope Village – le village de l'espoir –, un complexe dont la vocation serait d'accueillir, de nourrir et d'éduquer les femmes et les enfants déplacés par la guerre, et particulièrement les veuves et les orphelins. Le complexe serait doté d'une clinique médicale et d'un centre de services sociaux. À la fin de sa missive, Khadr lançait un appel aux dons. « Nous émettons des reçus pour fins d'impôt » précisait-il.

Tim Deagle était un jeune journaliste pigiste quand il entendit parler de Hope Village pour la première fois. C'était durant l'hiver de 1988 et Deagle voulait passer en Afghanistan pour interviewer des guerriers mujahedeen. En attendant le retrait des troupes soviétiques, il tuait le temps au Pakistan. Comme il signait des articles pour différentes publications canadiennes, il a décidé de rendre visite à Ahmed Khadr pour faire un papier sur Human Concern International. Dans les semaines qui suivirent, Deagle contactera HCI à plusieurs reprises sans jamais parvenir à obtenir un rendez-vous, ce qui était plutôt bizarre considérant qu'à cette époque, les autres organismes d'aide qui travaillaient avec les réfugiés afghans faisaient des pieds et des mains pour attirer l'attention des médias. Se présentant à l'improviste aux bureaux du HCI à Peshawar, le jeune journaliste découvrit une pièce vide au milieu de laquelle trônait un ordinateur hors d'usage. Des jeunes hommes armés de fusils-mitrailleurs AK-47 étaient assis par terre et buvaient du thé. Deagle raconte que quand il leur a annoncé qu'il voulait visiter Hope Village, les jeunes hommes ne se sont pas montrés trop empressés de l'aider. Trois semaines passeront avant que Deagle n'obtienne l'autorisation de visiter le camp de réfugiés.

Hope Village est situé à deux heures de route de Peshawar, en bordure de la frontière afghane. Le nom de l'endroit apparaît à l'entrée sur un écriteau de fortune. Deagle avait déjà visité plusieurs camps de réfugiés, mais rien qui ressemblât à ça. « Je suis arrivé là, et il n'y avait absolument rien » m'a-t-il confié. L'endroit était pitoyable, délabré, et rien n'indiquait qu'il s'y déroulait des activités humanitaires. Mon confrère journaliste a vu une douzaine d'enfants occupés à tisser des tapis… ainsi qu'un grand nombre de jeunes hommes lourdement armés. « Tout ce que les réfugiés pouvaient faire à Hope Village, c'était de tisser des tapis. L'organisation était clairement politisée et militariste. J'avais la nette impression que Hezb-i-Islami était derrière tout ça. » (Hezb-i-Islami est le nom donné aux factions armées de Gulbuddin Hekmatyar, un seigneur de guerre afghan farouchement opposé à l'Occident.)

Deagle prendra un rouleau de film avant de partir. Toujours désireux de réaliser une entrevue avec Khadr, il continuera d'appeler aux « bureaux » du HCI. Trois semaines plus tard, les choses bougeaient enfin : il devait se rendre à l'entrée de l'hôtel Marriott d'Islamabad et attendre que quelqu'un vienne le chercher. À 23 heures ce soir-là, une fourgonnette pleine d'hommes armés accueillait Deagle et un collègue journaliste à son bord. Arrivé dans la ville de Rawalpindi, le véhicule a enfilé un véritable dédale de rues désertes avant de s'engager dans une ruelle gardée par deux combattants armés. Deagle trouvait étrange d'avoir à se prêter à pareil manège rien que pour s'entretenir avec le gérant d'un organisme de bienfaisance canadien. « On se serait cru dans un roman d'espionnage ! s'exclame-t-il. C'était évident que Khadr menait une opération clandestine avec les millions qu'il recevait du gouvernement canadien. »

Les journalistes furent escortés au premier étage d'un immeuble et confinés à une pièce où on leur a offert du thé. Khadr est arrivé quarante-cinq minutes plus tard. Il avait l'air nerveux. Deagle a amorcé l'entrevue en lui posant des questions concernant les activités et les résidents de son camp de réfugiés. « Khadr ne savait absolument rien au sujet de Hope Village, dit Deagle. C'était complètement absurde. » Mais il y avait une chose qu'Ahmed Khadr savait : il avait besoin d'encore plus d'argent. Au fil de l'entrevue, Deagle en est arrivé à la conclusion que Khadr voulait l'utiliser pour solliciter des dons au Canada. « Ce n'était pas un type très gentil, d'ajouter Deagle. Il ne s'est pas montré particulièrement poli à mon égard. » Une fois l'entrevue terminée, Khadr n'a pas serré la main que lui tendait le journaliste.

Un haut fonctionnaire canadien qui a lui aussi rencontré Khadr et visité les installations de son organisme de charité relate une expérience similaire. « Ma visite à HCI s'est avérée très révélatrice. Tous les bureaux étaient vides, comme si Khadr avait fait vider les lieux avant notre arrivée. Ses collègues avaient tous la double nationalité canado-égyptienne. Je me souviens qu'un jour, alors que j'étais assis dans une salle de conférence à Islamabad, un diplomate chinois du nom de Yu m'a demandé si je savais quoi que ce soit au sujet du 'Canadien' qui avait été impliqué dans un incident à la frontière du Baloutchistan. J'étais étonné que Yu me pose pareille question vu que, à cette époque-là, les diplomates chinois étaient de loin les mieux informés, mais qu'ils étaient en général très peu bavards. L'incident en question concernait Ahmed Khadr, un dirigeant de l'organisme de secours HCI qui infiltrait de grosses sommes d'argent en Afghanistan via l'Arabie Saoudite. Yu m'a informé du fait que ce n'était pas la première fois que Khadr était impliqué dans des affaires de contrebande d'argent. Les activités du Canadien étaient notoires à Islamabad. Pendant des mois, les Afghans de la ville n'ont eu que son nom à la bouche. »

Tout ce que le représentant du gouvernement canadien a pu apprendre de plus, c'était que Khadr était soupçonné d'acheminer des fonds issus de donateurs saoudiens à des leaders radicaux mujahedeen. « Le bruit courait, mais personne ne pouvait confirmer la chose. Mes sources afghanes et pakistanaises ne savaient pas exactement à qui étaient destinés ces fonds, par contre elles s'entendaient toutes sur le fait qu'Ahmed Khadr était un individu peu recommandable, à la réputation douteuse. »

Les dossiers du SCRS nous apprennent que les camps de réfugiés gérés par Khadr étaient en fait des bases mujahedeen dont les guerriers islamistes se servaient pour franchir la frontière afghane, dans un sens comme dans l'autre. Dans un rapport top secret, le SCRS notait que « depuis les années 1980, l'Afghanistan a bénéficié d'une aide substantielle provenant du HCI ; cela inclut le secours fourni aux camps de réfugiés qui, tout le long de la frontière pakistano-afghane, servaient de points de transit et de refuge aux volontaires arabes mujahedeen. » Un autre rapport du SCRS souligne que le HCI « figure parmi les nombreuses organisations qui aident les réfugiés afghans à passer au Pakistan et soutiennent les guerriers mujahedeen qui ont combattu l'occupation soviétique dans les années 1980 ».

En novembre 1988, alors même que bin Laden et Al Qaeda s'apprêtaient à propager les horreurs de leur guerre sainte dans le monde entier, Ahmed Khadr entrait en conflit avec les dirigeants saoudiens de la Société du Croissant-Rouge. Accusant Khadr « d'entretenir des contacts douteux avec des agences non islamiques », le président de la société, Wa'el Jaleedan, décida de bloquer des fonds destinés au financement d'un « projet commun ». L'argent aurait normalement dû être acheminé à Khadr via le Comité de bienfaisance saoudien, une organisation dirigée par

Adel Baterji, un musulman qui avait financé la résistance mujahedeen durant la guerre contre les Soviétiques. (Baterji fondera
Benevolence International Canada, une société dont le président, Enaan Arnaout, avait déjà été condamné pour détournement de fonds ; les sommes qu'il avait récoltées lors de levées de
fonds au profit d'œuvres caritatives avaient en fait été achemi-
nées à des groupes militants islamiques.) Le litige entre Khadr
et Jaleedan fut confié à un « comité d'arbitrage » secret, une
mesure qui témoigne du niveau d'organisation dont bénéficie
le pipeline financier afghan. Ce comité arbitral comptait deux
juges : Abu Hajer al Iraqi ; et un certain « docteur Fadhl », un spécialiste de l'islam qui travaillait pour le groupe terroriste égyptien Al-Jihad. Ces deux hommes qui siégeaient par ailleurs au
comité de la fatwa d'Al Qaeda ont tranché en faveur de Khadr.

Il est probable qu'en plus de financer la résistance islamique
anti-soviétique, Khadr luttait activement aux côtés des guerriers
mujahedeen. Sur une photo saisie par les autorités pakistanaises, on le voit posant avec un canon antiaérien. Grièvement
blessé en 1992, Khadr soutient qu'il avait été touché par un éclat
de mine alors qu'il visitait les installations d'un organisme de
secours à Kaboul. Il en avait résulté une fracture multiple à la
jambe et de sévères blessures à l'abdomen ; les journaux parlaient
également de défaillance hépatique. Hospitalisé à Peshawar jusqu'à ce que son état soit jugé stable, Khadr fut ensuite rapatrié à
Toronto avec sa famille. Après une série de traitements à l'hôpital Sunnybrook de Toronto, il est allé en rééducation à l'hôpital
Riverdale.

À leur retour au Canada, les Khadr ont vécu un temps avec
les Elsamnah. Mais la maison de la rue Khartoum était trop petite
pour une si grande famille, aussi les Khadr aménagèrent-ils bientôt dans un appartement de l'ouest de la ville. Les enfants furent
inscrits dans une école islamique. Ce fut pour Ahmed Khadr une
période de grandes décisions. Parents et amis voulaient qu'il se
trouve un emploi stable et s'installe définitivement au Canada.
« Après son accident, me disait sa belle-mère, on croyait qu'il
arrêterait de faire du travail humanitaire, mais, au contraire, ses
maux l'ont rendu encore plus sensible aux tourments des réfugiés. On pensait qu'il resterait ici, qu'il ne voudrait pas retour-

ner là-bas, dans ce pays où il avait été blessé, mais non, il voulait encore plus être avec ces gens pour les aider… C'était sa vocation et il ne pouvait pas s'en détourner. C'est un travail difficile. Ce n'est pas tout le monde qui peut faire ça.

« Moi-même, on m'a souvent demandé : 'Viens, on a besoin de ton aide. Il y a tant de femmes et de jeunes filles qui ont besoin que quelqu'un les aide'. Mais j'ai peur, alors je leur ai dit que je ne pouvais pas venir. Eux, comme ils sont habitués à ces gens et connaissent la langue, ils ne peuvent pas les abandonner comme ça. Malheureusement, il y en a qui n'apprécient pas le dévouement de mon gendre à sa juste mesure. Ils disent que c'est un homme méchant. Il boite depuis son accident. Or, même invalide avec six enfants, il travaille pour ces pauvres gens qui n'ont plus personne pour les aider parce que la plupart des organismes de secours ont quitté le pays à cause de la guerre. Les secouristes se sont enfuis, mais si tout le monde fuit, qui va prendre soin de ces pauvres gens ? »

Ahmed Khadr, sa femme et ses enfants sont donc retournés à Peshawar.

Déjà au milieu des années 1990, Al Qaeda était en voie de devenir une puissance terroriste redoutable. Le réseau international que l'organisation avait mis sur pied pour appuyer la résistance afghane durant la guerre soviétique s'était maintenant tourné vers un nouvel ennemi : les États-Unis. Le chef des finances d'Al Qaeda en Californie, Khaled al-Sayed Ali Mohamed Abul-Dahab, était responsable du transfert de dizaines de milliers de dollars pour financer la violence du Jihad dans le monde entier.

Une partie de cet argent était collectée à la mosquée de Santa Clara, en Californie. Ayman Al Zawahri, leader de l'Al-Jihad égyptien et adjoint de bin Laden, visitait lui-même la mosquée en question pour lever des fonds. Abul-Dahab recevait régulièrement des sommes importantes en liquide. Ces fonds provenaient soit d'un riche gynécologue californien qui fréquentait la mosquée de Santa Clara, soit d'un parent qui était cadre supérieur pour une compagnie pharmaceutique new-yorkaise. Après avoir déposé l'argent dans un compte personnel à la banque Wells Fargo de Californie, Abul-Dahab le transférait dans une série de comptes appartenant à des membres d'Al-Jihad. (Abul-Dahab ne recevra qu'un seul transfert de fonds venant d'outremer : c'est en effet à lui qu'Osama bin Laden a fait parvenir, en 1993, l'argent qu'Ali Mohamed utiliserait pour faire libérer Essam Martouk de sa prison de Vancouver.)

En 1995, le gynécologue californien a fait un don de 4000 $US à Abul-Dahab. Ce dernier a confié l'argent à Ali Mohamed (alias Abul-So'ud) qui s'est ensuite chargé de le transférer au Pakistan. « Abul-So'ud m'a dit que cet argent a servi à financer l'attentat contre l'ambassade d'Égypte à Islamabad » avouera par la suite Abul-Dahab à la police égyptienne. L'homme soupçonné d'avoir orchestré le financement de l'attentat en question était un secouriste canadien répondant au nom d'Ahmed Said Khadr.

L'attentat au camion piégé du 19 novembre 1995 fera soixante-dix morts et soixante blessés. L'attaque s'inscrivait dans une campagne de terreur lancée par les islamistes égyptiens contre le gouvernement d'Hosni Mubarak. Deux semaines plus tard, à 11 heures du soir, vingt soldats pakistanais se présentaient à la résidence de la famille Khadr. L'épouse de Khadr se souvient qu'elle ne leur a pas ouvert la porte parce que, en tant que Canadienne, elle ne s'estimait pas tenue de le faire. « Je me sentais si fière d'être Canadienne, racontera-t-elle par la suite au *Ottawa Citizen*. Quand j'ai dit au soldat que j'étais citoyenne canadienne, il m'a répondu : 'Allez vous faire foutre, toi et ton Canada !' »

De toute manière, Khadr se trouvait en Afghanistan à ce moment-là. Sa famille fut amenée au poste de police pour être relâchée deux heures après. Lorsqu'il est rentré chez lui cinq jours plus tard, Ahmed Khadr apprenait qu'il était recherché par la police. Sans même prendre le temps de s'asseoir ni d'embrasser ses enfants, il s'est rendu à un bureau du gouvernement pour porter plainte. Après l'avoir arrêté, la police est retournée chez lui et a saisi ses papiers ainsi que 40 000 $US en liquide. Khadr admit qu'une partie de la somme lui appartenait, mais prétendait que le reste appartenait au HCI et qu'il gardait cet argent à la maison parce qu'il n'y avait pas de banques dans la région. Les autorités pakistanaises l'ont néanmoins accusé de complicité dans l'attentat de l'ambassade. La police disait que des membres d'Al-

Jihad qui avaient été arrêtés après l'attaque avaient identifié Khadr comme étant l'homme en charge du financement de l'opération.

« Je ne suis pas égyptien, avait dit Khadr à la police. Je suis canadien. »

« Non, tu es égyptien » d'insister les policiers.

« Non, je suis canadien. Ma résidence, tous mes papiers indiquent que je suis citoyen canadien. »

« Tu es égyptien ! »

« Mais regardez, continua Khadr, j'ai un passeport canadien. »

Connaissant déjà Khadr et ses soi-disant camps de réfugiés, le Service canadien du renseignement de sécurité ne fut pas étonné outre mesure d'apprendre qu'il avait été arrêté. Ce n'était d'ailleurs pas la première fois que le HCI était associé au terrorisme. Selon un rapport du SCRS datant de 1996, juste avant l'arrestation de Khadr, la presse française avait lié un attentat à la bombe perpétré par des extrémistes algériens à Paris aux opérations du HCI en Croatie. « Des reportages de journaux français indiquent que les bureaux du HCI à Zagreb ont accueilli des militants du GIA (Groupe islamique armé) et ont servi de quartier général aux planificateurs de l'attentat de Paris. » Le rapport ne dit pas si l'allégation a jamais été prouvée et, de son côté, le HCI nie toute association avec des terroristes. Ayant octroyé des centaines de milliers de dollars au HCI par le passé, l'ACDI fut pris de court par l'arrestation d'Ahmed Khadr. Conscient du problème, le SCRS a préparé à l'intention de l'Agence canadienne de développement international un rapport qui fut lourdement censuré avant d'être rendu public, ce qui fait qu'il est impossible de savoir ce qui y était dit au sujet de Khadr. Le rapport mentionnait cependant que les organismes de bienfaisance musulmans étaient souvent utilisés pour soutenir les combattants en Afghanistan.

« Mon père connaissait bien Osama bin Laden » m'a confié Zaynab, la fille d'Ahmed Khadr. Selon elle, les deux hommes se seraient rencontrés pour la première fois en 1985. « Vous voulez savoir s'ils étaient amis ? de continuer Zaynab. Eh bien, je vous dirai qu'ils étaient amis il y a vingt ans. Durant la guerre contre les Soviétiques, Osama bin Laden et mon père introduisaient de l'argent en Afghanistan. » Les Khadr et les bin Laden se sont rencontrés par la suite dans des mariages et lors de fêtes religieuses. « Nous les connaissions, précise Zaynab, et nous étions en bons termes avec eux. Les bin Laden avaient des enfants de notre âge. » Les épouses de bin Laden demandaient parfois aux Khadr de les conduire chez leur médecin. Ahmed Khadr et sa famille soutiennent qu'ils n'ont jamais donné d'argent à bin Laden. « Nous avons peut-être accepté leur argent, mais nous ne leur en avons jamais donné. »

Des notes internes secrètes envoyées à Don Boudria du temps où il était ministre de la Coopération internationale démontrent qu'à l'époque, le gouvernement fédéral estimait que, politiquement parlant, il était trop risqué de continuer de subventionner le HCI. Même si aucune preuve ne corroborait encore l'implication de l'organisme de charité dans des activités extrémistes, le gouvernement craignait de se trouver dans l'embarras si de telles preuves venaient à faire surface. Le soutien financier accordé à Human Concerns International fut donc interrompu. Après avoir fait enquête au Pakistan, Marc Duguay, l'avocat du HCI, m'a affirmé qu'il n'avait rien trouvé qui puisse prouver que l'organisme était impliqué dans des activités terroristes. Le HCI a fait pression auprès d'Ottawa pour que son financement soit rétabli, mais l'ACDI a refusé. Le HCI a alors intenté des poursuites contre l'agence canadienne de développement, mais sans succès. Bien que l'ACDI ait suspendu le financement au HCI en 1996, l'organisation continue de jouir du statut d'organisme de bienfaisance et demeure active dans le domaine de l'aide humanitaire.

Peu après l'arrestation d'Ahmed Khadr, deux membres d'Al-Jihad sont venus s'établir au Canada. Le premier d'entre eux, Mohamed Mahjoub, était membre de la faction Tala'ah al-Fatah, l'avant-garde de la conquête. Mahjoub était arrivé à Toronto en décembre 1995 ; les beaux-parents de Khadr l'hébergeront un temps chez eux, à Scarborough. Mahjoub se trouvera un travail à Food World, une épicerie du centre-ville de Toronto ouverte jour et nuit, puis il épousera une Canadienne. Il sera éventuellement arrêté et avouera à la police qu'il avait déjà rencontré bin Laden et avait travaillé pour une de ses compagnies au Soudan. Les relevés téléphoniques de Mahjoub indiquent qu'il entretenait des contacts réguliers avec Essam Martouk, le loyaliste de bin Laden à Vancouver. Mahjoub a également admis qu'il connaissait Khadr. J'ai visité la boutique d'Ahmed Khadr au lendemain des attaques du 11 septembre, peu après l'arrestation de Mahjoub. Le journal du jour était étalé sur le comptoir et le commerçant était visiblement estomaqué de l'effroyable nouvelle. « C'est à peine croyable » s'est-il contenté de dire en regardant fixement la photo des décombres du World Trade Center. Quelque temps plus tard, un juge de la Cour fédérale déclarait Mahjoub coupable de terrorisme.

Le second membre d'Al-Jihad, Mahmoud Jaballah, est arrivé à Toronto peu après Mohamed Mahjoub et fut nommé directeur d'une école islamique de Scarborough. Le SCRS liait Jaballah à Khadr ainsi qu'à d'autres membres haut placés d'Al-Qaeda, dont Ayman Al Zawahri, bras droit et principal lieutenant d'Osama bin Laden. Jaballah a lui aussi nié les allégations, néanmoins, tout comme Mahjoub, il sera reconnu coupable de terrorisme par un tribunal canadien. Le SCRS voyait quelque chose de louche dans l'arrivée quasi simultanée de Mahjoub et de Jaballah au Canada. « Votre honneur, disait l'agent Mike dans son témoignage devant la Cour fédérale, il est intéressant de noter que peu après qu'une bombe d'Al-Jihad ait fait sauter l'ambassade égyptienne à Islamabad… plusieurs agents d'Al-Jihad ont fui cette partie du monde pour trouver refuge à l'étranger. Des témoignages de sources diverses indiquent qu'un de ces individus, un citoyen canadien du nom de Ahmed Said Khadr, a été impliqué dans l'attentat en question. Khadr aurait utilisé les installations d'un organisme d'aide internationale pour planifier l'aspect logistique de l'opération. »

Khadr a protesté de son innocence en faisant la grève de la faim et dut éventuellement être hospitalisé à Islamabad. « Ces accusations m'affectent au plus haut point, disait-il de son lit d'hôpital. Je n'ai jamais fait quoi que ce soit de répréhensible. » Quoi qu'il en soit, les autorités pakistanaises le considéraient comme un radical et disaient qu'il avait donné des « conférences extrémistes » et prêchait l'extrémisme religieux. Maha Elsamnah, l'épouse de Khadr, s'installera avec ses enfants dans un hôtel à proximité de l'hôpital. Elle gardera la presse canadienne informée de l'état de santé de son mari et clamera haut et fort que celui-ci avait été arrêté uniquement parce qu'il était égyptien. « On nous traite comme des rats » disait-elle.

Au Canada, plusieurs groupes de pression musulmans embrasseront la cause de Khadr, exhortant Jean Chrétien à intervenir et suggérant même que le Canada retienne les fonds d'aide au Pakistan si le gréviste de la faim n'était pas libéré. La Fédération des écoles islamiques de l'Ontario se proposait de lever des fonds pour lui payer un avocat. Pendant ce temps, Khadr s'affaiblissait de plus en plus et faisait des accès de fièvre. Au bout du compte, les circonstances joueront en sa faveur : par le plus pur des hasards, il se trouvait que le premier ministre Chrétien était en train de planifier une visite d'État au Pakistan à ce moment-là. Un porte-parole du premier ministre a annoncé au peuple canadien que Chrétien discuterait très certainement de la situation de Khadr avec le premier ministre pakistanais Benazir Bhutto.

La presse canadienne proclamait que la visite de Jean Chrétien au Pakistan était le « dernier espoir » d'Ahmed Khadr. Quelques jours avant la rencontre entre les deux premiers ministres, Khadr, de son lit d'hôpital, s'entretenait avec des journalistes. Il ne mangeait plus depuis un mois et avait perdu vingt kilos. Il disait que la police lui avait bandé les yeux, tiré la barbe et les cheveux, puis avait menacé de violer sa femme. Les autorités pakistanaises affirmaient que Khadr avait financé l'attentat de l'ambassade en canalisant des fonds via le HCI, et que trois de ses commerces, dont une compagnie de tissage de tapis, servaient de couverture à ses activités de financement de groupes extrémistes. « Je n'avais rien à voir avec l'attentat, de protester l'intéressé. Je n'ai jamais soutenu ou financé ce genre de choses. Je suis contre la violence sous toutes ses formes. »

La rencontre entre Chrétien et Bhutto aura lieu le 15 janvier 1996. « Je voulais être certain que Khadr aurait un traitement équitable, a dit Chrétien aux journalistes. Je pense qu'on m'a donné toutes les garanties auxquelles je pouvais m'attendre vu les circonstances. » Trois mois plus tard, Khadr était relâché faute de preuves. Après avoir démissionné de son poste au HCI, il est retourné au Canada avec sa famille. Ses amis prétendent qu'en arrivant à l'aéroport de Toronto, il s'est agenouillé pour embrasser le sol.

Comme cela avait été le cas précédemment, Khadr fut encouragé à s'installer définitivement à Toronto. Lorsque Aly Hindy, l'imam de la mosquée Salaheddin, a discuté avec lui de ses projets d'avenir, Khadr lui a dit qu'il songeait à rester au Canada pour travailler comme ingénieur. « Il y a pensé pendant un moment, raconte Hindy, puis il a dit : 'Non, je me suis déjà engagé auprès des enfants et des orphelins qui sont dans mes camps !' En restant au Canada, il aurait eu l'impression de trahir tous ces gens, alors il a décidé de repartir pour le Pakistan. »

Khadr retournera donc au Pakistan, mais cette fois à la tête de sa propre organisation, le Health & Education Project International (HEP-I). Le nouvel organisme, dont le bureau canadien était situé juste à côté de la mosquée de Scarborough, s'est installé au Pakistan dans les anciens locaux du HCI. Le HEP-I allait par ailleurs étendre ses activités au territoire afghan, où il travaillerait en collaboration avec les talibans. Le site Internet de Khadr nous apprend que le HEP-I assurait la direction de plusieurs orphelinats en Afghanistan et s'impliquait dans les activités du « Département des familles des martyrs » instauré par le régime taliban. Le site nous montre des photos d'écoliers, des scènes d'abattage de moutons, ainsi qu'une photo d'un immeuble sur lequel est inscrit le mot « Canada ». À Jalalabad, Khadr était considéré comme un islamiste pur et dur et reconnu comme un proche collaborateur d'Osama bin Laden. « Nous avons eu de sérieux problèmes avec cet homme, racontait le secouriste français Alain de Bures dans un article paru dans le *Globe and Mail*. C'était la première fois que j'étais confronté à tant d'hostilité, à quelqu'un de si ardemment opposé à l'Occident. Il était pro-islamique sur toute la ligne… il refusait même de parler aux Occidentaux. »

En 1997, Al Qaeda semblait plus que jamais déterminé à porter un grand coup aux Américains. L'organisation a rapatrié plusieurs de ses agents dans le but de préparer une attaque terroriste majeure. De Vancouver, Essam Marzouk s'est rendu à Baku, en Azerbaïdjan ; des membres d'Al-Jihad et d'Al Qaeda, dont Ahmed Salama Mabrouk, avaient convenu de se réunir dans cette ville pour planifier leur assaut. Les terroristes conçurent bientôt des attentats-suicides au camion piégé visant des ambassades américaines au Kenya et en Tanzanie. Marzouk était l'une des personnes chargées d'entraîner les agents qui mèneraient à bien cette mission.

La veille des attentats, la cellule de Baku a envoyé à un organisme londonien affilié à Al-Jihad un fax disant que les ambassades étaient sur le point d'être attaquées. Le 7 août 1998, des camions bourrés d'explosifs venaient s'écraser contre les ambassades américaines de Nairobi et Dar es Salaam, tuant plus de deux cents personnes. C'était l'attentat le plus meurtrier jamais réalisé par Al Qaeda. Le président américain Bill Clinton a riposté en bombardant les camps de bin Laden en Afghanistan, mais il était déjà trop tard : à l'arrivée des missiles de croisière Tomahawk, les camps avaient presque tous été évacués. Arrêté en Azerbaïdjan, Marzouk fut déporté en Égypte et condamné à quinze ans de prison.

Ahmed Khadr n'invitait jamais ses enfants à l'accompagner quand il allait au siège social du HCI à Ottawa et il ne parlait jamais d'eux à ses collègues. Certaines de ses connaissances disent de lui qu'il faisait passer son travail avant sa famille. « Il venait toujours seul à nos réunions, disait Mumtaz Akhtar, le président de l'organisation. Nous avons cru pendant longtemps qu'il n'avait pas de famille. » Khadr n'hésitait cependant pas à emmener sa progéniture à l'étranger. Ses enfants ont grandi à cheval entre l'Est et l'Ouest, entre la quiétude du Canada et les conflits virulents du Proche-Orient. Quand je lui ai demandé d'où elle venait, Zaynab, la fille de Khadr, a répondu : « du Canada, du Pakistan, de l'Afghanistan… en fait, on pourrait dire que je suis citoyenne du monde. »

Cela dit, les enfants d'Ahmed Khadr étaient très fiers de leur nationalité canadienne et affichaient un penchant marqué pour la culture occidentale. Abdurahman, en particulier, semblait s'intéresser davantage aux bienfaits de la vie en Amérique du Nord qu'aux codes religieux par trop rigoureux de son père. Quand ce dernier a tenté de le mettre en pension, Abdurahman a bravé l'autorité paternelle en multipliant les fugues. Le benjamin de la famille, Omar, est quant à lui grand amateur de films d'action hollywoodiens. Un ami des Khadr s'était dit fort impressionné par leur monumentale collection de films. La famille entière était folle de cinéma et pouvait passer des heures devant la télé, à regarder des films comme *Die Hard*, le favori d'Omar, dans lequel Bruce Willis joue le rôle d'un policier new-yorkais aux prises avec des terroristes qui se sont emparés d'un édifice corporatif à Los Angeles.

« La famille venait chaque année pour lever des fonds » disait l'imam Hindy. Khadr allait en effet régulièrement à la mosquée Salaheddin pour s'adresser à la communauté et faire une collecte – une opération qu'il répétait dans d'autres mosquées de Toronto, mais aussi à Winnipeg et à Vancouver. « Il était fier d'être citoyen canadien, affirmait Hindy. C'est pour ça qu'il revenait tout le temps ici, à cause de la générosité des gens. En tant que Canadiens, notre devoir est d'aider les autres nations. Nous sommes privilégiés, ici, alors Ahmed venait parler aux gens et leur disait d'ouvrir leur cœur… et leur portefeuille. »

Tandis qu'Ahmed Khadr sollicitait des dons, ses fils se préparaient au Jihad. Selon les services canadiens de renseignement, l'aîné de la famille, Abdullah, était entraîné aux armes et avait été nommé commandant d'un camp d'Al Qaeda. Abdurahman n'était peut-être pas aussi dévoué à la cause que son frère aîné – ceux qui connaissaient la famille à Kaboul disaient de lui qu'il était plus intéressé à s'amuser qu'à devenir un martyr du Jihad –, néanmoins il a suivi en 1998 un entraînement de trois mois dans le célèbre camp de Khaldun. Il n'avait alors que quinze ans. Abdurahman dit que c'est son père qui l'a incité à faire cela, ajoutant que « c'est une chose normale en Afghanistan ». « Nous l'avons envoyé là pour lui inculquer un peu de discipline » d'expliquer sa mère.

Quant à Omar, le plus jeune de la famille, sa sœur Zaynab dit de lui : « C'est un garçon très doux, très simple. Sa famille, ses amis, tout le monde l'adore. Il a fini sa huitième année juste avant que son école ne ferme. Il parle l'arabe et un peu l'anglais. Tout le monde sait que l'on peut se fier à lui. Il est très près de papa et de maman. » Son frère Abdurahman ajoute : « Il ne ferait pas de mal à une mouche. » Mais le doux et gentil Omar répondra lui aussi à l'appel d'Al Qaeda : il sera entraîné aux armes et aux explosifs dans un camp situé près de la ville de Khost, dans l'est de l'Afghanistan. Pour les Khadr, la guerre sainte était une affaire de famille.

Ahmed Khadr cessera de venir au Canada vers la fin des années 1990. Sa femme et ses enfants, par contre, reviendront ici à quelques reprises. Leur dernier voyage au Canada remonte au printemps 2001. À cette occasion, Omar a visité la mosquée Salaheddin. L'imam Hindy se souvient fort bien de ce jeune garçon de douze ou treize ans qui accompagnait calmement sa mère. Omar et sa mère sont retournés au Pakistan, puis, ce même printemps, Abdurahman est allé vivre chez sa grand-mère à Scarborough. Le jeune homme s'était trouvé un travail et projetait de retourner à l'école quand des agents du SCRS l'ont approché pour lui poser quelques questions. Effarouché, Abdurahman est aussitôt retourné au Pakistan.

Dans la dernière lettre qu'ils ont affichée sur leur site Internet, Ahmed Khadr et Maha Elsamnah parlent des rigueurs de l'hiver afghan : « Encore cette année, nous n'avons pas eu de pluie. La majorité des musulmans mangent à satiété, par contre les pauvres femmes et enfants afghans errent dans les rues en quête de nourriture. » Le but de la lettre était bien entendu de solliciter des dons : « Si vous désirez partager vos richesses, sachez que le prix d'un mouton est de 100 $ et que le prix d'un quartier de bœuf est de 45 $. »

Durant l'été de 2001, les autorités égyptiennes se sont rendues au Pakistan pour y traquer Ahmed Khadr. Après plusieurs semaines de recherches le long de la frontière afghane, les policiers le trouveront à Peshawar. Comme ils étaient au Pakistan, les Égyptiens se devaient d'avertir le chef des services de renseignement pakistanais avant d'arrêter Khadr. Un journaliste raconte que, le soir où devait avoir lieu l'arrestation, un véhicule diplomatique s'est arrêté devant l'édifice où Khadr était caché et que des talibans l'ont emmené avec eux pour le faire passer clandestinement en Afghanistan. Fatimah Elsamnah relate une histoire similaire. Elle dit que son gendre était dans un taxi à Islamabad avec son épouse et ses enfants quand huit hommes ont tenté de le faire sortir de force du véhicule, manifestement dans le but de l'enlever. Mais la famille d'Ahmed Khadr s'est accrochée à lui, empêchant les ravisseurs de mener à bien leur plan et les obligeant à prendre la fuite. Aussitôt après l'incident, Khadr est parti se réfugier en Afghanistan. C'est alors que sa famille a compris qu'elle aurait à lutter pour sa propre sécurité. « Mes petits-enfants ont dû apprendre à se défendre, dit Fatimah. Omar et les autres, ils ont tous été entraînés, ils ont appris à se battre. »

Bien avant les attaques du 11 septembre, le SCRS avait intercepté des communications qui prouvaient que Khadr était un proche collaborateur d'Osama bin Laden. Plusieurs hauts fonctionnaires m'ont dit que ces communications venaient s'ajouter à ce que les services de renseignement canadiens savaient déjà au sujet de Khadr, à savoir que celui-ci jouait un rôle financier au sein du réseau de bin Laden. Khadr savait qu'il pouvait lever des fonds en Occident en utilisant des organismes de charité comme couverture. Les Nations unies seront les premières à sévir contre « le Canadien » en ordonnant aux gouvernements concernés de bloquer ses actifs, cela afin d'isoler, financièrement parlant, l'Afghanistan, Al Qaeda et le régime taliban.

Après les attaques du 11 septembre, alors que les États-Unis s'apprêtaient à déclarer la guerre au terrorisme, le nom d'Ahmed Khadr, ainsi que sept de ses noms d'emprunt, figurera sur la liste des suspects. La Maison-Blanche a également ajouté son nom à la liste des individus dont les actifs avaient été bloqués dû à leur implication dans des activités terroristes. Le Canada a lui aussi inscrit le nom de Khadr sur sa liste de terroristes, ce qui a obligé les banques du pays à bloquer ses actifs au Canada.

Les Khadr vivaient en Afghanistan quand les Américains ont pris les armes pour renverser le régime taliban. Le 11 novembre 2001, avec les forces de l'Alliance du Nord postées aux frontières de la ville, Ahmed Khadr faisait sortir Abdurahman et Omar de Kaboul pour les envoyer dans la province de Logar – l'organisme humanitaire de Khadr opérait une école dans cette région. Abdurahman retournera à Kaboul dès le lendemain matin pour découvrir que son père et sa mère avaient déjà quitté la ville.

Quelque temps plus tard, Zaynab postera sur le site Internet du HEP-I un article dans lequel elle relate son expérience de la guerre en Afghanistan. « Maha et Ahmed sont sains et saufs et ils vous disent *salaam* (paix). » On sent sa colère quand elle écrit : « Tandis que le reste du monde continuait son train-train quotidien, nous, on se faisait bombarder jour et nuit. Est-ce que les musulmans devraient permettre ce genre de choses sans réagir ? Je ne le pense pas.

« Les musulmans doivent s'entraider en faisant beaucoup de *dua'a* (prières) et en luttant contre le mal. Essayez de mettre un frein à toute cette destruction qui nous entoure. Unissez-vous pour sauver l'islam et les musulmans. Regardez les nouvelles et vous verrez ce qu'ils font à nos frères à Guantanamo. Que feriez-vous si c'était un de vos frères de sang que l'on traitait comme ça ? »

Les avions de guerre américains dessinent leurs arabesques dans le ciel, laissant derrière eux de longues traînées de condensation d'une blancheur de craie. Ce faisant, ils larguent une série de missiles guidés par laser sur les collines de Kalakata. Dans la plaine en contrebas, l'affrontement fait rage : les rebelles de l'Alliance du Nord et les forces talibanes échangent coups de feu et salves d'artillerie lourde.

Je me trouve à l'extérieur de Khojaghar en compagnie d'une douzaine de rebelles en *shalwar kameez* (tunique portée par-dessus un pantalon ample) et coiffés d'un *pakul*, le bonnet de laine traditionnel. Nous grimpons sur le toit d'un bâtiment d'une ferme abandonnée pour avoir un meilleur point de vue sur la bataille. Mes compagnons s'assoient en déposant leurs kalachnikovs sur leurs genoux. L'humeur est au rire et à la blague : après une longue attente, on leur a enfin donné l'ordre de lancer l'assaut qui leur permettrait de libérer l'Afghanistan du joug taliban.

Le commandant du détachement me tend ses jumelles en me désignant le point où, à l'instant même, par-delà la plaine et au pied des montagnes, les tanks de l'Alliance sont occupés à piétiner les lignes de défense talibanes. De modèle ancien, les jumelles ont la forme d'un périscope, ce qui permet au combattant de jeter un coup d'œil par-dessus les tranchées en toute sécurité – une caractéristique fort appréciée en ce moment dans le nord de l'Afghanistan.

Je me lève et regarde dans la direction indiquée. À travers les lentilles éraflées des vieilles lunettes, j'aperçois les tanks T-55 (de fabrication russe) de l'Alliance du Nord prendre d'assaut ces collines que les talibans occupent depuis plusieurs mois déjà. Des bouffées de fumée s'échappent des tourelles tandis que les chars pilonnent un à un les bastions talibans, ouvrant la voie à l'infanterie rebelle.

Le vieux commandant me dit quelque chose en tadjik et fait un geste de la main, comme s'il voulait que j'abaisse les jumelles.

Bien que ne voyant rien de spécial dans les parages, j'obtempère. Le commandant me parle alors d'un ton plus autoritaire avant de répéter son geste, mais je ne comprends toujours pas ce qu'il essaie de me dire. Comme j'ai laissé mon interprète à la rivière Kotchka et que personne ici ne parle l'anglais, nous ne pouvons communiquer que par gestes et expressions du visage.

Puis, tout à coup, je comprends : les soldats sont assis alors que moi, je suis debout. Le commandant me signifiait que je devais rester planqué moi aussi.

L'avertissement venait trop tard. Venant de l'ouest, un léger sifflement se fait entendre. À mesure qu'il s'approche, le bruit devient de plus en plus fort et baisse progressivement de registre, passant de l'aigu au grave. Il s'agit d'un obus de mortier tiré par des soldats talibans tapis dans une tranchée à moins de 200 mètres de nous. M'ayant repéré, ils essayaient de bombarder le toit sur lequel nous nous trouvons.

Conscients que des éclats d'obus incandescents allaient pleuvoir sur leur tête d'un instant à l'autre, les soldats rebelles ont soudain retrouvé leur sérieux et sont descendus du toit un à un, dévalant précipitamment l'échelle de fortune qu'ils avaient confectionnée à l'aide de branches et de bâtons.

L'obus s'est écrasé au sol avec un bruit sourd.

Il y eut un bref moment de silence, puis un nouveau sifflement. Les soldats rebelles se sont alors dispersés dans tous les sens, ne sachant trop dans quelle direction fuir mais ressentant tout de même le besoin de courir, si ce n'était que pour avoir l'impression d'échapper au danger. Le second obus est tombé plus près de nous. Les talibans étaient en train d'ajuster leur tir.

La plaine était déserte et parfaitement plate. Il n'y avait nulle part où se cacher. J'aurais pu essayer de m'enfuir, mais il ne faisait aucun doute que, dans l'espace de quelques secondes, je me serais fait faucher par des tireurs embusqués. Je me suis donc caché derrière l'un des murs de pisé de la ferme, résigné à attendre que les choses se tassent.

À cette époque, passer en Afghanistan donnait l'impression de faire un voyage dans le passé. Il était presque minuit quand nous sommes arrivés à la rivière Amu Darya, laquelle coule à la frontière du Tadjikistan et de l'Afghanistan. Il n'y avait qu'une seule façon de traverser : par radeau. Un vieux tracteur était arrimé à une plate-forme flottante et un câble était fixé à l'une de ses roues. Nous sommes montés à bord avec notre équipement, puis l'un des soldats a fait démarrer le tracteur. C'est alors que j'ai compris le mécanisme : le câble s'enroulait autour de la roue qui tournait, tirant par le fait même notre embarcation vers l'autre rive. Comme nous nous trouvions à portée de tir des missiles talibans, il était impératif que nous fassions la traversée de nuit. J'ai bientôt commencé à distinguer sur la rive opposée la silhouette des Afghans qui attendaient notre arrivée, le sombre contour de leurs turbans, de leurs mitraillettes, de leurs vêtements amples. Ils se mouvaient sur la rive telles des ombres ; une armée de fantômes issue d'un autre âge.

Avant d'évacuer l'Afghanistan en 1989, les Soviétiques ont mis en place un régime communiste fantoche que les commandos d'Ahmad Shah Massoud renverseront en 1992. Né des camps de réfugiés afghans au Pakistan, le mouvement religieux taliban a alors lancé sa propre campagne militaire. Les fondamentalistes talibans allaient de village en village à bord de camionnettes Toyota pour imposer leur vision austère de l'islam à une population qui, épuisée par la guerre, n'avait ni la force ni le courage de leur résister. Les talibans se sont emparés de Kaboul et ont repoussé les troupes de Massoud vers le Nord, jusque dans la vallée du Panjshir et jusqu'aux plaines qui bordent la frontière du Tadjikistan. Avec la prise de Taloqan, les rebelles ont dû établir leur quartier général à Khoja Bahauddin, une bourgade aux bâtiments de terre dont les rues poussiéreuses grouillent de marchands, de chameaux, d'ânes, de vieilles jeeps russes… et même parfois de chars d'assaut.

Khoja Bahauddin est avant tout une ville militaire. Dans les rues, des hommes de tout âge, coiffés de leur éternel pakul marron, se baladent en habit de camouflage. Ici, il n'y a presque pas de femmes. Le samedi, jour de marché, les hommes déambulent avec leur fusil en bandoulière pour acheter les savons iraniens, les biscuits et les canettes de Pepsi que les marchands étalent à même le sol, dans la poussière. Des vêtements de camouflage, pour la plupart abandonnés en Afghanistan par les Soviétiques, sont offerts au client potentiel par piles entières. Ici, même les enfants sont habillés à la militaire. L'échoppe du vieil homme qui répare les kalachnikovs est toujours très achalandée. Il y a aussi des forgerons qui façonnent des casseroles avec les douilles d'obus qu'ils ramassent sur les champs de bataille. Mais les personnages les plus respectés sont sans contredit ces vieux guerriers barbus qui racontent comment ils ont défait les Soviétiques en combattant dans le grand Jihad.

Il n'y a pas d'hôtels ici. Les réseaux de télévision qui disposent de moyens suffisants ont loué toutes les maisons qui étaient disponibles. Les journalistes peuvent rester dans l'immeuble du ministère des Affaires étrangères, un édifice de plain-pied dont les quelques pièces sont bondées de reporters ; plusieurs d'entre eux souffrent de troubles gastriques. J'aboutis quant à moi dans les quartiers d'un organisme de secours français qui a pour mission de construire des routes dans le nord du pays. Je dors d'abord sur le plancher d'un porche protégé par une moustiquaire, puis je finis la nuit dans une tente plantée sur le terrain. À mon réveil, un journaliste français survient en boitillant et en criant : « Un scorpion m'a piqué ! Il me faut un médecin ! »

Pour inconfortable qu'elle soit, notre situation paraît enviable au vu de ce que vivent les réfugiés. Des milliers d'Afghans ont fui l'avancée des talibans en se réfugiant dans des camps disséminés un peu partout dans le nord. Les camps de Khoja Bahauddin sont les pires que j'aie jamais vus. On reconnaît généralement un camp de réfugiés aux bâches blanches et bleues des Nations unies sous lesquelles vivent ses habitants, or, ici il n'y en a pas puisque les Nations unies ont évacué leur personnel secouriste à cause de la guerre. Seule une poignée d'organismes humanitaires ont consenti à prendre la relève pour aider les réfugiés. Ces derniers vivent dans des tentes improvisées faites de bâtons, de nattes et de toile. À entendre les histoires horribles qu'ils racontent au sujet des talibans et du mauvais traitement qu'ils leur ont fait subir, je ne peux m'empêcher de songer que ce genre de comportement va carrément à l'encontre des idéaux dont se réclame l'islam radical. Les histoires de viol, d'enlèvement et de meurtre sont ici monnaie courante.

Lorsque la nuit tombe sur le front, que les bombardements s'estompent et que l'air se fait plus frais, les soldats de l'Alliance du Nord sortent des tranchées pour manger du riz, des haricots, et étendre leurs sacs de couchage dans les grottes qu'ils ont creusées à même les collines. Ils allument leurs walkies-talkies et écoutent les talibans se parler entre eux de l'autre côté de la vallée. Pour communiquer, l'ennemi emploie plusieurs langues, dont l'arabe, l'ourdou et le russe. Au poste de commandement de Puza Pulkhumry, qui est situé au sommet d'une colline, un jeune combattant rebelle monte la garde. Mitraillette en bandoulière et walkie-talkie en main, l'adolescent me dit qu'il « discute parfois avec les talibans sur la radio, mais tout à coup ils se mettent à parler leur langue et alors je ne comprends plus rien ».

Les troupes ennemies postées dans la vallée font partie de la « légion étrangère talibane », un groupe de combattants musulmans qui défendent leurs croyances religieuses extrémistes par le biais de ce qui est à leurs yeux une guerre sainte. Près du quart des soldats qui défendent le régime taliban ne sont pas afghans. La majorité d'entre eux est pakistanaise, mais il y a aussi des brigades saoudiennes, tchétchènes et algériennes, ainsi que des guérilleros islamistes venus de l'ouest de la Chine et d'anciennes républiques soviétiques tel l'Ouzbékistan, le Tadjikistan et le Kirghizistan. Les factions talibanes comptent également des guerriers philippins et indonésiens. Les rebelles de l'Alliance disent même avoir capturé un citoyen britannique d'origine pakistanaise.

« Tous ces hommes sont fidèles à Osama bin Laden » de dire Mullah Nazamudeen, un prêtre musulman vivant dans le village d'Imamsahib, lequel est tombé aux mains des talibans. Je suis venu en Afghanistan pour voir les Américains anéantir la barbarie terroriste frappant à l'ouest, mais j'ai vite compris que la guerre contre le terrorisme comporte plusieurs facettes. Ce que j'ai appris, c'est que le peuple afghan souffre beaucoup aux mains des terroristes étrangers qui se sont emparés de leur pays pour en faire le siège du radicalisme islamique. Je savais que l'Afghanistan exportait son terrorisme à l'étranger, cependant j'ignorais que l'Occident exportait lui aussi la terreur en pays afghan.

Les forces armées talibanes comptent près de trois mille soldats arabes. La plupart d'entre eux sont fidèles à Osama bin Laden et financés par lui. Selon la revue spécialisée *Jane's World Armies*: « Les unités arabes font généralement partie de l'infanterie et, de ce fait, ne manient pas l'artillerie lourde. Ils ne sont armés que de lance-grenades, de mitraillettes et de mortiers, néanmoins on les considère comme les guerriers les plus agressifs et les plus dévoués de l'armée talibane. »

Or, trois de ces féroces combattants sont des citoyens canadiens. Plus précisément, ce sont les fils d'Ahmed Khadr.

À la fin d'octobre, une question est sur toutes les lèvres en Afghanistan: Quand l'Alliance du Nord allait-elle enfin se décider à attaquer? Les avions de guerre américains pilonnaient les positions talibanes depuis deux semaines déjà et il y avait des commandos des forces spéciales américaines partout. L'Alliance disposait de nouveaux uniformes, de nouveaux sacs à dos et de nouvelles armes. Des douzaines de tanks de fabrication soviétique et de véhicules blindés avaient été dépêchés à une base militaire située non loin du front. Voulant obtenir réponse à cette question, je me suis rendu près de Ay Khannom, dans la forteresse qu'occupe Barylai Khan, le ministre adjoint de la Défense des factions rebelles. C'est un Khan stressé et éreinté qui m'accueille. De toute évidence, il y a plusieurs jours qu'il ne s'est pas rasé.

« Quand l'offensive va-t-elle commencer? » lui ai-je demandé.

Au lieu de me répondre, il va pêcher un agenda électronique dans la poche de sa veste de camouflage et me demande de définir le mot « offensive ». Il m'écoute attentivement tandis que je lui propose différentes définitions du terme, puis il écrit quelque chose dans son Palm Pilot.

J'ai répété ma question. « Alors, quand va commencer l'offensive? »

« Bientôt, de marmonner Khan. *Inshala !* »

Je retourne ensuite à la rivière Kotchka pour louer un cheval avec l'intention de me joindre à un groupe de journalistes français qui s'en va au front pour relever les signes avant-coureurs de l'attaque. Nous chevauchons pendant une heure à travers la plaine, traversant des villages déserts pour nous arrêter au pied des collines. Nous continuons ensuite à pied, négociant les étroits sentiers de montagne qui mènent aux tranchées. Nous atteignons enfin un plateau aride situé près de Chagatay. Des soldats de l'Alliance du Nord tuent le temps dans une tranchée en attendant les ordres. Ils semblent s'ennuyer ferme quand, soudain, l'un d'eux repère un groupe de guerriers talibans qui ont quitté leur bunker et marchent à découvert sur la colline opposée.

Un jeune soldat rebelle s'empare d'un obus et charge un canon monté sur trépied. Il vise soigneusement en grimaçant, appuie sur la gâchette et… rien. L'arme s'est enrayée. Le jeune soldat tripote les mécanismes un moment, puis, exaspéré, décoche un coup de pied à l'engin qui refuse toujours de fonctionner.

Un autre rebelle prend sa place et parvient à charger l'arme correctement. Il prend bien son temps pour viser, puis vient la détonation, assourdissante. Quelques secondes plus tard, le projectile de 150 mm soulève un grand nuage de poussière dans la vallée. Le tireur n'a pas atteint sa cible.

Les talibans courent vers leurs camionnettes pour échapper à une nouvelle attaque. Le soldat rebelle vise à nouveau et *crac !*, le coup est parti. Cette fois il a visé trop haut et l'obus passe au-dessus des têtes des soldats talibans qui, au volant de leurs camionnettes, décrivent des cercles frénétiques pour déjouer le tir ennemi.

Le soldat rebelle colle encore une fois son œil à la mire du massif obusier et tire en direction des talibans. Le projectile fait voler la poussière à plusieurs mètres des camionnettes. Le tireur tente encore sa chance à quelques reprises, mais sans succès. Après six tentatives, il abandonne la partie.

Après cette expérience, nous décidons de quitter le front. Sur le chemin du retour, mes collègues français font galoper leurs vieilles montures en rigolant comme s'ils étaient en vacances dans la campagne normande. Puis ils se plaignent du fait que cette foutue guerre tarde à se déclencher. On sera encore ici pendant des mois, disent-ils, et l'Alliance sera toujours là à attendre que les Américains larguent la bombe qui tuera le dernier des talibans ! La guerre ne commencera jamais !

Arrivés à destination, nous traversons la rivière à cheval puis abandonnons nos montures pour rentrer en voiture au camp où un autre repas de riz, de haricots et de pain sans levain nous attend. Ce soir-là, alors même que nous nous apprêtions à nous coucher, la guerre se déclenchait à notre insu.

« Les troupes ont traversé la rivière à minuit » m'annonce un confrère journaliste lorsque j'émerge de ma tente le lendemain matin. Nous nous sommes rendus à Dasht-e Qala à toute allure, puis nous nous sommes engagés sur la route qui mène à la rivière. Juste avant d'arriver à la rivière, alors même que nous sentions la terre trembler sous l'avancée des chars d'assaut, un soldat rebelle armé d'une kalachnikov nous arrête. Plus personne n'est autorisé à franchir le cours d'eau. L'accès au front est bloqué. Nous décidons alors de faire du stop pour tenter de nous infiltrer dans la zone à bord d'un camion militaire. Nous sommes sur le point de mettre notre plan à exécution quand nous sommes de nouveau arrêtés par des soldats. Cherchant désespérément à atteindre la zone de combat, nous rebroussons chemin pour nous rendre aux quartiers de Momar Hassan, un chef militaire local. Ce dernier ne peut pas nous donner la permission de passer la rivière, par contre, il charge un de ses hommes de nous indiquer l'endroit idéal où traverser. Le soldat nous guide en amont jusqu'à un point de la rivière où deux garçons ont confectionné un traversier de fortune avec des bâtons et de vieilles chambres à air.

Au milieu du champ qui sépare les tanks de l'Alliance des troupes talibanes, un chien bâtard que le tumulte de la guerre a rendu fou jappe et court en rond. Le grondement des tanks, le sifflement des missiles et le cri délirant des obus produisent un vacarme assourdissant. La virulence de l'offensive rebelle a enveloppé les collines de Kalakata d'un voile de fumée. Les paysans qui sont pris entre deux feux semblent insensibles au combat qui se livre ici. Dans l'un des hameaux situés en bordure du front, les villageois s'installent sur les pentes du cimetière et observent l'affrontement comme s'il s'agissait d'un feu d'artifices. Indifférent aux mitrailleuses qui hoquettent non loin de lui, un vieil homme malaxe de ses pieds nus les tas de riz qu'il a mis à sécher. Sous l'œil placide des chameaux qui broutent le feuillage des arbres, deux enfants labourent un champ jonché de douilles d'obus à l'aide d'une charrue tirée par des bêtes de somme. Une jeune fille et son âne chargé de cruches d'eau passent devant une rangée de tanks rebelles qui font tourner leurs moteurs en prévision de l'attaque. En Afghanistan, la guerre fait partie du quotidien; même dans la cacophonie de la bataille qui arrachera le pays aux griffes des talibans, les gens s'adonnent à leurs activités habituelles.

Donc, me voilà à Khojaghar, perché sur le toit d'un bâtiment de ferme à regarder les chars d'assaut qui s'affrontent à l'ouest, sans me rendre compte que des talibans sont tapis dans une tranchée à environ 200 mètres au sud. M'ayant repéré, ils lancent des bordées d'artillerie dans ma direction. Pendant plus de deux semaines, j'avais attendu impatiemment que l'offensive commence, maudissant les rebelles parce qu'ils ne se décidaient pas à attaquer, or voilà que je devenais la cible des obus talibans. Blotti derrière les fragiles murs de terre de la ferme, je donnerais maintenant n'importe quoi pour que ça s'arrête. Je reste un moment planqué là sans bouger, puis, voyant que le tir des talibans se fait de plus en plus précis, je me dis qu'il est temps de déguerpir. Après avoir ajusté les bretelles de mon sac à dos, je prends mes jambes à mon cou, courant à pleine vapeur sur la route – pas question de couper à travers champs vu que ceux-ci sont minés. Les obus de mortier des talibans me talonnent jusqu'à ce que je sois hors de portée.

Dès le milieu de l'après-midi, il devient évident que la force militaire la plus puissante de la planète l'emporte sur les troupes atrocement désuètes des guérilleros talibans. À 15 h 30, deux chasseurs bombardiers américains volant côte à côte viennent se joindre au bombardier B-52 qui s'employait depuis un moment déjà à pulvériser le front taliban. Au même instant, les tanks rebelles qui sont alignés en périphérie du village de Dasht-e Qala ouvrent le feu sur les collines. La clameur des obus qui volent sans répit au-dessus des têtes des villageois se fait bientôt si assourdissante que nous avons peine à respirer. La riposte talibane ne se fait pas attendre : les obus sifflent dans l'air sec ; une bombe-grappe flotte un moment au-dessus de nous avant de se fragmenter en une douzaine de bombes plus petites ; un missile tombe en plein milieu de Dasht-e Qala, détruisant une épicerie qui vendait des melons d'eau et des biscuits importés d'Iran. Deux des hommes du commandant Hassan sont tués et un troisième perd une jambe.

Les chasseurs bombardiers volent en tandem, traçant tout un lacis de sillons blancs dans l'intense bleu du ciel. Sous leurs ailes, la crête des montagnes que les talibans occupent depuis plusieurs mois disparaît sous de grands nuages de fumée noire. Vers la fin de l'après-midi, l'Alliance déchaîne son artillerie lourde. Les bâtiments de terre tremblent sous la volée de roquettes, de missiles et d'obus qui fondent sur les lignes talibanes. Au crépuscule, alors que le soleil s'enfonce sous un linceul de fumée et de poussière, la bataille fait toujours rage ; puis, vers 18 heures, avec l'obscurité vient le silence. Le parcours lumineux des balles traçantes ou la soudaine lueur blanche d'un obus qui explose vient parfois occulter le discret scintillement des étoiles, mais, de façon générale, les choses se tassent pour la nuit. Ainsi se terminait le premier jour de guerre terrestre entre l'Alliance du Nord et Al Qaeda.

Le lendemain soir, après une autre journée passée au front, je me rends chez le commandant Hassan. Le correspondant australien Paul McGeough l'appelle de son téléphone satellite pour lui annoncer qu'un terrible accident est survenu à Chagatay : un véhicule blindé de l'Alliance qui transportait un groupe de journalistes étrangers était tombé dans une embuscade. L'incident avait coûté la vie à trois d'entre eux – un journaliste travaillant pour une revue allemande et deux reporters français qui avaient partagé avec moi les quartiers de l'organisme de secours à Khoja Bahauddin.

Deux jours plus tard, je capte une émission de nouvelles de la BBC sur ma radio à ondes courtes. Le présentateur annonce que les forces de l'Alliance du Nord se sont emparées de Kaboul et que les Afghans célèbrent déjà leur libération du joug taliban.

La population danse dans la rue au son de musiques précédemment bannies, disait l'annonceur; les hommes se rasent la barbe et les enfants font voler dans le ciel afghan des cerfs-volants de papier – une autre activité que Mullah Omar avait interdite. Mais tandis que la fête bat son plein dans les rues de Kaboul, les commandos rebelles passent les quartiers de la ville au peigne fin à la recherche de talibans et de membres d'Al Qaeda. Un Canadien sera arrêté dans la razzia puis incarcéré dans une prison de Kaboul. Son nom est Abdurahman Khadr.

Ce jour-là, un soleil de plomb darde ses rayons sur Cuba. Le ventre potelé du Lockheed C-141 Starlifter glisse dans l'azur au-dessus de la mer des Caraïbes avant de pointer du nez vers la piste d'atterrissage. Un régiment entier de Marines américains armés jusqu'aux dents monte la garde sur le tarmac; un hélicoptère décrit des cercles au-dessus de leurs têtes. L'escouade anti-émeute est également sur les lieux, prête à intervenir. Le lourd avion de transport atterrit, décélère puis s'immobilise au bout de la piste. Des Humvees équipés de mitrailleuses lourdes l'encerclent aussitôt. La porte de cargo arrière s'abaisse tel un monstrueux pont-levis puis, un à un, trente-quatre prisonniers vêtus de combinaisons orangées sortent en titubant de l'appareil. Ils portent des gants, des casques orangés, des lunettes étanches dont les lentilles ont été peintes en noir, ainsi que des masques chirurgicaux – ceci afin d'éviter que les Marines n'attrapent la tuberculose ou toute autre maladie qu'ils auraient pu contracter en Afghanistan. Les soldats les fouillent et s'assurent qu'ils n'ont rien caché dans leurs chaussures avant de les faire monter à bord de deux autobus scolaires jaunes.

De Kandahar à Cuba, le vol est long. Les ennemis combattants avancent avec peine sur le tarmac, leurs jambes ankylosées par de nombreuses heures d'immobilité. Le tiers d'entre eux souffrent de blessures par balle; l'un des hommes doit être porté parce qu'il ne peut se mouvoir de lui-même. Parmi eux, il y a des Saoudiens, des Pakistanais, des Égyptiens, des Algériens, des Éthiopiens, des Tanzaniens, quelques Britanniques et un Australien. «Plusieurs pays sont représentés ici» de commenter le colonel américain Terry Carrico. Le vaste assortiment de nationalités que l'on retrouve au camp démontre que le mouvement taliban avait rallié des musulmans radicaux de partout dans le monde. Mais qu'importe au fond la véritable nationalité de ces hommes : en ce beau dimanche de janvier 2002, ils sont tous devenus citoyens de Guantanamo Bay.

Le camp X-Ray se trouve dans une vallée située entre le port de l'armée américaine et la frontière montagneuse du Cuba communiste. En plus de ses dix miradors qui abritent des tireurs armés de fusils d'assaut M-16, l'endroit est protégé par trois clôtures surmontées de barbelés. La nuit, le camp est éclairé aussi abondamment qu'un terrain de baseball. De l'autre côté des clôtures, le prisonnier aperçoit une bonne demi-douzaine de drapeaux américains accrochés aux postes de garde et, par-delà ces postes, une forêt tropicale dont la luxuriance fait contraste avec l'aridité du paysage afghan qu'il vient de quitter. La seule chose qui lui soit familière en cette terre étrangère, c'est le symbole de la Mecque qui apparaît sur une enseigne clouée au poste de garde Est et qui lui indique dans quelle direction il doit prier.

Le parcours qui, tour à tour, a fait de ces jeunes gens influençables des recrues consentantes, des croyants convaincus puis enfin des soldats militants ne pouvait avoir d'autre issue que la mort ou la captivité – deux éventualités qui, dans un cas comme dans l'autre, marquent la fin de leurs rêves de gloire et de leurs aspirations de martyrs. Or, c'est ainsi que se terminerait, ici, à Guantanamo Bay, le parcours des fils d'Ahmed Khadr.

Le sergent 1re classe Layne Morris était posté à la base militaire américaine située près de Khost en Afghanistan quand un homme de la région est venu le voir pour lui vendre de l'information au sujet de deux Arabes. À l'époque, les Américains offraient une récompense en échange de renseignements concernant les membres d'Al Qaeda et du régime taliban qui se trouvaient toujours au pays.

« Mon voisin fait partie d'Al Qaeda, d'annoncer l'homme, et il cache des mines antichars dans sa cour. »

« Comment savez-vous ça ? » lui demanda Morris.

« Eh bien, c'est moi qui l'ai aidé à les enterrer. »

« Quand ? »

« Hier soir. »

Une équipe des Opérations spéciales fut aussitôt dépêchée sur les lieux pour fouiller la résidence du voisin en question. Les soldats trouveront plus de deux douzaines de mines antichars ainsi qu'un manuel montrant à l'utilisateur comment disposer ces mines afin d'infliger un maximum de dommages. L'un des Arabes dénoncés fut arrêté, mais le second demeurait introuvable. Les Américains apprirent bientôt qu'il se terrait dans le village d'Ab Khail.

Le matin du 27 juillet, trente membres des Forces spéciales et de la 82e Division aéroportée partaient pour Ab Khail, accompagnés de vingt membres des Forces de milice afghanes. Le sergent Morris s'est rendu sur les lieux dans une camionnette Toyota Tacoma avec cinq autres soldats, dont le sergent 1re classe Christopher J. Speer, un jeune médecin de vingt-huit ans qui ne faisait partie de l'unité que depuis une semaine.

Le sergent Speer était rentré dans l'armée en 1992 et avait déjà servi au Rwanda, au Kenya et en Ouganda. Benjamin d'une famille de trois garçons, il aimait beaucoup dessiner et était toujours en train de faire des croquis. Il était marié avec sa femme Tabitha depuis six ans déjà – il disait qu'il avait su dès leur première rencontre que c'était elle qu'il allait épouser. « Chris m'a toujours traitée comme une reine, affirme Tabitha. Il était très aimant et me faisait passer avant tout le reste. C'était l'homme le plus authentique, le plus honnête et le plus généreux que j'aie connu… Après m'avoir demandée en mariage, il a appelé mon père pour avoir sa bénédiction. » Les Speer ont deux enfants, Taryn et Tanner. « Il nous a appelés une fois d'Afghanistan, de continuer Tabitha. Il a parlé à Taryn et nous a dit qu'il nous aimait et s'ennuyait de nous. Il m'a demandé d'embrasser les enfants pour lui et de leur dire qu'il les aimait. Je lui ai demandé d'être prudent ; il m'a répondu de ne pas m'inquiéter. »

Les soldats américains sont arrivés à Ab Khail vers midi. « C'était un petit village principalement composé de fermes et de constructions isolées » dit Christopher Vedvick, l'un des spécialistes de la 82e Division. Le contingent américain eut tôt fait d'identifier sa cible : il s'agissait d'un bâtiment où un groupe de combattants d'Al Qaeda s'entraînait au maniement d'armes et à la fabrication d'explosifs. À l'intérieur du complexe, les soldats trouvèrent des femmes et des enfants, mais il y avait également un homme souffrant d'une grave blessure à la jambe. Il prétendait qu'il avait été blessé dans un accident de voiture, toutefois le médecin de l'armée qui l'a examiné affirmait que la blessure avait été causée par l'explosion d'une mine. « C'est là qu'on a su qu'on tenait notre homme » raconte le sergent Morris.

En vérifiant les données de son système de positionnement global, Morris a remarqué une chose fort intéressante. Quelques jours plus tôt, les spécialistes en communication de son unité avaient détecté un signal suspect qui, selon eux, émanait sans doute d'un téléphone satellite, ce qui était indicatif de la présence d'Al Qaeda. À Ab Khail, Morris et ses hommes découvrirent que l'origine du signal se situait à quelques centaines de mètres de là. Un détachement fut aussitôt dépêché au bâtiment d'où émanait le signal. En jetant un coup d'œil à l'intérieur par la fenêtre, Morris a vu cinq hommes qui tenaient des fusils d'assaut AK-47 et semblaient prêts à les utiliser. Le sergent Morris a aussitôt ordonné à ses hommes de cerner l'édifice.

Tandis que Morris attendait des renforts, des enfants afghans se sont approchés de lui et il a sorti sa caméra pour les prendre en photo. Les gamins souriaient de bon cœur, mais ils savaient probablement que les choses étaient sur le point de se gâter. Cinq minutes plus tard, les renforts arrivaient. Deux soldats afghans furent chargés de s'approcher du bâtiment pour tenter de parlementer avec les hommes armés se trouvant à l'intérieur. Les deux soldats se tenaient accroupis le long d'un mur quand deux tireurs surgis de nulle part leur ont tiré une balle dans la tête. « Ils les ont abattus comme ça, de sang-froid » se souvient Morris. Les soldats américains devinrent alors la cible d'une pluie de balles et de grenades. « C'était la pagaille, dit Morris. On était vraiment dans la merde. »

La première grenade a explosé à moins de deux mètres de Vedvick. Tout le côté gauche de son corps fut criblé d'éclats métalliques. Des fragments de l'explosion atteignirent également le caporal Brian S. Worth. Quelques secondes plus tard, une seconde grenade frappait Vedvick de plein fouet. Le carabinier Michael Rewakowski courait chercher de l'aide quand la déflagration d'une autre grenade l'a projeté au sol ; Rewakowski fut atteint de fragments métalliques au mollet droit, à l'avant-bras gauche et à la tempe droite. Au bout du compte, trois grenades toucheront Vedvick, lui occasionnant des blessures à l'épaule, au bras, au coude, à la cuisse et au mollet. « Les balles sifflaient tout autour de nous » disait-il.

Morris a traîné un de ses soldats blessés en lieu sûr, puis il s'est lui-même mis à couvert. Estimant rapidement la position des tireurs ennemis, Morris a pointé son lance-grenades dans leur direction. Au moment même où il appuyait sur la gâchette, le souffle d'une explosion « d'une violence inouïe » l'a projeté au sol et lui a fait perdre connaissance. Un éclat d'obus l'a atteint au nez, a ricoché derrière son œil puis lui a arraché tout un côté du visage. Lorsqu'il reprit conscience, il a rampé jusqu'à l'endroit où, quelques minutes plus tôt, il avait photographié les bambins afghans. S'emparant de la radio, un de ses hommes a demandé que l'on envoie d'urgence des renforts aériens.

Plusieurs avions apparurent bientôt dans le ciel : deux A-10 Thunderbolt, appareils d'une grande maniabilité conçus pour l'attaque et l'appui rapproché des troupes au sol ; deux hélicoptères d'attaque AH-64 Apache ; et deux F/A-18 Hornet. L'assaut aérien fut d'une intensité prodigieuse. Les roquettes et les bombes de 250 kilos de l'aviation américaine eurent tôt fait de détruire le bâtiment où se terrait l'ennemi. « Quand ils en ont eu fini avec l'édifice, raconte Vedvick, il n'en restait presque plus rien. » Bien que leur tanière ait été complètement démolie, les hommes armés qui se trouvaient à l'intérieur refusaient de s'avouer vaincus et continuaient de livrer bataille. Les Américains évacuèrent leurs blessés à bord d'un hélicoptère Black Hawk et les firent porter à la base aérienne de Bagram, à quelque 200 kilomètres au nord. La dernière chose dont Vedvick se souvient, c'est qu'il a vu un grand nuage de fumée noire en forme de champignon s'élever au-dessus du repaire ennemi.

Après trois heures de bombardements, les Américains se sont enfin décidés à envoyer leurs troupes à l'intérieur du bâtiment dévasté. Le médecin militaire Christopher Speer fut l'un des premiers à pénétrer dans l'édifice. Six jours plus tôt, Speer avait risqué sa vie en s'engageant dans un champ de mines pour sauver deux enfants afghans blessés. Après avoir garrotté la blessure de l'un et pansée celle de l'autre, il a fait signe à un camion de s'arrêter et a conduit les enfants à l'hôpital de la base militaire américaine. Si Speer a risqué sa vie ainsi, c'est sans doute parce qu'il songeait à ses propres enfants. Avant de partir pour l'Afghanistan, il avait écrit des lettres à leur intention. « Vous savez combien je vous aime, disait l'une d'elles. Prenez soin l'un de l'autre. Votre papa qui vous adore. »

Les soldats américains trouveront quatre morts dans le bâtiment en ruines. Tandis qu'ils continuaient leurs recherches, un garçon de quinze ans du nom d'Al Queda Omar Khadr les observait, tapi derrière un tas de décombres. Omar était le seul combattant à avoir survécu à l'attaque aérienne, mais il était blessé. Selon un rapport de l'armée américaine, il avait une grenade dans une main et un pistolet dans l'autre. Quand le sergent Speer fut suffisamment près de lui, de préciser le rapport, le jeune guerrier d'Al Qaeda a lancé sa grenade dans sa direction. Des éclats de l'explosion ont atteint Speer à la tête. Alors même que celui-ci s'écroulait, les soldats américains ont ouvert le feu sur Omar, le touchant de plusieurs balles. Les deux blessés furent conduits à Bagram par hélicoptère.

Les soldats américains qui avaient été blessés durant l'opération ne restèrent qu'un seul jour à Bagram avant d'être transportés à l'hôpital militaire de Landstuhl, en Allemagne. Speer était le plus grièvement blessé de tous. On fit venir sa femme à son chevet. « Elle lui a pris la main, lui a chuchoté quelque chose à l'oreille, puis l'a embrassé sur la joue, raconte Leisl, l'épouse du sergent Morris, qui s'était elle aussi envolée pour l'Allemagne. Lui, il a tourné la tête et a tendu les lèvres pour l'embrasser en retour. » Le 6 août, le sergent Speer rendait son dernier soupir.

Omar Khadr fut traité à la base aérienne de Bagram, au nord de Kaboul. Quelle ne fut pas la surprise des militaires américains quand le jeune homme leur annonça qu'il était Canadien ! Les autorités américaines ont immédiatement alerté le gouvernement canadien, lequel a confirmé qu'Omar était effectivement citoyen canadien. Qui plus est, il était le plus jeune fils d'Ahmed Khadr, un terroriste notoire. En dépit de tout ce qu'Omar avait

TERREUR FROIDE

fait, le ministère des Affaires étrangères du Canada a décidé de lui accorder le même traitement que tout Canadien détenu à l'étranger. Dans une note de service rédigée trois jours à peine après qu'Omar eut tué un soldat américain, le Ministère stipulait que « cette affaire doit être traitée selon la procédure consulaire normale » et a commencé à faire pression auprès des Américains pour que des diplomates canadiens soient autorisés à visiter l'adolescent blessé. Omar devait être traité différemment des autres prisonniers du fait qu'il était mineur, disaient les autorités canadiennes. Les Américains rejetèrent la requête du gouvernement canadien : le 28 octobre, Omar Khadr arrivait à Guantanamo Bay à bord d'un avion transportant trente autres ennemis combattants.

À ma connaissance, aucun politicien canadien n'a exprimé de regrets envers feu le sergent Speer et ses compagnons blessés. Ces soldats américains étaient pourtant allés en Afghanistan pour combattre une menace globale qui touchait le Canada au même titre que les autres nations d'Occident. Des documents secrets démontrent qu'à l'époque, le premier ministre avait été averti que les exploits terroristes de la famille Khadr risquaient de lui faire du tort du fait que, par le passé, il avait accordé un traitement préférentiel au père, Ahmed Khadr, en intervenant en sa faveur. Une adjointe du ministre des Affaires étrangères Bill Graham m'avait même critiqué pour avoir réalisé des reportages sur Omar et sur la façon dont il avait tué un soldat américain. Mes articles, disait-elle, risquaient de mettre la vie de l'adolescent en danger. La mort du sergent Speer, par contre, ne semblait pas la préoccuper le moins du monde.

Un officier de la GRC qui était posté au Haut-commissariat canadien à Islamabad s'est éventuellement rendu à Kaboul pour rencontrer Abdurahman Khadr, lequel se trouvait toujours sous la garde du gouvernement afghan. À son retour à Ottawa, l'officier a annoncé qu'Abdurahman ne voulait pas de l'aide du gouvernement canadien et qu'il ne semblait pas pressé de revenir au Canada. Décidé de plaider tout de même en sa faveur, le ministère des Affaires étrangères a supplié les Américains de ne pas envoyer le fils d'Ahmed Khadr à Guantanamo Bay. Le gouvernement canadien ne semblait pas se soucier du fait que les frères

260

Khadr étaient membres d'Al Qaeda. Encore une fois, les États-Unis refuseront d'accéder à la demande du Canada, si bien que quelque temps après Abdurahman était lui aussi transféré au camp X-Ray.

« Il y a plusieurs façons d'expliquer ça, m'écrivait Zaynab, la sœur d'Omar, dans l'un des courriels qu'elle m'a envoyés. C'est très facile de se procurer un permis d'arme à feu là-bas, alors peut-être gardait-il le pistolet sur lui en guise de protection. C'est un Arabe, après tout, et c'est très dangereux pour eux en ce moment en Afghanistan. La seconde possibilité, c'est que quelqu'un lui ait donné cette arme.

« Omar serait-il capable de tuer quelqu'un ? Si ce que disent les Américains est vrai, alors c'était peut-être de la légitime défense, ou un accident. Peut-être aussi que quelqu'un l'a obligé à faire ça. Je n'étais pas là, donc je ne sais pas dans quelle situation il se trouvait, néanmoins je peux dire que j'ai confiance en Omar ; je sais qu'il veillera toujours à agir honorablement. S'il a tué quelqu'un, c'est qu'il avait ses raisons. »

La femme et les filles d'Ahmed Khadr sont restées un temps à Logar avant de se rendre au Pakistan. Un ami intime de bin Laden les aidera éventuellement à s'établir à Islamabad. Ahmed Khadr franchira lui aussi la frontière, mais il restera au Waziristan-Sud, une région montagneuse et reculée du Pakistan contrôlée par des seigneurs de guerre tribaux sympathiques à la cause d'Al Qaeda et du régime taliban.

À la fin de l'été 2003, Abdul Karim, le plus jeune fils des Khadr, allait vivre avec son père partiellement invalide. Il était alors âgé de quatorze ans. Dans une lettre rédigée en septembre de cette même année, l'adolescent demandait à sa mère et à sa sœur de leur envoyer des vêtements chauds et de la nourriture. La région frontalière était loin d'être un refuge idéal pour Abdul Karim et son père : les forces pakistanaises et américaines ratissaient le secteur à la recherche d'Osama bin Laden et de ses partisans.

Un rapport des services de renseignement pakistanais datant de la fin du mois de septembre indique qu'un groupe de combattants d'Al Qaeda s'était réfugié dans six huttes de terre abandonnées dans le village de Baghar, à environ cinq kilomètres de la frontière afghane. Des agents se sont rendus sur place pour surveiller le groupe, puis, la nuit du 2 octobre, un détachement de l'armée pakistanaise fut mobilisé pour cerner le village.

À l'aube, les soldats ont lancé un premier avertissement aux occupants des huttes, leur demandant de se rendre. Dix femmes et enfants sont sortis des bâtiments ; ils furent fouillés puis placés en garde en vue. C'est alors que les guerriers d'Al Qaeda ont ouvert le feu. La fusillade durera toute la journée. Les soldats ont réussi à prendre le contrôle de plusieurs des huttes où se terraient les ennemis combattants, cependant ces derniers se montraient particulièrement coriaces et refusaient catégoriquement de lâcher prise. Ne parvenant pas à faire sortir les hommes d'Al Qaeda de leurs cachettes, les militaires ont fait venir un hélicoptère d'attaque Cobra qui a réglé la chose d'un coup de roquette bien placé. Deux soldats pakistanais et huit combattants d'Al Qaeda ont perdu la vie durant l'affrontement.

Dans le village de Baghar, les troupes pakistanaises découvriront une « cache massive » de fusils, de mines antichar, de grenades, de monnaie étrangère et de cassettes vidéo. Parmi les huit ennemis combattants qui étaient morts, six furent identifiés sans problème, mais le corps des deux autres était en si mauvais état qu'il fallut faire des tests médico-légaux pour déterminer leur identité. Une fois la chose faite, on découvrit que l'un d'eux était le leader d'un groupe extrémiste musulman chinois. L'ADN du second corps fut comparé à un échantillon prélevé sur un membre de la famille Khadr. Le résultat fut concluant : Ahmed Khadr était mort.

Le 12 octobre, le Centre d'observation islamique de Londres annonçait dans un communiqué de presse que deux Canadiens étaient morts au cours de l'incident : Ahmed Khadr ; et son fils de quatorze ans, Abdul Karim. L'éloge funèbre – dans lequel Khadr était appelé par son nom d'emprunt, Abu Abdurahman Al Kanadi – disait qu'il était l'un des membres fondateurs d'Al Qaeda et qu'il avait vécu de nombreuses épreuves. « Tu as gardé ton calme pour aider tes frères au lieu de retourner vers les eaux claires et les verts pâturages du Canada... Nul n'aurait pu t'arracher à ta véritable patrie, celle où règnent les héros et le sens du sacrifice. »

CHAPITRE 7

Viande blanche

Sophie Sureau a mis les photos qu'elle a prises durant son voyage à Bali dans un album juste assez grand pour que, sur chaque page, elle puisse placer une image. Elle ouvre l'album pour me montrer une photo sur laquelle cinq amis se prélassent en souriant sur une plage ensoleillée. Sur l'image suivante, Sophie et sa meilleure amie exhibent leurs nouveaux bikinis.

Puis la jeune femme tourne la page de son album.

La photo suivante la montre allongée sur un lit d'hôpital à Singapour. Son corps est couvert de cicatrices. Sa nuque, son bras et sa main gauches ainsi que tout le côté gauche de son dos sont rouges et enflés. Certaines de ses plaies sont encore ouvertes. J'en ai mal rien qu'à la regarder. Dans ces minutes infernales qui ont suivi l'explosion de la bombe, le quart de son corps a subi de graves brûlures.

« Ils voulaient me tuer ! » s'exclame-t-elle.

Sophie Sureau est une sympathique et volubile Canadienne française aux yeux bleus et au sourire lumineux. Elle a vécu à l'étranger et a des amis un peu partout dans le monde. Du temps où elle étudiait à l'Université de Montréal, elle était impliquée dans l'AIESEC, une organisation étudiante dont l'un des mandats est de favoriser une plus grande compréhension entre gens de cultures différentes. Sophie Sureau est une citoyenne du monde exemplaire.

Et elle n'avait rien fait pour susciter la haine des islamistes radicaux d'Osama bin Laden. Ceux-ci voulaient la tuer pour ce qu'elle représentait. « Les Blancs méritent de mourir » avait clamé l'un des auteurs de l'attentat lors de son procès. Affilié à Al Qaeda, le groupe responsable de l'attaque, Jemaah Islamiyah, cherche à établir un État islamique dans le Sud-Est asiatique. Aux yeux des membres d'Al Qaeda, les Occidentaux ne sont que des infidèles qui doivent être tués et soumis à la gloire de Dieu. C'est ainsi que, le 12 octobre 2002, Sophie Sureau et plusieurs centaines de touristes furent blessés ou perdirent la vie alors qu'une bombe explosait dans le bar du centre de villégiature où ils passaient leurs vacances. Le souvenir de cette soirée continue de la hanter. « La nuit, je ne rêve pas du feu de l'explosion, me confie-t-elle, je rêve que des gens cherchent à me tuer. »

Sophie Sureau travaillait au Brésil pour la firme de recherche en marketing montréalaise Ipsos quand elle a commencé à planifier ses vacances à Bali avec son petit ami, Jeff Syslo, un Américain qui travaillait lui aussi au Brésil ; sa meilleure amie, Chrystèle Berthelot, qui a la double citoyenneté canadienne et française et vit à Hong Kong ; Andres, un Uruguayen travaillant au Danemark ; et Morgana, une Brésilienne qui vit elle aussi à Hong Kong. « On a décidé de passer deux ou trois semaines ensemble en Asie » me raconte Sophie. Elle a d'abord passé quelques jours en Malaisie avec son petit ami, après quoi ils sont allés rejoindre le reste du groupe à Bali.

Les cinq amis étaient conscients des risques qu'ils couraient en choisissant ce coin du monde moins d'un an après les événements du 11 septembre. Syslo estimait qu'il était imprudent de voyager, et ce, indépendamment de la destination. Lorsqu'il devait voyager, le couple prenait toujours soin de contacter les ambassades américaine et canadienne dès leur arrivée en sol étranger. Syslo et Sureau convinrent d'éviter les Philippines et les pays environnants durant leurs vacances à cause des alertes terroristes visant ces pays. Le 11 octobre, ils partirent tous deux pour Bali. Leurs amis sont arrivés le samedi suivant, dans le courant de l'après-midi. Comme il y avait plusieurs mois qu'ils s'étaient retrouvés tous ensemble, les cinq copains ont décidé de célébrer leur réunion. Sophie a revêtu sa robe de soie rouge aux motifs floraux roses, Jeff a lacé ses espadrilles jaunes, puis ils sont allés rejoindre les autres dans un bon restaurant mexicain.

Le groupe projetait d'aller faire de la plongée au tuba le lendemain matin. Ensuite, ils loueraient une auto et passeraient le reste de la semaine à faire de la plongée autonome. « Après le repas, raconte Syslo, on s'est demandé si on voulait sortir ou si on allait rentrer tout de suite. On s'est dit que ce serait bien de se promener un peu. » Sur la principale artère touristique de Kuta, ils croisèrent un pub irlandais, le Paddy's Irish Bar, cependant Morgana affirmait que l'endroit le plus branché du coin se trouvait juste en face : il s'agissait du Sari Club, une boîte à la mode où sa sœur avait déjà passé des soirées mémorables. Il était 23 heures et il y avait file à l'extérieur, mais l'attente n'était pas trop longue. « Quand on est arrivé à l'intérieur, c'était plein à craquer, se souvient Sophie. Il n'y avait pas de « locaux » là-dedans. On s'est dit : 'Qu'est-ce qu'on fout ici ? Pourquoi venir si loin pour se retrouver avec un tas d'Occidentaux aux yeux bleus et aux cheveux blonds ?' »

Le groupe s'est ménagé une petite place près de l'entrée. Il y avait tant de monde qu'ils durent rester debout. « Il n'y avait pas de place pour s'asseoir, se souvient Sophie. C'était vraiment bondé. Je pense qu'aucun de nous n'avait réellement envie d'être là. » Leurs consommations sont arrivées – un cocktail local fait de jus de fruits et d'alcool.

« J'avais à peine avalé ma première gorgée quand ça a sauté. »

Syslo faisait face au pub irlandais qui était de l'autre côté de la rue, aussi a-t-il été témoin de la première explosion. Sophie et lui se sont regardés avec stupéfaction, l'air de dire : « Heureusement que ça n'est pas arrivé ici ! »

C'est alors que la deuxième bombe a explosé.

La bombe du Sari Club était beaucoup plus puissante que celle de chez Paddy's. Il y eut un éclair éblouissant suivi d'une détonation assourdissante, puis le club fut plongé dans une obscurité totale. « Je me souviens avoir senti l'impact, dit Syslo, comme si quelque chose m'avait frappé. Ça me rappelle la fois où je m'étais fait rentrer dedans en jouant au football. » Projeté en direction de la rue par le souffle de l'explosion, Syslo s'est relevé pour découvrir une scène cauchemardesque. L'air du club était saturé d'une fumée noire, épaisse comme un brouillard, et le sol était jonché de corps immobiles. « C'est pas possible, a-t-il pensé. Ils sont tous morts. » Syslo est sorti du Sari Club en titubant. Dans la rue, toutes les voitures avaient été endommagées par l'explosion. Il a entendu des cris provenant de chez Paddy's ;

des gens bougeaient à l'intérieur. Quant au Sari Club, il n'était plus que ruine. « Il n'en restait rien » dit Syslo. De la fumée et des flammes s'élevaient des décombres.

Quand Sophie Sureau retrouva ses esprits, elle était étendue face contre terre près de l'entrée du club. Affolés, les survivants la piétinaient dans leur empressement à sortir. Chaque fois qu'elle tentait de se relever, quelqu'un lui marchait sur le dos ou les épaules. Croyant qu'il l'avait entendue crier, Syslo est retourné dans le bar pour lui porter secours, mais il dut rebrousser chemin pour aider une femme à sortir de l'édifice. Il est aussitôt retourné à l'intérieur pour aider d'autres survivants à porter un homme lourd et costaud – il s'agissait sans doute d'un des joueurs de rugby qui étaient morts dans l'explosion. À sa troisième incursion dans le bâtiment dévasté, Syslo n'entendait plus la voix de sa petite amie. Il a vu un groupe de Balinais qui criait en pointant du doigt une femme – qui n'était pas Sureau – qui se trouvait coincée sous une poutre. Syslo a tenté de la dégager, mais sans succès. Elle était en feu et l'incendie autour d'elle grondait de plus belle. Comme il était lui aussi sur le point de se faire happer par les flammes, Syslo s'est vu forcé de sortir de l'édifice, abandonnant l'infortunée à son sort.

Sophie était certaine qu'elle avait vu son petit ami – ou du moins ses espadrilles jaunes. Mais Syslo ne l'avait pas entendue l'appeler. Mort d'angoisse, Jeff Syslo a enfourché un scooter pour se rendre à l'hôpital. Sophie était peut-être saine et sauve, se disait-il. Peut-être était-elle déjà retournée à l'hôtel. Il se pouvait aussi qu'elle fût morte, mais ça, Syslo évitait d'y penser.

En fait, à ce moment-là, Sophie était toujours étendue sur le sol du Sari Club. Sa robe était en feu. Sentant que les flammes léchaient sa chair, elle s'est couvert le visage de ses mains. « Je me suis dit : 'Sophie, tu es en train de brûler vive et tu vas mourir ici.' » La chaleur et la douleur sont vite devenues insoutenables. La jeune femme se souvient avoir pensé : « Ça y est, il faut que je me laisse mourir. » Puis elle s'est mise à penser à sa famille, à ses neveux et nièces, et tout particulièrement à la petite dernière, Valérie, qu'elle n'avait encore jamais vue. Avec l'énergie du désespoir, Sophie est parvenue à se soulever pour se libérer des débris sous lesquels elle était ensevelie. Elle s'est ensuite relevée pour courir d'un trait jusqu'à la rue sans jeter un seul regard en arrière.

À cet instant précis, elle ne songeait qu'à une chose : sa survie. Brûlés au troisième degré, ses pieds lui faisaient atrocement mal, comme si elle marchait sur du verre pilé. Se souvenant qu'il y avait une petite boutique qui vendait des vêtements de plage au coin de la rue, elle alla y chercher une paire de sandales de caoutchouc. Elle n'a pas perdu de temps à se demander si ses brûlures étaient graves : c'était pour elle une évidence. À plusieurs endroits, sa peau avait littéralement fondu et sa chair était brûlée jusqu'à l'os. Elle a demandé aux gens qui étaient là où se trouvait l'hôpital. Un touriste australien lui a offert une bouteille d'eau et lui a indiqué le chemin. Incapable de faire tout ce chemin à pied, Sophie a demandé à un Balinais de la conduire à l'hôpital en moto, ce qu'il a fait.

L'entrée de l'hôpital était encombrée d'ambulances et de camions. Il y avait plusieurs douzaines de blessés dans chaque véhicule ; certains étaient morts ou inconscients. La salle d'urgence était bondée. Il y avait des lits et des blessés partout. « C'était horrible » se souvient Sophie. Ne pouvant envisager de rester là, elle décida de tenter sa chance ailleurs. Elle est remontée sur la moto et a demandé à son conducteur de l'emmener à l'aéroport, se disant qu'il y aurait peut-être là un poste de premiers soins. Sur la route de l'aéroport, il y avait une petite clinique, mais comme elle ne semblait pas assez bien équipée ils ont passé leur chemin pour aboutir finalement à la clinique médicale d'un organisme d'aide humanitaire.

La clinique comptait entre quinze et vingt lits, or ils étaient tous occupés. Les patients dont les blessures étaient jugées moins sérieuses devaient rester debout ou s'étendre sur le sol. Après avoir douché Sophie en eau froide, le personnel infirmier de l'endroit l'a fait conduire en ambulance à un autre hôpital. Il s'agissait en fait d'une maternité. Il n'y avait pas de chirurgien sur place. Là, on banda ses plaies et on lui donna de la morphine, ce qui était loin d'être suffisant. Sophie devait se rendre de toute urgence dans un vrai hôpital.

Vers 7 heures du matin, Syslo franchissait la porte de la maternité. Quand elle l'a aperçu, Sophie s'est écriée : « Jeff, tu es vivant ! » Après l'attentat, Syslo était retourné à l'hôtel. Là, un anesthésiste allemand lui avait dit que ses blessures étaient graves et qu'il devait consulter un médecin immédiatement. Les deux premiers hôpitaux où il était allé l'avaient refusé parce qu'ils étaient débordés. La maternité où se trouvait son amoureuse était le troisième endroit qu'il visitait. « C'est ma femme ! » s'était-il exclamé en la voyant. (Depuis ce jour, Jeff et Sophie disent toujours qu'ils sont mari et femme.)

Ce samedi-là, à 20 h 45, les parents de Sophie Sureau finissaient de souper avec leur fille Christine, son mari et leurs trois enfants quand le téléphone a sonné. L'homme au bout du fil dit qu'il travaillait au ministère des Affaires étrangères et il demanda à Réal Sureau s'il était le père de Sophie. Ce dernier répondit par l'affirmative. L'homme lui demanda alors s'il savait que Sophie était à Bali. Monsieur Sureau répondit que oui. L'homme du Ministère demanda ensuite à Sureau s'il était au courant de ce qui s'était passé à Bali et s'il savait que sa fille avait été blessée. Abasourdi par la nouvelle, Réal Sureau a allumé son téléviseur pour voir de quoi il retournait. Le téléphone des Sureau sonnera à nouveau à 2 heures du matin. Cette fois, Syslo et Berthelot étaient à l'autre bout du fil. Ils annoncèrent aux parents de Sophie qu'ils se trouvaient présentement avec elle et que, bien qu'elle ait subi des blessures graves, sa vie n'était pas en danger. Elle était dans la salle d'urgence d'un hôpital et attendait qu'un médecin l'examine. « On était horrifiés d'apprendre que notre fille avait été blessée dans un attentat terroriste, de dire Réal, par contre, on était heureux de savoir qu'elle était vivante et que ses amis s'occupaient d'elle. »

Syslo rappellera les Sureau à 3 h 30 du matin. Sophie parlera cette fois à ses parents pour les rassurer et leur faire savoir qu'elle se portait bien. En vérité, Sophie Sureau ne se portait pas bien du tout. Elle se trouvait dans un état critique et avait un urgent besoin de soins adéquats. L'ambulance aérienne était la seule façon de la conduire en vitesse à un hôpital convenable, or les opérateurs demandaient 20 000 $ pour leurs services – la somme était payable d'avance. Par bonheur, un ami de Sophie qui travaillait à la banque HSBC de Sao Paulo est parvenu à lui avancer l'argent. Le lundi matin suivant l'attentat, la somme fut transférée à Bali et Sophie fut évacuée vers Singapour à bord d'un vétuste avion militaire sud-africain. Il y avait une autre civière à côté d'elle, mais les brûlures de la personne qui l'occupait étaient si graves que Sophie n'aurait su dire s'il s'agissait d'un homme ou d'une femme – il était même probable que cette personne ait perdu ses deux jambes. Jeff tiendra la main de sa petite amie tout le long du trajet. Son visage était si enflé qu'il avait peine à respirer.

Le rapport que rédigera le médecin de l'hôpital général de Singapour offre un compte rendu extrêmement précis des blessures de Sophie Sureau : « brûlures dermiques profondes » au bras gauche, à l'avant-bras gauche, à la main gauche, au bras droit et au pied droit ; « brûlures dermiques moyennes » au dos, au visage et aux cuisses ; « pourcentage total de la surface brûlée : 23 p. 100. » De plus, l'explosion lui avait occasionné une perte auditive légère – « perforation tympanique bilatérale et inflammation du canal auditif externe gauche » disait le rapport. Sophie souffrait en outre de « stress post-traumatique et de dépression ». Un psychiatre lui a prescrit du Prozac (30 mg), du Prothiaden (75 mg), du valproate de sodium (Epilim Chrono, 500 mg) et de l'Atarax (trois doses par jour : 10 mg, 10 mg, 50 mg). Pour couronner le tout, ses molaires droites et ses incisives étaient ébréchées.

Les parents de Sureau décidèrent alors que l'un d'eux devait se rendre à Singapour. Réal encouragea son épouse à faire le voyage, mais celle-ci se disait trop émotive et préférait que ce soit lui qui parte. Berthelot alla chercher Réal Sureau à l'aéroport de Singapour et le conduisit tout droit à l'hôpital. Une fois sur les lieux, Réal voulut embrasser sa fille, mais celle-ci était presque complètement enveloppée de pansements. Il embrassa donc l'un de ses orteils gauches, seule partie de son anatomie qui n'était pas bandée. « Ça m'a fait tout un choc de la voir comme ça, raconte son père, mais au moins elle était vivante. Et elle souriait, comme d'habitude. On aurait dit qu'elle était pleine d'assurance. » En retournant à l'hôpital le lendemain, Réal vit que sa fille était contrariée. Elle avait bien sûr hâte de sortir de là et de recommencer à travailler, mais il y avait pire : non seulement sa compagnie d'assurances refusait-elle de régler sa note d'hôpital,

mais le gouvernement canadien refusait lui aussi d'assumer la responsabilité de ses frais médicaux sous prétexte qu'elle travaillait
au Brésil depuis trois ans.

Sophie Sureau fut hospitalisée à l'hôpital général de Singapour pendant 35 jours. Durant son séjour, elle subira plusieurs
opérations au cours desquelles les chirurgiens prélèveront des
lambeaux de peau de sa cuisse pour les greffer aux endroits où elle
avait été brûlée. Son père retournera bientôt à Montréal pour y
tenir une conférence de presse en collaboration avec la Croix-
Rouge du Canada, afin de récolter des dons pour que Sophie puisse
rentrer au pays. Le Canada n'hésite pas à accorder des prestations
d'aide sociale aux terroristes qui viennent s'installer ici ou à financer leurs sociétés-écrans, cependant il préfère abandonner à son
sort une citoyenne qui a été victime de terrorisme à l'étranger
plutôt que de payer pour son rapatriement. Fort heureusement,
l'appel public lancé par Réal Sureau remplira son office : confronté
à l'indignation générale et honteux de sa propre position, le gouvernement fédéral a dû accepter de couvrir les frais d'hôpital et de
transport de Sophie Sureau. Jugée apte à voyager par le docteur
Lennard Chan du département de pyrotraumatologie et de chi-
rurgie plastique de l'hôpital général de Singapour, Sophie a pris
l'avion pour Montréal via Toronto. À son arrivée, elle fut admise
au Centre des grands brûlés de l'Hôtel-Dieu. Lorsque je la rencontrerai pour la première fois quelque neuf mois plus tard, elle devait
encore se prêter à des séances de physiothérapie cinq jours par
semaine, à raison de trois à quatre heures par jour.

« Je ne comprends toujours pas comment des gens peuvent
faire une chose pareille, m'a-t-elle confié. Je comprends qu'on
puisse vouloir tuer quelqu'un qui a tué toute votre famille, mais
tuer comme ça des centaines d'innocents… » Les terroristes ne
s'en étaient évidemment pas pris à elle personnellement. Ils
ciblaient les boîtes de nuit parce que, selon eux, ce sont des
endroits où règnent le mal et la dépravation ; tous ceux qui les
fréquentent sont des infidèles et, de ce fait, méritent de mourir.
Un fabricant de bombes indonésien du nom d'Ali Imron résu-
mait la chose ainsi : « Peu importe que ce soit des Australiens,
des Américains ou des Allemands, ce qui compte pour nous c'est
que ce sont tous des Blancs. »

« Il me semble que ça va à l'encontre de la nature humaine de vouloir exterminer des gens comme ça pour la simple raison qu'ils sont différents, de dire Jeff Syslo. C'est comme Hitler et les Juifs. C'est complètement dingue ce genre de truc. Franchement, ça me dépasse. »

Sophie Sureau ne sait pas ce qu'elle dirait aux auteurs de l'attentat si elle se retrouvait face à face avec eux – ce qui est une éventualité vu que certains d'entre eux ont été arrêtés depuis l'incident du Sari Club. « Je ne pense pas que j'aurais quoi que ce soit à leur dire. Pourquoi perdre sa salive avec des gens qui se sont fait complètement laver le cerveau ? Peut-être que je leur demanderais s'ils ont un cœur, s'ils ont la moindre parcelle d'humanité en eux. Est-ce qu'ils savent au moins qu'il y a d'autres choses à faire dans la vie que de tuer des gens ? »

Si Sophie avait voulu transmettre un message à un membre de l'organisation terroriste responsable de l'attentat qui avait failli lui coûter la vie, elle n'aurait pas eu à aller bien loin. Elle aurait pu rencontrer l'un de ses hommes dans son propre pays.

En face de l'école secondaire Holy Cross, un drapeau canadien pendouille au sommet d'un mât de métal. Les étudiants qui sont assis sur le trottoir en face du bâtiment portent l'uniforme – pantalon gris et chemise blanche. Un écriteau au-dessus de l'entrée principale arbore la devise suivante : *Spes Unica*. J'accoste une étudiante dont la longue chevelure châtaine est ramassée en une queue de cheval et je lui demande ce que cela veut dire. Elle hèle un groupe d'amies et leur demande : « Hé ! Qu'est-ce que ça veut dire ? » Ses copines haussent les épaules, puis la jeune étudiante à la queue de cheval se tourne à nouveau vers moi. « Aucune idée » me dit-elle. En fait, *spes unica* veut dire « unique espoir », comme dans « Dieu est l'unique espoir de salut de l'humanité. »

À quelques rues de là, Abdullah Jabarah est assis dans le garage de la maison de banlieue de ses parents. Deux de ses amis sont affalés sur un vieux sofa et mangent du McDonald's – leur repas du midi. Abdullah ne semble pas intéressé à me parler. Je lui montre une copie d'un rapport du FBI dans lequel il est écrit que son petit frère, Mohammed Jabarah, est un terroriste d'Al Qaeda.

« J'ai pas le temps de le lire, fait-il. Dites-moi seulement ce que ça dit. »

« Ça dit que ton frère a tout avoué. »

« Brûle-le ! » de lancer un des garçons sur le sofa.

Abdullah ne bronche pas d'une miette.

« Ils leur donnent des drogues qui leur font dire n'importe quoi. Vous avez vu ce qu'ils ont fait en Irak et en Afghanistan ? »

Sur ce, il me somme de m'en aller. « Tu t'en es tiré à bon compte » me lance un des garçons tandis que je descends l'entrée de garage.

Les Jabarah ont quitté le Koweït pour s'établir au Canada en 1994, soit trois ans après que les troupes américaines et alliées eurent libéré ce riche pays producteur de pétrole que Saddam Hussein avait envahi et pillé. « Après la guerre du Golfe, me racontait Mansour Jabarah, la région était toujours très dangereuse. Moi, je voulais vivre en paix, vivre convenablement, et je voulais que mes enfants aient une bonne éducation. » Jabarah trouvera la quiétude et le mode de vie qu'il recherchait à St. Catharines, en Ontario. C'est là que, dans une coquette maison de deux étages située sur une petite rue tranquille, Mansour, sa femme et leurs quatre enfants commenceront leur nouvelle vie. Le père sera nommé vice-président de la Société islamique de St. Catharines ; ses garçons s'impliqueront dans les activités de la mosquée locale, un édifice en pierres de taille comportant deux minarets et qui était situé juste à côté d'une station d'essence Sunoco. « Dieu seul tu vénéreras » disait une enseigne à l'entrée.

Hormis le fait que Mohammed était un musulman très pratiquant, rien ne distinguait les fils de Mansour Jabarah des autres étudiants de l'école secondaire Holy Cross. « Mohammed était un garçon particulièrement religieux, de dire son père. Il ne buvait pas et ne sortait pas avec les filles. » Sur sa photo d'album de finissants, Mohammed Jabarah arbore une fine moustache. Il ne sourit pas. Hussein Hamdani, un ami de la famille qui travaille lui aussi à la Société islamique de St. Catharines, décrit Mohammed en ces termes : « C'était un garçon poli, un gentleman. Il venait souvent nous donner un coup de main à la mosquée… Je suis sûr qu'il est innocent. »

Mohammed Jabarah avait l'habitude de passer ses étés au Koweït, où son père avait toujours un commerce. C'est lors d'un de ces séjours qu'un ami d'enfance lui a présenté Sulaiman Abu Gaith, un islamiste pur et dur qui enseignait la religion au secondaire. Abu Gaith a montré au jeune Mohammed des vidéos de propagande réalisés par Al Qaeda durant la guerre en Tchétchénie et il lui a parlé d'Abdullah Azam, l'un des fondateurs de la philosophie radicale islamiste. Quand Jabarah est retourné au Canada, il était déjà vendu à la cause du Jihad. Il faut dire que pour un jeune musulman, la voie de l'islam radical comporte des attraits. De un, elle l'invite à se détourner de la complexité de l'Occident, de ses désirs matériels et de sa quête incessante de pouvoir pour se tourner vers un monde d'une plus grande simplicité. Dans l'univers de l'islam, le fidèle est investi d'une mission noble et précise : défendre l'islam ainsi que l'ont fait les musulmans des générations passées.

De retour dans le sud de l'Ontario, Jabarah a commencé à lever des fonds pour les combattants islamiques de Tchétchénie. L'argent récolté était envoyé à Abu Gaith. En juin 2000, soit immédiatement après avoir terminé ses études secondaires, Mohammed Jabarah s'envolait à nouveau pour Koweït City. Mais cette fois, il ne retournerait pas au Canada à la fin de l'été. Au dire de son père, Mohammed voulait revenir pour s'inscrire à l'université, mais il avait eu quelques problèmes avec le département des admissions. Son fils se disait par ailleurs très déçu du fait que l'institution qu'il désirait fréquenter n'offrait pas le programme d'études islamiques en anglais. En vérité, le fils de Mansour Jabarah n'avait qu'une idée en tête : suivre son mentor en Afghanistan. Abu Gaith se joindra aux troupes de bin Laden en 2001 et deviendra le principal porte-parole d'Al Qaeda. Il était avec bin Laden lors des attaques du 11 septembre. Un mois après cette date fatidique, dans un communiqué enregistré sur vidéocassette, Abu Gaith déclarait : « Nous avons fait une bonne action avec les attentats du 11 septembre… Il faut que les Américains sachent que, Dieu le permettant, la tempête d'attaques aériennes ne s'apaisera pas. Autant les Américains veulent-ils vivre, autant la nation islamique compte des milliers de jeunes qui sont prêts à mourir. » Dans le sillage du 11 septembre, Mohammed Jabarah abandonnera ses études et se rendra au Pakistan pour se joindre au Jihad.

Les groupes islamiques radicaux ont recours à des tactiques de recrutement extrêmement efficaces. Ils utilisent le pouvoir de la religion pour attirer vers eux les jeunes musulmans et les inciter à la violence. Le gouvernement de Singapour a engagé des psychologues pour étudier le cas de trente et un membres de la Jemaah Islamiyah qui avaient été capturés. Les psychologues ont découvert que toutes ces jeunes recrues avaient été sélectionnées durant un cours de religion, puis qu'elles avaient été endoctrinées progressivement sur une période de dix-huit mois. Les individus choisis pour participer à des attaques terroristes partageaient les mêmes traits de caractère : ils manquaient d'assurance, ne remettaient jamais en cause ce qu'on leur disait, et étaient tous tiraillés par des sentiments de culpabilité et d'isolement. Les chefs religieux abusaient de leur autorité sur ces jeunes afin de leur imposer leurs idées extrémistes. Petit à petit, les recrues étaient amenées à croire que la foi musulmane était menacée et qu'il était de leur devoir de participer à la guerre sainte que l'islam avait déclarée à l'Occident. On leur promettait que s'ils mouraient pour la cause, ils accéderaient au statut de martyrs.

Cette façon de procéder n'est pas unique à Al Qaeda. Même que ce sont là des pratiques courantes dans les milieux terroristes. Selon mon expérience, tous les terroristes de la planète se ressemblent. Ils ont leurs symboles universels – Che Guevara ; la kalachnikov brandie vers le ciel ; etc. Tirer dans les airs est pour eux un geste universel. Et puis il y a le costume : veste de camouflage et passe-montagne en laine, bandana de coton et *kaffiyeh* à carreaux couvrant le visage – non pas pour cacher l'identité du combattant, mais pour le rendre encore plus menaçant. Le culte de l'arme à feu est un autre point commun à tous les terroristes. De plus, pratiquement tous les militants du monde se donnent un nom de guerrier – Sabri al-Banna a adopté celui d'« Abu Nidal », le père de la lutte ; celui d'Abdullah Ocalan est « Apo », qui veut dire « oncle ». Les militants partagent également des valeurs communes : ils obéissent aveuglément à leur chef, que ce soit Velupillai Prabhakaran des Tigres tamouls ou Yasser Arafat ; leur dévouement à la cause relève du fanatisme ; ils considèrent tous que la violence est un outil de changement tout à fait légitime ; et, finalement, les terroristes ont ceci en commun qu'ils ne tiennent aucunement compte de la sécurité des citoyens ordinaires, ce qui est ironique considérant que bon nombre d'entre eux parlent le langage des Droits de l'homme.

Si les guerres terroristes de la planète sont toutes subtilement différentes, chacune se distinguant des autres par certaines caractéristiques, les hommes qui se battent au sein de ces guerres semblent tous faire partie d'une culture unique qui transcende les frontières. Chaque groupe ou mouvement terroriste a ses propres griefs, ses propres raisons de prendre les armes, mais tous se réclament d'une même culture militante universelle. Le paysage et la langue ont beau changer, les militants, eux, demeurent éternellement semblables. Ce guerrier kashmiri que j'ai rencontré au Pakistan ressemblait étrangement aux membres de la Brigade des martyrs d'Al-Aqsa que j'avais vus à Gaza un mois auparavant. On dirait qu'ils appartiennent tous à la même armée rebelle mondiale, qu'ils se servent tous du même manuel d'entraînement.

Brian Jenkins est l'un des plus grands spécialistes en terrorisme au monde. Lors d'un entretien, cet homme qui travaille à titre de consultant pour la Rand Corporation m'a dit : « Au fil des années, il s'est développé une véritable sous-culture terroriste. Les anarchistes, les marxistes et les trotskistes extrémistes d'Europe ont une idéologie bien différente des groupes fondamentalistes religieux du Proche-Orient ou des autres groupes ethniques qui sont actifs dans d'autres parties du monde. Cela dit, il y a toute une panoplie de symboles œcuméniques, que ce soit la kalachnikov brandie dans les airs ou Che Guevara, qui revient systématiquement à travers le répertoire symbolique de ces différents groupes. Bien que chacun de ces groupes se réclame d'une idéologie différente et qu'ils se sont battus pour des causes différentes, les symboles universels qu'ils utilisent sont emblématiques d'une même sous-culture terroriste. En fait, si tous les groupes terroristes du monde décidaient d'adhérer strictement à leurs croyances, il est probable qu'ils s'entre-tueraient tous. Il est certes étrange de penser qu'un islamiste fondamentaliste puisse s'identifier à un marxiste comme Che Guevara, mais d'un autre côté, si on considère la chose en termes d'appartenance à une sous-culture de la violence politique et à l'image que les terroristes ont d'eux-mêmes, on voit alors que tous ces symboles, toutes ces figures héroïques s'équivalent. »

Dans son livre *The True Believer*, publié pour la première fois en 1951, Eric Hoffer écrit que les mouvements de masse regroupent invariablement des individus de même type. Le fanatisme chrétien est en tout point semblable au fanatisme musulman, nationaliste, communiste ou nazi ; indépendamment de la cause ou de l'idéologie, le sentiment demeure le même. « Pour différentes que soient les causes saintes pour lesquelles ils sont prêts à mourir, d'écrire Hoffer, ces gens meurent en définitive pour une seule et même chose. » S'il y a peu d'études sociologiques portant sur les caractéristiques de la personnalité militante, celles qui ont été réalisées jusqu'ici ont pu déterminer que la majorité des militants sont des hommes qui ont entre dix-huit et vingt-cinq ans ; que, hormis quelques exceptions, ils ne sont ni fous, ni suicidaires, ni psychopathes ; et que ce sont des hommes d'action qui ont le goût du risque et de l'aventure. Vous aurez sans doute remarqué que ce sont là des caractéristiques qui s'appliquent également aux individus qui commettent des crimes violents. Le terroriste puise dans la violence extrémiste un sens à sa vie. L'idéologie extrémiste lui permet de transposer son insatisfaction, son mal-être personnel dans un contexte plus large et de l'orienter vers un ennemi concret et précis.

Le degré de scolarité des extrémistes varie beaucoup. Certains d'entre eux sont des universitaires alors que d'autres sont de simples ouvriers sans instruction – les « révolutionnaires niais » auxquels Percy Wyndham Lewis fait référence. Al Qaeda confie ses missions les plus dévastatrices non pas aux petits paysans pakistanais qu'il recrute dans les *madrassas* (écoles coraniques), mais à des gens éduqués, à des professionnels qui parlent plusieurs langues. Ces hommes ne sont pas des pauvres qui se sont joints à une organisation terroriste pour sortir de leur misère : ce sont des fanatiques religieux qui utilisent le terrorisme pour nous imposer leur vision démentielle du monde. Le fait qu'une idéologie puisse manipuler ainsi jusqu'aux gens les plus éduqués nous donne une idée de sa puissance.

Les premières études portant sur le profil psychologique du militant partaient de l'hypothèse que les comportements agressifs du terroriste sont motivés par un sentiment de frustration – c'est d'ailleurs ce que prétendent encore aujourd'hui les défenseurs des terroristes kamikazes palestiniens et des Arabes partisans d'Osama bin Laden. Les spécialistes ont toutefois avancé de nouvelles théories à ce sujet au cours des dernières années. Paul Wilkinson de l'université de St. Andrews en Écosse soutient que les terroristes vivent au sein d'une sous-culture qui leur est propre et qui sous-entend un mode de vie basé sur la haine et le fanatisme. Une étude réalisée en 1999 par le département de recherche de la bibliothèque du Congrès des États-Unis en arrivait aux conclusions suivantes : « Les terroristes sont généralement des individus qui éprouvent un sentiment d'aliénation face à la société et qui se considèrent eux-mêmes comme des victimes d'injustice. Bon nombre d'entre eux sont des marginaux. Ils sont fidèles à leur cause politique ou religieuse et ne perçoivent pas leurs gestes de violence comme des actes criminels. La loyauté est très importante pour eux, aussi puniront-ils un membre qui s'est montré déloyal encore plus sévèrement qu'un ennemi. Habiles, rusés et entreprenants, ils sont également animés d'une grande cruauté. Pour être acceptée au sein d'un groupe terroriste, la nouvelle recrue doit perpétrer un vol à main armée ou un meurtre. Ces individus ne connaissent pas la peur et ils sont incapables de ressentir le moindre sentiment de pitié ou de remords. » En dépit de ces généralisations, l'étude en vient à conclure qu'il « ne semble pas exister de personnalité type du terroriste – c'est du moins ce que s'entendent à dire les politologues, les sociologues et les psychologues spécialisés en terrorisme. On retrouve au sein de la communauté terroriste des personnalités aussi diverses que dans n'importe quelle profession légitime. »

Jenkins regroupe les militants en trois catégories : les « croyants extrémistes » sont des idéologues dont l'engagement repose sur un système de croyances très strict qui les pousse à agir pour le bien de la cause ; les « combattants » sont des partisans recrutés et endoctrinés par les croyants ; la troisième catégorie est composée de bandits et de truands en quête d'émotions fortes.

Les militants de différentes allégeances se ressemblent aussi parce qu'ils ont appris à collaborer entre eux. Ce sont des agents de l'Armée républicaine irlandaise qui ont enseigné aux rebelles colombiens à fabriquer des bombes. De même, certains membres du FLQ (Front de libération du Québec) avaient été formés au Proche-Orient dans les camps d'entraînement de l'Organisation de libération de la Palestine.

L'existence d'une sous-culture rebelle avait peut-être un sens dans les années 1970, époque où les militants du monde entier partageaient un but commun qui était de faire campagne pour la révolution socialiste – un idéal qui s'éteindra avec les premiers frissons de la Guerre froide. À l'exception de l'extrémisme islamique dont se réclament tous les militants qui, de la Tchétchénie aux Balkans, œuvrent en marge du monde musulman, on peut dire que le militantisme dans son ensemble ne s'insère plus dans un cadre global. Même l'islam, qui était jadis une idéologie unificatrice, est aujourd'hui devenu un prétexte dont les leaders de groupes militants se servent à des fins d'incitation et de recrutement.

L'homme qui ratisse les écoles religieuses du Pakistan en quête de nouvelles recrues pour Al Qaeda a fait la connaissance de Mohammed Jabarah à Peshawar. D'emblée, il était clair que le jeune homme serait un excellent élément pour l'organisation. Parce qu'il avait un passeport canadien et parlait l'anglais, Jabarah pouvait voyager librement à travers le monde sans éveiller les soupçons, ce qui était un atout de taille. Jeune et inexpérimenté, il serait par ailleurs très facile à endoctriner. « Il a grandi au Canada et n'était encore jamais allé en Asie » disait son père. Comme des milliers de recrues d'Al Qaeda avant lui, Jabarah franchira la frontière pakistanaise pour se rendre en Afghanistan et rejoindre son frère Abdulrahman qui s'était lui-même joint au Jihad.

Les nouvelles recrues d'Al Qaeda se font toujours attribuer un nom de code, ce qui fait partie du processus d'endoctrinement. Celui de Mohammed Jabarah était « Sammy ». Les deux frères s'entraîneront ensemble au camp Sheik Shaheed Abu Yahya, situé au nord de Kaboul. Mohammed était particulièrement doué dans le maniement d'armes. Pour parachever leur formation, les frères Jabarah passeront deux semaines au front à se battre contre les rebelles de l'Alliance du Nord. Mohammed voulait aller en Tchétchénie pour faire le Jihad aux côtés de l'ami koweïtien qui lui avait présenté Abu Gaith, cependant son souhait ne se réalisera pas puisqu'il sera appelé à faire partie de la garde personnelle d'Osama bin Laden. Dans l'exercice de ses fonctions, le jeune Canadien rencontrera bin Laden lui-même, ainsi que deux des pirates de l'air qui, quelques semaines plus tard, allaient participer aux attentats du 11 septembre. Osama bin Laden incitera son jeune disciple à combattre tous les infidèles de la terre, particulièrement les Juifs et les Américains. Mohammed insistera sur le fait que son passeport canadien était sans tache. Voyant en Jabarah un agent potentiel, bin Laden l'enverra rencontrer Khalid Sheik Mohammed.

Avec sa barbe noire et fournie, ses lunettes volumineuses et sa silhouette rondelette, Khalid n'a pas le profil d'un martyr. L'austérité de l'islam radical n'était décidément pas au goût de cet ingénieur koweïtien éduqué en Caroline du Nord. Coureur de jupons notoire, Khalid a joué les séducteurs dans les bars et sur les plages du monde entier. La revue *Times* l'a même surnommé « l'agent 007 d'Al Qaeda ». Le nom de Khalid Mohammed figurait depuis belle lurette sur la liste des criminels les plus recherchés du FBI ; la prime de 25 millions de dollars américains offerte pour sa capture témoignait du rang très élevé qu'il occupait dans la hiérarchie du terrorisme international. Khalid fut personnellement impliqué dans presque tous les plus gros attentats d'Al Qaeda, de l'attaque sur le World Trade Center à New York en 1993 au meurtre de Daniel Pearl, le reporter du *Wall Street Journal* qui fut froidement assassiné au Pakistan. Khalid est considéré comme le principal architecte des attentats du 11 septembre.

Khalid attirera l'attention des agences de renseignement pour la première fois avec l'attentat au camion piégé de février 1993 visant le World Trade Center. Les pistes que suivront les enquêteurs chargés de trouver les auteurs du complot les mèneront à Ramzi Youssef, le neveu de Khalid. Lorsque les agents eurent retracé Khalid, il était déjà trop tard : celui-ci s'était enfui aux

Philippines avec son neveu. De Manille, les deux hommes conspireront pour assassiner le pape, mais à cette époque Khalid travaillait surtout au projet Bojinka (ce qui signifie « bang » en croate), un plan ambitieux qui consistait à poser des bombes sur une douzaine d'avions de ligne américains pour les faire exploser simultanément au-dessus de Pacifique ; au même moment, il ferait s'écraser un avion sur les quartiers généraux de la CIA. Fort heureusement, un incendie s'est déclaré dans l'appartement où étaient fabriquées les bombes et les terroristes furent démasqués. Khalid échappera de nouveau aux autorités en se réfugiant en Afghanistan.

De sa nouvelle base d'opérations à Kandahar, Khalid a fait appel à son réseau international de terroristes pour l'aider à planifier les attentats à la bombe de 1998 contre les ambassades du Kenya et de Tanzanie, ainsi que celui de 2000 où il fit sauter le navire *USS Cole* dans le port d'Aden au Yémen. Il reprendra éventuellement l'un des scénarios du projet Bojinka et projettera de détourner un avion pour le faire s'écraser sur un bâtiment. Une équipe de pirates de l'air fut constituée, puis l'attaque fut minutieusement planifiée. Khalid enverra des dizaines de milliers de dollars à ses pirates de l'air et rencontrera au moins une fois leur chef, Mohammed Atta.

Dans une entrevue diffusée sur la chaîne de télévision arabe Al-Jazeera, Khalid se vantera de ses exploits du 11 septembre. « Nous avions un gros surplus de frères qui étaient prêts à mourir et à devenir des martyrs » disait-il. Quand l'intervieweur lui a fait remarquer que bien des gens le considéraient comme un terroriste, Khalid a répliqué : « Ils ont raison. Le terrorisme est notre métier. » Son collègue Ramzi bin al-Shibh a ajouté : « Si le terrorisme consiste à semer la terreur dans le cœur de nos ennemis et des ennemis d'Allah, alors nous Le remercions, lui le Clément, le Miséricordieux, pour avoir fait de nous des terroristes. »

Mohammed Sheik Khalid avait également planifié des attaques complémentaires à celles du 11 septembre. En août 2001, il rencontrait Mohammed Jabarah à Karachi pour lui confier la somme de 10 000 $US afin qu'il puisse organiser des attentats visant des ambassades occidentales dans le Sud-Est asiatique. Plus précisément, le plan consistait à faire sauter les ambassades américaine et israélienne à Manille à l'aide de camions bourrés d'explosifs. Il s'agissait d'une opération conjointe : Al Qaeda veillerait au financement et fournirait les conducteurs kamikazes ; Jemaah Islamiyah se procurerait les explosifs et se chargerait de la planification. Selon un rapport secret du FBI, Jabarah aurait « avisé les autres individus impliqués dans l'affaire qu'il était en charge du financement de l'opération ».

À Karachi, Jabarah suivra un entraînement intensif de deux semaines au cours duquel il apprendra à mener à bien une mission en milieu urbain. Il apprendra en outre des techniques de sécurité opérationnelle qui lui permettront d'éviter d'éveiller les soupçons en voyage, dans la vie de tous les jours et durant la phase de planification d'un attentat. Jabarah sera éventuellement présenté à Hambali (Riduan Isamuddin de son vrai nom), un membre d'Al Qaeda qui était également chef des opérations pour Jemaah Islamiyah. Lors de cette rencontre qui eut lieu à Karachi dans l'appartement de l'une des quatre épouses d'Hambali, celui-ci a demandé à Jabarah d'entrer en communication avec Mahmoud (alias Faiz Bafana) et Saad (alias Fathur Rahman Al Ghozi), ses deux contacts en Malaisie.

« Il faut absolument que tu partes avant mardi » dira Khalid à Jabarah.

Le mardi en question était le 11 septembre.

Le 10 septembre, Jabarah quittait le Pakistan et s'envolait pour Hong Kong. Il se trouvait dans un hôtel de la métropole chinoise lorsque les tours du World Trade Center se sont écroulées. Constatant l'ampleur de la catastrophe à la télévision, il a commencé à se demander s'il était capable de mener à bien la mission qu'on lui avait confiée. Puis il se rappela les paroles de bin Laden : celui-ci ne l'avait-il pas enjoint de lutter contre les infidèles, où qu'ils soient ? En dépit des atrocités qu'il venait de voir, Jabarah jura alors, dans un remarquable élan de ferveur pour la cause, de perpétuer le carnage en mettant son plan à exécution. Après avoir passé trois jours à Hong Kong, il prendra l'avion pour Kuala Lumpur. Dans la capitale malaise, il rencontrera un agent dont le nom de code était Azzam, ainsi que Mahmoud, un expert en bombes qui avait appris son art dans un camp d'Al Qaeda en Afghanistan. Mahmoud référera Jabarah à

Saad, lequel suivait un entraînement poussé avec les rebelles du Front Moro de libération islamique dans les montagnes des Philippines. « Jabarah devait se rendre aux Philippines, or, Mahmoud lui a dit que Saad était l'homme à contacter dans ce pays pour obtenir des explosifs » de préciser le rapport du FBI.

Le 22 septembre, Jabarah l'organisateur et son associé, Ahmed Sahagi, qui serait l'un des kamikazes dans l'attentat, prenaient l'avion pour les Philippines. Une fois arrivés à l'aéroport de Makati, ils se rendirent à l'hôtel Horizon et y prirent une chambre. Saad fit parvenir son numéro de téléphone de Manille à Jabarah par courriel et les deux hommes se sont fixé un rendez-vous. « Quand Saad est arrivé à l'hôtel, dit le rapport du FBI, il a informé Jabarah du fait qu'il ne disposait que de 300 kilos de TNT et qu'il aurait besoin de plus de temps et d'argent pour obtenir le reste. Saad a dit à Jabarah qu'il avait besoin de quatre tonnes d'explosifs. »

Un autre problème venait s'ajouter à celui de l'approvisionnement en explosifs : Saad pensait que l'ambassade américaine à Manille n'était pas une bonne cible parce qu'elle se trouvait en retrait de la route. Jabarah et Saad se rendirent aux abords des ambassades américaine et israélienne pour inspecter les lieux et avoir une idée plus juste de la situation. Saad décida alors qu'il était préférable de retourner en Malaisie pour discuter de la mission avec Mahmoud. Lorsqu'ils se réunirent à Kuala Lumpur, les trois hommes convinrent que les ambassades de Manille n'étaient décidément pas de bonnes cibles. Ils allaient devoir changer leurs plans. Mahmoud conseillera à Jabarah d'aller en éclaireur à Singapour pour filmer des cibles potentielles.

Jabarah suivra le conseil de Mahmoud et se rendra à Singapour. Là, dans le terrain de stationnement d'une marina de la ville, il rencontrera des terroristes locaux pour leur demander quelles étaient les cibles les plus prometteuses de la ville. En plus de l'ambassade des États-Unis et de celle d'Israël, les hommes suggéreront les Hauts-commissariats australien et britannique, ainsi que plusieurs édifices commerciaux occupés par des compagnies américaines. Armé d'une caméra vidéo Sony et déguisé en touriste, Jabarah ira filmer les sites de compagnies telles l'American Club et la American International Assurance. Sur les étiquettes des cassettes vidéo, il avait inscrit : « Visite touristique de Singapour. » Les vidéos seront éventuellement transférées sur CD-ROM et distribuées aux maillons supérieurs de la chaîne hiérarchique. Jabarah louera un appartement à Kuala Lumpur en novembre 2001, cependant il commençait à manquer de fonds et dut contacter Khalid pour qu'il lui envoie de l'argent. Quelques jours plus tard, un agent d'Al Qaeda du nom de Youssef donnait rendez-vous à Jabarah dans un centre commercial de la ville, disant qu'il avait plusieurs enveloppes à lui remettre. Ainsi que le découvrira bientôt Jabarah, les enveloppes contenaient la somme totale de 10 000 $US en billets de 100 $US. Dans les jours suivants, Jabarah recevra deux autres séries d'enveloppes, chacune contenant 10 000 $US.

Comme le TNT était très difficile à obtenir dans la région, la cellule décida plutôt d'employer du nitrate d'ammonium. Six camions seraient utilisés dans l'opération et chacun d'eux contiendrait trois tonnes de nitrate d'ammonium – entre deux et trois tonnes de cet explosif avaient été utilisées dans l'attentat au camion piégé d'Oklahoma City en 1995. « Sammy projetait de faire venir ses hommes à Singapour pour qu'ils montent les bombes dans un entrepôt abandonné, disait un rapport du gouvernement de Singapour. Les camions seraient ensuite conduits aux cibles, puis garés à proximité. Les membres de la cellule locale quitteraient alors le pays pour être remplacés par des kamikazes inconnus. Ces kamikazes, probablement des Arabes, arriveraient à Singapour la veille du jour prévu pour les attaques. »

Au début du mois de décembre, Jabarah rencontrera Hambali et Azzam dans un appartement en Malaisie et leur demandera des nouvelles de son frère qui était toujours en Afghanistan. Jabarah était également curieux de savoir ce qui était arrivé à Mohammed Atef, un chef militaire d'Al Qaeda qui était mort récemment lors d'une attaque aérienne menée par les Américains. Hambali disait qu'Atef aurait voulu que les attentats-suicides qu'ils projetaient en ce moment aient lieu le plus tôt possible. Hambali estimait que les détails des attentats de Singapour prenaient trop de temps à régler, or, il ne voulait plus attendre. Il fallait changer à nouveau de cible. Hambali voulait revenir au plan original qui était d'attaquer Manille. De toute manière, disait-il, les explosifs se trouvaient déjà aux Philippines, ce qui fait que la date de l'attaque pourrait être avancée. Et s'il s'avérait trop risqué ou difficile d'attaquer les ambassades, d'ajouter Hambali, alors ils trouveraient d'autres cibles aux Philippines.

Ce qu'Hambali ignorait, c'était que des vidéos et des notes concernant le complot de Singapour avaient été trouvées en Afghanistan dans les décombres d'un repaire d'Al Qaeda qui avait été bombardé par des avions de guerre américains. Par conséquent, la police était prête à intervenir pour démanteler la cellule de Singapour. Le 9 décembre 2001, le Département de la sécurité interne de Singapour procédait à une première série d'arrestations. Au cours des semaines suivantes, treize membres de la Jemaah Islamiyah seront arrêtés.

Jabarah se trouvait en Malaisie quand il reçut un courriel d'Azzam. Le sujet était : « Problème. » Le message disait que Mahmoud, l'un des contacts de Jabarah en Malaisie, avait été arrêté à Singapour. Or, Mahmoud était au courant de tous les détails du plan dont Jabarah était l'organisateur. Aussitôt qu'il apprendra la nouvelle, Jabarah partira se réfugier dans le sud de la Thaïlande. Hambali viendra le rejoindre dans un hôtel de Bangkok et lui conseillera de quitter la région avant de se faire prendre ; il était trop utile à Al Qaeda pour finir derrière les barreaux. « Si tu te faisais arrêter, lui dit Hambali, ce serait un gros coup à encaisser pour nous. »

Furieux que le complot de Singapour ait échoué, Hambali envisageait déjà d'autres attaques. « Le dernier contact entre Jabarah et Hambali a eu lieu à la mi-janvier 2002, de préciser le rapport du FBI. À cette occasion, Hambali a discuté de la possibilité de lancer d'autres attaques avec son groupe. Il envisageait d'effectuer des attentats à la bombe dans des bars, des cafés et des *boîtes de nuit fréquentées par des Occidentaux* en Thaïlande, en Malaisie, à Singapour, aux Philippines et en *Indonésie*. » (Les italiques sont de moi.)

Jabarah voulait se rendre au Myanmar en autobus, mais il ne put obtenir le visa nécessaire. Il se rendra donc à Chiang Mai, en Thaïlande, et, de là, il prendra l'avion pour Dubai via Bangkok. Utilisant son adresse électronique, honda_civic@yahoo.com, il contactera Khalid et Hambali et leur enverra un article paru dans un journal canadien qui l'identifiait comme l'un des architectes du complot de Singapour. Jabarah disait qu'il avait besoin d'argent pour s'enfuir. L'ayant rejoint à Dubai, son frère Abdulrahman voulait aller en Arabie Saoudite, mais comme il ne pouvait obtenir de visa il se rendit plutôt en Oman, où il fut arrêté en mars 2002. Selon le FBI, Abdulrahman « aidait les agents d'Al Qaeda à franchir la frontière de l'Oman pour se rendre au Yémen ».

Quelques semaines après l'arrestation d'Abdulrahman, la police omanaise contactait le SCRS pour l'informer du fait qu'un autre jeune Canadien avait été appréhendé et qu'il voulait parler aux autorités canadiennes. Il s'agissait de Jabarah. Le jeune homme qui, quelque temps plus tôt, était un fervent jihadiste, devint tout à coup remarquablement coopératif. Au début, le Jihad avait été pour lui une aventure palpitante. Il s'était bien amusé à jouer les agents secrets et les terroristes, mais la récréation était maintenant bel et bien finie. La perspective de se retrouver incarcéré dans une prison omanaise ne l'enchantait guère.

Le gouvernement de l'Oman ne savait trop que faire de Jabarah. Craignant que, au cœur de la controverse entourant Guantanamo Bay, la population ne voie d'un mauvais œil qu'un frère musulman soit livré aux Américains, le gouvernement omanais ne pouvait envisager cette éventualité. Les autorités omanaises décidèrent finalement de confier Jabarah au gouvernement canadien. Il était après tout citoyen canadien, et si le Canada voulait ensuite l'envoyer aux États-Unis, ce serait son problème et non celui de l'Oman. Les agents du Service canadien du renseignement de sécurité rapatrièrent Jabarah à la fin d'avril 2002. C'était un gros coup pour le SCRS. Les agents du Service l'interrogeront pendant une semaine, puis communiqueront les informations divulguées par Jabarah aux Américains ainsi qu'à d'autres agences de renseignement amies. Comme il détenait de précieuses informations au sujet d'Al Qaeda et de ses dirigeants, Jabarah savait que les Américains voudraient s'entretenir avec lui en personne. Aussi est-ce à sa demande que les autorités canadiennes l'enverront aux États-Unis.

En juillet 2002, la presse canadienne publiait une première série d'articles concernant Jabarah et ses activités. Un journal de

Toronto déclara qu'il n'y avait aucune preuve contre lui. Les Canadiens ne s'indignaient pas du traitement qu'on lui faisait subir, continuait l'article, pour la simple raison qu'il était musulman et non «un Jones ou un Bouchard». La Fédération canado-arabe (FCA) et l'Association canadienne des libertés civiles ont fait une conférence de presse dans laquelle ils demandaient au gouvernement de faire enquête. Le président de la FCA, Raja Khouri, disait qu'au lieu d'encourager le transfert de Jabarah aux États-Unis, le Canada aurait dû «lui conseiller de ne pas aller aux États-Unis où, de toute évidence, il vivrait un cauchemar fait de preuves secrètes, de détentions secrètes et d'audiences secrètes».

En dépit de ces avertissements, Jabarah se rendra tout de même aux États-Unis. Je n'ai trouvé aucune information suggérant que son départ était autre que volontaire. Des hauts fonctionnaires canadiens m'ont dit que Jabarah savait fort bien qu'il avait deux choix: il pouvait se taire, auquel cas il serait accusé de terrorisme et risquait l'extradition, voire la prison; ou il pouvait coopérer. Jabarah choisira de parler. Ainsi, l'un des plus dangereux terroristes que le Canada ait produit deviendra l'un des éléments les plus importants de la lutte antiterroriste canadienne.

Les agents du FBI eurent tôt fait de soutirer un précieux secret à leur jeune prisonnier canadien: celui-ci leur révélera la signification des mots de code employés par les cellules d'Al Qaeda dans le Sud-Est asiatique. Le mot «marché» signifiait Malaisie; «soupe» voulait dire Singapour; et «hôtel» était employé pour désigner les Philippines. Le mot secret pour passeport était «livre» et l'Indonésie était appelée le «terminal». Les Américains avaient quant à eux été affublés d'un nom de code particulièrement révélateur: «viande blanche».

Jabarah parlera de Khalid Sheik Mohammed et de ses projets d'attentat à Manille et à Singapour, et il dévoilera tout des plans d'Hambali, lequel projetait de mener plusieurs attaques contre des Occidentaux en Asie du Sud-Est. Selon le rapport d'interrogatoire du FBI, Jabarah racontait ses desseins terroristes avec détachement, comme un étudiant répondant à des questions d'examen. Au sujet des éventuels attentats de Singapour, il dira: «Ça n'aurait pas été très difficile à faire. L'ambassade était située très près de la rue et il n'y avait pas de barrières pour nous empêcher de passer. » Interrogé sur ses projets d'attentat contre l'ambassade américaine à Manille, il répondit : « L'édifice était trop bien gardé ; il aurait fallu l'attaquer par la voie des airs. » Jabarah ne fit aucune mention des vies qui auraient été perdues s'il avait mis ses plans à exécution.

Le 22 août 2002, un rapport faisant état de ces révélations fut distribué à divers services de police et agences de renseignement, ce qui incita plusieurs ambassades à raffermir leurs mesures de sécurité. Cet accroissement du niveau de sécurité ne s'avérera toutefois pas suffisant puisqu'il ne permettra pas d'éviter le pire acte de terrorisme depuis le 11 septembre.

Hambali avait déjà donné l'ordre à son adjoint et bras droit, un dénommé Mukhlas, d'attaquer les endroits fréquentés par les touristes occidentaux en Thaïlande. Pour remplir cette tâche, Mukhlas a recruté ses deux jeunes frères, Ali Imron et Amrozi. Les deux garçons avaient étudié dans une école islamique du sud de la Malaisie qui était dirigée par Abu Bakar Bashir. Leader spirituel de la Jemaah Islamiyah, Bashir avait fui l'Indonésie durant le règne de Suharto. Ayant lui-même fréquenté cette école, Hambali n'a pas hésité à demander à d'anciens étudiants de compléter la mission que Jabarah avait ébauchée. « Il est navrant de constater qu'avant la tragédie de Bali, les services de renseignement américains avaient averti leurs confrères de l'Asie du Sud-Est de l'éventualité de cette menace spécifique, de dire Rohan Gunaratna, spécialiste en terrorisme et auteur du livre *Al Qaeda : Au cœur du premier réseau terroriste mondial*. Le problème est que les services de sécurité et de renseignement du Sud-Est asiatique n'ont pas été capables de développer les contacts ou les capacités de terrain nécessaires à la détection et à l'enraiement d'une attaque terroriste. »

Après avoir fait sauter le pub irlandais Paddy's, les terroristes ont garé une fourgonnette remplie d'explosifs à l'extérieur du Sari Club. Plus de deux cents personnes ont perdu la vie dans l'explosion, dont Mervin Popadynec, un ingénieur pétrolier de Wynyard en Saskatchewan, et Rick Gleason, un conseiller financier de Vancouver qui était également un grand voyageur et un aventurier. Hambali fut capturé en août 2003. Amrozi sera lui aussi arrêté et jugé par un tribunal de Bali. Bien que ses avocats aient prétendu qu'il était plein de remords, Amrozi ne semblait pas regretter son geste le moins du monde. La presse le surnommera « le terroriste souriant » du fait que, tout au long de son procès, il arborera toujours un large sourire. Les journalistes qui sont allés le visiter en prison disent qu'il chantait sans arrêt la chanson suivante : « Il faut continuer la sainte lutte, se débarrasser des sionistes et des sales chrétiens. Dieu est grand, et c'est pour Lui que je chante. » Amrozi sera éventuellement reconnu coupable et condamné à mort.

Les autorités canadiennes pensent que Mohammed Jabarah a conclu un marché avec le département américain de la Justice. Le père de celui-ci continue de soutenir que son fils n'a jamais été informé à l'avance de quelque complot terroriste que ce soit et que les allégations dirigées contre lui sont mensongères. « Non ! de s'exclamer Mansour Jabarah, tout ça est complètement faux ! Mohammed ne s'est jamais trouvé dans une situation où il aurait pu avoir accès à ce genre d'information. Tout ce qu'il désire, c'est de revenir au Canada pour poursuivre ses études en médecine. C'est un très bon garçon. »

L'aspect le plus terrifiant de toute cette affaire est sans doute que, bien qu'il ait grandi au Canada, Mohammed Jabarah ne s'en est pas moins fait endoctriner par des islamistes fondamentalistes. Mais compte tenu de l'enseignement dispensé au Canada par les leaders islamiques radicaux, il ne faut pas s'étonner du fait que des jeunes musulmans canadiens veulent se joindre au Jihad. Après la capture de Mohammed, les frères Jabarah sont restés sur la voie du Jihad. Quand Abdulrahman a quitté son frère à Dubai, il s'est rendu en Arabie Saoudite. Maintenant que la guerre était terminée en Irak, Al Qaeda cherchait à regrouper ses effectifs dans ses bastions historiques, aussi Abdulrahman s'est-il joint à une cellule de Riyad qui était occupée à planifier des attaques sur des cibles occidentales. Le 6 mai 2003, ayant eu vent du complot et désireuses de montrer qu'elles étaient capables de lutter contre les terroristes, les autorités saoudiennes firent une razzia sur un « repaire terroriste » de Riyad et trouvèrent une importante cache d'armes contenant des AK-47, quatre douzaines de grenades, 2 500 cartouches et près de 400 kilos d'explosifs. Les occupants du repaire réussiront à s'enfuir lors de la fusillade, néanmoins la police saoudienne parviendra à identifier les dix-neuf hommes et lancera un avis de recherche. Le suspect numéro 18 sur la liste de la police était nul autre qu'Abdulrahman Jabarah, citoyen canadien.

Une semaine plus tard, toujours à Riyad, des complexes résidentiels habités par des Occidentaux devenaient la cible de terroristes armés et plusieurs attentats à la voiture piégée firent trembler la ville. Trente-neuf personnes perdirent la vie lors des attaques. Le prince héritier saoudien Abdullah bin Abdulaziz a qualifié les auteurs de ces attentats de « bêtes sauvages » avant d'ajouter : « La nation saoudienne entière, et non seulement ses vaillantes forces de sécurité, n'hésitera pas à confronter ces meurtriers. » La police saoudienne a alors amorcé une chasse à l'homme visant les responsables des attentats. Le 3 juillet, à 5 heures du matin, les policiers mettaient le grappin sur l'homme qui avait orchestré les attentats de Riyad, Turki Nasser Mishaal Aldandany, l'un des meilleurs agents d'Al Qaeda. Après les attentats, Aldandany et quatre de ses complices s'étaient réfugiés dans le nord du pays, plus précisément dans la province d'Al Jouf. Après avoir évacué les maisons voisines, les forces de sécurité ont encerclé la demeure où se cachaient les cinq terroristes et leur ont demandé de se rendre séance tenante. L'un d'eux a obtempéré mais les autres, armés de mitraillettes et de grenades, ont ouvert le feu sur les policiers. Les forces de l'ordre ont riposté et les quatre hommes furent tués. Abdulrahman Jabarah se trouvait parmi eux.

En mars 2003, Sophie Sureau regardait la télévision dans son appartement à Montréal quand soudain, toutes les chaînes ont commencé à diffuser des reportages en direct de l'invasion en Irak. Ces images de guerre lui rappelaient ce qu'elle avait vécu à Bali et l'ont mise en état de panique. « Elle pleurait et tremblait comme une feuille » raconte Jeff Syslo, son petit ami. Le cœur de la jeune femme battait la chamade. Elle disait qu'il y avait des hommes embusqués derrière la porte de son appartement, des hommes qui pointaient leurs armes dans sa direction, cherchant à la tuer. En regardant par la fenêtre, elle crut voir des tireurs qui, postés dans un immeuble voisin, la tenaient dans leur ligne de tir.

Syslo a lui aussi vécu des moments d'angoisse semblables. Un jour où il se rendait à l'Île-des-Sœurs en autobus, il vit un passager qui serrait un sac à dos contre sa poitrine et il s'est mis à paniquer. Y avait-il une bombe dans le sac ? L'attitude de l'homme lui paraissait si bizarre qu'il dut descendre avant son arrêt et faire le reste du trajet à pied.

Il est normal que des personnes qui ont connu une expérience traumatisante vivent de tels moments de peur irrationnelle. Mais d'un autre côté, qui pourrait affirmer que leurs angoisses ne sont pas fondées ? Sir William Stephenson, qui était chef des services secrets britanniques durant la Deuxième Guerre mondiale, a déjà dit : « L'ennemi n'est plus à votre porte, mais dans votre maison, embusqué dans chaque pièce. » Il faisait alors référence à la menace de la Guerre froide soviétique, néanmoins, quelque deux décennies plus tard, ses paroles pourraient tout aussi bien s'appliquer à la menace terroriste que nous vivons aujourd'hui. Les terroristes qui veulent tuer d'innocentes victimes comme Sophie Bureau vivent parmi nous. Et c'est parmi nous qu'ils conspirent notre mort à tous, dans le dernier grand frisson de leur terreur froide.

Conclusion

Voilà maintenant une vingtaine d'années que les terroristes défient l'autorité du Canada. Après que les mouvements de « libération » sikhs et arméniens eurent ouvert la voie, des organisations tels les Tigres tamouls, Al Qaeda et autres groupes terroristes du Proche-Orient sont venus s'établir ici pour planifier en toute tranquillité leurs terribles actes de violence.

Malheureusement, notre pays ne leur opposera qu'une très faible résistance.

Les terroristes ont vite compris que le Canada était pour eux le tremplin idéal, une base à partir de laquelle ils allaient pouvoir disséminer leur terreur dans le monde entier. Ces meurtriers ont su utiliser à leur avantage les brèches que l'indifférence du public et la négligence de nos politiciens ont ménagées dans l'armure de notre sécurité nationale.

Le gouvernement canadien a failli sur plusieurs points. D'abord, son système d'immigration était tel que même les terroristes les plus notoires n'avaient pas à craindre d'être déportés. Puis, ses lois n'ont pu empêcher les organismes de bienfaisance et organisations ethniques qui finançaient la terreur de poursuivre leurs activités. Si le gouvernement canadien avait eu le courage de prendre position contre les terroristes, notre pays ne serait pas devenu la proie des radicaux, des extrémistes et des fondamentalistes de ce monde.

Nos politiciens ont échoué sur toute la ligne. Ils ont assisté à des soirées-bénéfice organisées par des organismes de façade terroristes, sont intervenus en faveur de terroristes qui avaient été capturés à l'étranger et ont permis aux extrémistes d'avoir accès au processus décisionnel. La politique officielle du Canada en matière de terrorisme n'est en fait qu'une stratégie de relations publiques visant à empêcher les Américains d'imposer des mesures de sécurité frontalières qui entraveraient les échanges commerciaux entre nos deux nations. Bref, notre gouvernement nie catégoriquement l'existence du problème.

Demandez aux gens des services canadiens de renseignement pourquoi le problème du terrorisme au Canada n'est pas encore résolu et ils vous donneront presque toujours la même réponse : « C'est à cause de la politique. » Les agences de renseignement et les forces policières canadiennes sont, dans l'ensemble, relativement compétentes, toutefois les quelques victoires qu'elles ont remportées dans la lutte contre le terrorisme n'ont pas été acquises grâce à nos politiciens, mais malgré eux. Le SCRS et la GRC ont fait du bon boulot en surveillant de près les activités des groupes terroristes au Canada, mais ils n'ont rien pu faire pour les arrêter parce que le gouvernement a toujours systématiquement refusé de leur fournir les outils nécessaires pour mener à bien cette mission.

Au cours des prochaines décennies, le Canada se devra de développer une « culture de la sécurité ». Or, ce changement ne pourra s'opérer sans une évolution radicale des mentalités et des politiques canadiennes. Depuis le 11 septembre 2001, le gouvernement fédéral s'est engagé sur la bonne voie en augmentant de 8 milliards le budget de ses agences de renseignement et en votant la Loi antiterroriste. À son accession au pouvoir le 12 décembre 2003, Paul Martin a élevé le niveau de sécurité au sein du gouvernement, ceci dans l'espoir de rétablir les relations entre le Canada et les États-Unis. En plus d'annoncer la réfection du ministère de la Sécurité publique et de la Protection civile, le premier ministre a mis sur pied un comité du Cabinet sur la sécurité, la santé publique et les mesures d'urgence. Il a également créé le poste de conseiller à la sécurité nationale auprès du premier ministre au sein du Bureau du Conseil privé.

Ces mesures suffiront-elles à faire du Canada un allié responsable dans la guerre contre le terrorisme ? C'est ce que nous verrons. Le défi est de taille considérant que les groupes terroristes internationaux sont désormais très solidement implantés au Canada. Une chose est certaine, c'est que la menace terroriste ne disparaîtra pas d'elle-même. De tous les groupes terroristes à avoir émergé au cours des cinquante dernières années, les fondamentalistes islamiques radicaux sont de loin les plus dangereux. La silhouette tronquée de Manhattan, ce cratère béant où, avant le 11 septembre 2001, s'élevaient les tours majestueuses du World Trade Center, sont les preuves criantes de cet état de choses.

L'islamisme radical tel que pratiqué par des groupes comme Al Qaeda est inquiétant parce qu'il prêche une violence sans limites. Aux yeux de ceux qui ont été endoctrinés, le terrorisme est plus qu'un outil stratégique : c'est un moyen d'accomplir la volonté de Dieu. C'est d'ailleurs pourquoi les actes terroristes semblent souvent démesurés en relation avec la cause qu'ils prétendent défendre. Imaginez la catastrophe si ces gens mettaient la main sur des armes chimiques, biologiques ou nucléaires !

Mais l'islamisme radical est également inquiétant du fait que ses adeptes sont dotés d'une patience et d'une rancune sans bornes. La haine qui motive leurs actions est nourrie par des griefs et des différends vieux de plusieurs siècles. Leur but ultime, l'imposition de la loi islamique dans le monde entier, est un objectif à long terme. « La vraie bataille n'est pas encore commencée » déclarait Ayman Al Zawahri, le bras droit de bin Laden, dans un message diffusé sur la chaîne de télévision Al Jazeera deux ans jour pour jour après les attaques sur le World Trade Center.

Les islamistes radicaux sont prêts à attendre que les choses se tassent pour frapper à nouveau. Patiemment, ils attendent que les embêtantes mesures de sécurité imposées depuis le 11 septembre soient abandonnées parce que jugées superflues et que la population canadienne fasse pression auprès du gouvernement pour que la Loi antiterroriste soit abrogée. Les terroristes ont probablement raison de miser là-dessus puisque le 18 décembre 2004, soit trois ans après son adoption, la Loi antiterroriste fera l'objet d'une « révision exhaustive », un processus réglementaire auquel doit se soumettre toute nouvelle législation. Or, plusieurs groupes de pression exigent déjà l'assouplissement, voire l'abolition de cette loi. À moins qu'elles ne soient prolongées par une résolution de l'Assemblée parlementaire, les dispositions concernant l'arrestation préventive et l'audience d'enquête expireront en 2006.

En octobre 2003, le Comité sénatorial permanent de la Sécurité nationale et de la Défense déposait un rapport qui disait :

« Jamais le Canada n'a connu menace physique et économique aussi palpable ; pourtant, au même moment, les Canadiens se montrent plus optimistes que jamais quant à leur qualité de vie. » Dans le discours qu'il a prononcé lors du deuxième anniversaire des attentats du 11 septembre, Jean Chrétien déclarait : « Nous nous souvenons de la solidarité que nous avons ressentie à l'égard de notre plus proche ami et partenaire : les États-Unis d'Amérique. » Pour Al Qaeda, la guerre ne faisait que commencer, alors que pour Jean Chrétien la solidarité issue du 11 septembre était déjà chose du passé. De toute manière, Chrétien n'a jamais fait quoi que ce soit pour montrer qu'il saisissait l'ampleur de la menace terroriste. Son successeur, Paul Martin, ne semble pas comprendre lui non plus la nature de ce danger qui menace la nation. Lorsqu'il était ministre des Finances, Martin a coupé de façon radicale les budgets de l'armée et des services de renseignement canadiens. Depuis qu'il est premier ministre, il évite tout débat concernant les politiques de contre-terrorisme de son gouvernement en traitant ses détracteurs de racistes.

Peu après les événements du 11 septembre, le caucus libéral se réunira et élaborera une nouvelle stratégie de contre-terrorisme qui se proposait de mettre un terme à la violence en attaquant le mal à la racine. Or, dans l'esprit de nos dirigeants, la racine du mal était la pauvreté. En d'autres mots, le plan des libéraux était de combattre Al Qaeda à coup d'aide humanitaire. Le 22 septembre 2003, Chrétien exposait sa théorie devant l'Assemblée générale des Nations Unies. « Pour combattre le terrorisme, disait-il, il faut réduire l'écart croissant entre riches et pauvres. La sécurité et la stabilité globale dépendent aujourd'hui d'une plus grande équité. » Le problème, c'est que le fanatisme islamiste n'a rien à voir avec l'argent ou la pauvreté. Osama bin Laden n'est pas pauvre puisqu'il vaut environ 300 millions de dollars. Il aurait pu aider les plus démunis de ses compatriotes avec cet argent, mais il a préféré l'utiliser pour financer le Jihad. Les pirates de l'air du 11 septembre étaient tous des professionnels et des universitaires appartenant à la classe moyenne. Ce n'est pas le manque d'argent ou l'indigence qui les a poussés à commettre ces actes horribles, mais la haine qui est à la base de l'idéologie tordue de l'islamisme radical.

Non, décidément, ce n'est pas la pauvreté – ou, ainsi que le suggérait Jean Chrétien, l'arrogance et la cupidité occidentale – qui est à l'origine du terrorisme islamique. Si celui-ci existe, c'est parce qu'une bande de fanatiques veut convaincre tous les musulmans de la terre que l'islam est la seule véritable religion, et qu'il est de leur devoir de conquérir le monde et d'imposer leurs croyances par la force. Dans une déclaration enregistrée sur vidéo, le terroriste londonien et leader spirituel musulman Sheik Abu Hamza comparait les non-musulmans à des vaches. «Vous pouvez les tuer, ce n'est pas grave» disait-il. Contrairement à ce qu'ils prétendent, ces gens-là ne cherchent pas à prodiguer une aide humanitaire, à changer la politique extérieure des États-Unis ou à favoriser une plus grande tolérance à l'égard de leurs croyances. Ce sont des fanatiques religieux, point à la ligne. Plutôt que d'essayer de raisonner avec eux, nous devons nous employer à démanteler leurs réseaux au Canada en instaurant des mesures de sécurité adéquates et en fournissant à notre police et à nos services de renseignement les capacités d'intervention qui s'imposent ; ces efforts en sol canadien doivent être jumelés à une stratégie militaire visant l'élimination des bastions terroristes à l'étranger. Malheureusement, tant que le gouvernement n'aura pas compris et accepté que les terroristes nous ont déclaré la guerre, qu'ils s'attaquent à nos valeurs, à notre mode de vie et à notre société même, ces mesures ne pourront être mises en place.

Bien que la lutte contre le terrorisme ait fait du tort aux artisans de la terreur, ceux-ci sont loin d'avoir capitulé. Aujourd'hui, à l'ère de la mondialisation et des progrès technologiques, les terroristes n'ont plus à circonscrire leurs opérations dans un seul pays comme ils l'avaient fait en Afghanistan : ayant appris à exploiter les démocraties libérales de la planète, ils peuvent maintenant faire du recrutement, s'entraîner et élaborer leurs complots en plein cœur de l'Occident. Dans ce nouveau climat global, les nations les plus ouvertes et les moins sensibles à la menace terroriste deviendront leurs asiles de prédilection. Confrontés au perpétuel épanouissement de la suprématie américaine, les terroristes deviendront, par contrecoup, de plus en plus amers face à l'Amérique et à sa vision du monde. Il est certain que, dans un proche avenir, les terroristes s'inventeront de nouvelles causes pour nourrir leur fanatisme.

Mais faut-il vraiment s'étonner du fait qu'il y ait tant de terroristes au Canada ? Fidèle à ses politiques altruistes, le Canada s'est toujours fait fort d'accueillir les immigrants et les réfugiés du monde entier, et particulièrement ceux qui sont issus de zones de conflit. Pour certains, le Canada est un asile légitime, mais pour d'autres il s'agit d'une planque où échafauder quelque plan meurtrier. Un rapport de la GRC qui porte en partie sur le recrutement terroriste au sein des communautés ethniques du Canada note que 17 p. 100 de la population canadienne est d'origine étrangère, contre 9 p. 100 aux États-Unis, ce qui fait que « le Canada est plus vulnérable à ces tendances que d'autres nations développées ». Eu égard à la nature opportuniste des organisations terroristes, il n'est pas étonnant que leurs agents cherchent à exploiter au maximum les faiblesses des sociétés occidentales. Sachant cela, il est difficile de comprendre pourquoi le Canada refuse toujours de se montrer plus ferme en matière de contre-terrorisme. Un pays comme le Canada, qui est une destination de choix pour les immigrants du monde entier, devrait logiquement se doter de politiques antiterroristes extrêmement sévères et ne devrait afficher aucune tolérance envers les terroristes, si ce n'est que pour protéger cette vaste majorité de Canadiens qui désire vivre en paix. Au lieu de cela, le gouvernement fédéral qualifie ces mesures de fastidieuses et agit comme s'il n'y avait pas matière à s'inquiéter.

Il est vrai que le contre-terrorisme a ses détracteurs. Pour certains, toute mesure en ce sens représente une atteinte aux droits et libertés, néanmoins il est impératif que le Canada délibère au sujet l'équilibre à atteindre entre sécurité nationale et liberté civile. Si le débat est abordé avec justice et équité, il est certain que la notion de sécurité l'emportera sur les mensonges, les exagérations et, dans certains cas, la naïveté des groupes d'intérêts qui s'opposent aux mesures antiterroristes. La fonction première de l'État n'est-elle pas de protéger ses citoyens ? Cette violence aveugle qui caractérise le terrorisme est absolument indéfendable, surtout lorsqu'elle est dirigée contre des citoyens ordinaires.

La complaisance du gouvernement et du public était peut-être compréhensible avant l'attentat d'Air India, à une époque où la Guerre froide était la principale préoccupation des services de sécurité de l'Occident – ce qui n'est plus le cas. Les erreurs et les lacunes qui ont permis à une bande de militants sikhs de la Colombie-Britannique de commettre pareil acte de terreur n'ont toujours pas été rectifiées, si bien qu'elles jouent maintenant en faveur des Tigres tamouls, du Hezbollah et d'Al Qaeda. À ce jour, le gouvernement canadien continue d'ignorer cette menace, ce qui constitue une faute impardonnable. Mais si nos décideurs fédéraux n'ont tiré aucune leçon des hécatombes du passé, c'est peut-être qu'ils ont leurs raisons. Le Canada a toujours fait preuve de bonté et de tolérance à l'endroit des terroristes. Cette attitude s'est originellement manifestée lorsque l'auteur du premier attentat majeur perpétré en sol canadien fut qualifié de victime, et non d'assassin, et elle subsistait toujours dans le discours de Jean Chrétien aux Nations unies lorsqu'il suggéra que l'aide humanitaire pouvait aider à combattre le terrorisme. Cette attitude est peut-être typiquement canadienne, mais elle n'en est pas moins une erreur. Une erreur mortelle.

Références

INTRODUCTION

L'étude d'immigration à laquelle je fais référence est :
Glyn Custred, *North American Borders, Why They Matter*, Washington DC, Center for Immigration Studies, mai 2003.

Les documents officiels cités sont :

Comité spécial du Sénat sur la sécurité et les services de renseignement, *The Report of the Special Senate Committee on Security and Intelligence* (William M. Kelly, président), janvier 1999.

Service canadien du renseignement de sécurité (SCRS), *Submission to the Special Committee of the Senate on Security and Intelligence*, rapport déposé le 24 juin 1998 par le directeur du SCRS, Ward Elcock.

SCRS, *Counter Terrorism Presentation to Solicitor General Wayne Easter*, 22 novembre 2002 (classifié « top secret »).

SCRS, *Bin Laden's November 2002 Statement : What Does it Mean ?* Rapport sommaire IB 2002-3/15, 14 novembre 2002 (classifié « secret »).

Bureau du Conseil privé, *Memorandum for the Prime Minister : Contacts of Ministers with Groups or Individuals Who May Have Undesirable Connections*, 23 mai 2000 (secret – à l'intention du gouvernement canadien seulement).

GRC (Section d'analyse de l'extrémisme criminel), *Chronology of Criminal Extremist Incidents from 1989*. Annexe 3, Projet (nom censuré) 1998, dossier 92-CI-874, 5 février 1999 (secret – à l'intention de la GRC seulement).

Le Canada contre Mohamed Harkat, « Résumé de la déposition conformément à la section 78 (h) de la Loi sur l'immigration et de la Loi sur la protection des réfugiés », FCC (Commission fédérale des télécommunications), dossier DES-4-02, décembre 2002 (non classifié).

Le Canada contre Adil Charkaoui, « Résumé de la déposition conformément à la section 78 (h) de la Loi sur l'immigration et de la Loi sur la protection des réfugiés », FCC, dossier DES-3-03, mai 2003 (non classifié). Preuves complémentaires, 17 juillet et 14 août 2003.

Al Qaida: Terrorist Group Profiler, SCRS, septembre 2001 (non classifié – pour usage officiel seulement). Ce rapport contient le démenti suivant: « Le profilage des groupes terroristes est effectué à partir de sources diverses. L'information contenue ici n'a pas nécessairement été authentifiée ou approuvée par le SCRS et est destinée à usage officiel seulement. » Le SCRS refuserait de distribuer un rapport contenant des renseignements qu'il n'a pas approuvés.

GRC (Direction des renseignements criminels), *Strategic Assessment of the Nature and Extent of Organized Crime in Canada*, 30 avril 2003 (protégé B).

Je me suis également basé sur:
John Mintz, « Detainees at Base in Cuba Yield Little Valuable Information », *Washington Post*, 29 octobre 2002.

Pour une vision humoristique du problème terroriste canadien, lire: *Waging War from Canada: Why Canada is the Perfect Base for Organizing, Supporting, and Conducting International Insurgency*, de Mike Pearson (Port Townsend, WA, Loompanics Unlimited, 2001).

Jack Granastein et David Statford, «The Terrorist Threat», dans *Spy Wars: Espionage and Canada from Gouzenko to Glasnost,* (Toronto, Key Porter Books, 1990). Ce livre expose certains des problèmes reliés au terrorisme auxquels le Canada a été confronté jusqu'à la fin des années 1980.

CHAPITRE 1
Le discours de Bagri a été traduit par la GRC et déposé comme preuve à la Cour suprême de la Colombie-Britannique dans le procès de l'affaire Air India. Les avocats de Bagri ont remis en cause certaines portions de la traduction et ont minimisé l'importance des propos avancés par Bagri dans son discours.

Bagri décrit son affiliation avec les Babbar Khalsa dans *Affidavit of Ajaib Singh Bagri,* SC, dossier CC010287, Cour suprême de la Colombie-Britannique, registre de Vancouver.

L'analyse des activités des Babbar Khalsa au Canada par le SCRS est tirée de: *Le Canada contre Ibqal Singh,* «Résumé de la déposition conformément au paragraphe 40.1 de la Loi sur l'immigration», FCC.

James Littleton, «The Reform of Security Service» dans *Target Nation: Canada and the Western Intelligence Network* (Toronto, Lester & Orpen/CBC, 1986). Ce chapitre relate la création du SCRS.

Anthony Kellet, analyste au ministère de la Défense nationale, décrit les différentes «vagues» de terrorisme au Canada dans le chapitre «Terrorism in Canada 1960-1992» de *Violence in Canada: Sociopolitical Perspectives,* édité par Jeffrey Ian Ross (Oxford University Press, 1995).

Le Mackenzie Institute retrace le développement du terrorisme canadien dans *Other People's Wars: A Review of Overseas Terrorism in Canada,* un rapport de John C. Thompson et Joe Turlej (Toronto, Mackenzie Institute, juin 2003).

Larry Hannant, Camosun College et université de Victoria, *RCMP Innovations in Response to Sons of Freedom Doukobor Terrorism in the late 1950s and 1960s* (Conférence de la Canadian Association of Security and Intelligence Studies, Vancouver, 16-18 octobre 2003).

Haig Gharakhanian décrit les opérations de l'ASALA au Canada dans une entrevue avec l'auteur (14 septembre 2003).

Les commentaires du juge au sujet de Gharakhanian sont tirés d'un jugement de la Commission de l'immigration et du statut de réfugié. *Haig Gharakhanian contre le ministre de la Citoyenneté et de l'Immigration*, CISR, dossier T91-02163, 22 janvier 1996.

Les détails de l'affaire impliquant Nicoghas Moumdjian sont tirés de : *Nicoghas Moumdjian contre le Comité de surveillance des activités de renseignement de sécurité, le procureur général du Canada, le ministre de l'Emploi et de l'Immigration et le solliciteur général*, FCC, dossier A-1065-88.

L'enquête de la GRC sur l'affaire Air India est documentée en partie dans : *B.C. v. Bagri and Malik*, « Air India », vol. 1, *Unopposed Exhibits & File Material, Release to Media*, Cour suprême de la Colombie-Britannique, 25 avril 2003.

Le Comité de surveillance des activités de renseignement de sécurité expose les détails de l'enquête du SCRS dans : *CSIS Activities in Regard to the Destruction of Air India Flight 182 on June 23, 1985 : A SIRC Review*, Dossier 2800-5, novembre 1992 (top secret).

Autres documents :

Gouvernement de l'Inde, *Important Sikh Extremists Operation from UK, Canada*. Rapport de la commission Jain, sect. 5.18 à 5.20.

SCRS, *A Historical Perspective on CSIS*, rapport mis à jour le 1er septembre 2001.

SCRS, *The CSIS Mandate,* amendé en août 2001.

CSARS, « Air India », *Rapport annuel du CSARS,* 1991-1992.

Canadian Aviation Bureau Safety Board, *Aviation Occurrence Air India Boeing 747-237B VT-EFO Cork, Ireland 110 Miles West,* 23 juin 1985.

SCRS, *Recent Media Coverage on the Canadian Security Intelligence Service's Activities Prior to the Air India Bombing of 1985,* communiqué de presse, 2 juin 2003.

Je me suis également basé sur les articles et communiqués de presse suivants :

John Kessel, « Chronology of Terror : The Plot to Kill a Turkish Diplomat », *Ottawa Citizen,* 14 juin 1986.

Iain Hunter, « Armenian Terrorist Applies To Stay », *Ottawa Citizen,* 10 mars 1988.

Kim Bolan, « Charges at Last, Air India », *Vancouver Sun,* 28 octobre 2000.

Camille Bains, « Man Argued About Getting Suitcase onto Air India Flights », Canadian Press, 5 mai 2003.

Kim Bolan, « Parmar's Village Remembers », *Vancouver Sun,* 1ᵉʳ avril 2003.

Chapitre 2

Les agences de renseignement canadiennes détiennent une quantité impressionnante de documentation concernant les activités des TLET au Canada. Les documents dont je me suis servi sont :

SCRS (Direction de la recherche, de l'analyse et de la production), *LTTE Front Organizations in Canada,* 1999 (secret).

GRC (Direction des renseignements criminels), *Middle Eastern and Tamil Criminal Extremism*, dossier 98-CID-1342, 20 janvier 2000 (secret).

Metropolitan Toronto Police Tamil Task Force, *Pilot Project, Tamil Organized Crime*, février 1998.

Le Canada contre Muralitharan Nadarajah, « Information dans le but d'obtenir un mandat de perquisition », sergent Fred Bowen de la GRC, 15 septembre 1998.

Manickavasagam Suresh contre le ministre de la Citoyenneté et de l'Immigration et le procureur général du Canada, factum des parties intimées, CSC, dossier 27790, février 2001.

SCRS, *Liberation Tigers of Tamil Eelam*, rapport sommaire issu de sources ouvertes. Information datée « mai 1999 » (non classifié).

GRC (Direction des renseignements criminels), *The Liberation Tigers of Tamil Eelam and its Front Organizations in Canada*, rapport sommaire, vol. 9, n° 5, 2 octobre 2002 (secret).

GRC (Direction des renseignements criminels), *Immigration and Passport Branch Targets and Their Connections to Criminal Activity in Canada and to the LTTE*, rapport sommaire, vol. 9, n° 9, 27 novembre 2002 (secret).

GRC (Direction des renseignements criminels), *The Sri Lankan Peace Process*, rapport sommaire, vol. 9, n° 6, 10 octobre 2002 (confidentiel).

GRC (Direction des renseignements criminels), *Suicide Bombings-Canadian Perspective*, rapport sommaire, vol. 10, n° 3, 18 mars 2003 (protégé A).

GRC (Direction des renseignements criminels), *Connections Between Tamil Criminal Activity in Canada and the LTTE*, vol. 10, n° 9, 25 avril 2003 (secret).

Le rôle des sociétés-écrans des TLET est analysé dans le jugement rendu par la Commission de l'immigration et du statut de réfugié le 19 novembre 2001 dans la cause de Muralitharan Nadarajah, un ancien leader suisse des TLET qui avait été capturé en 1998 alors qu'il vivait au Canada sous un nom d'emprunt.

Sivakumar Thalayasingam décrit sa relation avec le SCRS dans un procès-verbal déposé à la Cour fédérale. Thalayasingam voulait éviter la déportation et prétendait que, parce qu'il avait collaboré avec le SCRS, sa vie serait menacée s'il retournait au Sri Lanka. Le gouvernement décrétera que le SCRS ne lui avait pas promis le statut de réfugié en échange de sa coopération.

Je me suis également référé aux deux articles suivants :

Rohan Gunaratna, « LTTE Fundraisers Still on the Offensive », *Jane's Intelligence Review*, décembre 1997.

Anthony Davis, « Tamil Tigers International », *Jane's Intelligence Review*, octobre 1996.

CHAPITRE 3

La documentation sur Fauzi Ayub provient principalement des transcriptions censurées de son témoignage réalisé à huis clos à la Cour municipale de Tel-Aviv-Yaffo les 18, 25 février et 19 mars 2003.

Je me suis aussi basé sur des entrevues que j'ai réalisées avec des agents haut placés des services canadiens et israéliens, ainsi que sur les documents suivants :

Bureau du premier ministre d'Israël, *ISA Arrests Senior Hezbollah Terrorist*, communiqué aux médias, Jérusalem, 29 octobre 2002.

Solliciteur général du Canada, *Update on Canadian Citizen Detained in Israel*, document d'information, 2 novembre 2002 (secret).

SCRS, *Hezbollah and its Activities in Canada*, rapport 2002-3/17 (secret – à l'intention des autorités canadiennes seulement).

Solliciteur général du Canada, *North Carolina*, document d'information, 28 octobre 2002 (secret).

SCRS (Direction de la lutte contre la prolifération), *Shiite Terrorism*, 14 novembre 2002.

GRC (Direction des renseignements criminels), *Middle Eastern and Tamil Criminal Extremism*, dossier 98-CID-1342, 20 janvier 2000 (secret).

GRC, *Project Sparkplug*, dossier 97-CA-93, préparé pour le directeur des renseignements criminels (protégé A).

Département du Trésor américain, *Holy Land Foundation for Relief and Development, International Emergency Economic Powers Act*, message d'intervention, 5 novembre 2001.

Commission de l'immigration et du statut de réfugié, *Summary of a Detention Review Hearing*, avis de décision dans la révision du jugement d'Omar El Sayed, dossier 0002-99-00124, no d'identification SSOBL 3721-5230, 28 mai 1999.

USA v. Hani Al-Sayegh et al, Tribunal de première instance américain, district de l'Est de la Virginie, division Alexandria.

B'nai Brith Canada contre le procureur général du Canada, le ministre des Affaires étrangères et sa Majesté la Reine, avis de poursuite, division des poursuites judiciaires de la FCC, 26 novembre 2002.

Le procès de Mohamed Hussein Al Husseini est documenté dans le dossier DES-8-93 de la FCC. Les résultats de l'enquête du SCRS sont exposés dans : *Statement Summarizing the Information Pursuant to Paragraph 40.1 (4) (b) of the Immigration Act, 1993*.

Le département de la Justice des États-Unis relate les détails de son enquête sur la cellule du Hezbollah à Charlotte dans *Panel One of a Hearing of the Senate Judiciary Committee, Terrorism Financing*, Washington DC, audience présidée par le sénateur Arlen Specter, 20 novembre 2002.

Les photos de surveillance prises par le SCRS lors de la visite de Said Harb à Vancouver m'ont été données par le département de la Justice des États-Unis.

USA v. Mohammad Youssef Hammoud, sommaire de témoignage rédigé par le SCRS; *USA v. Mohammad Youssef Hammoud*, sommaire de déposition rédigé par le SCRS, 29 avril 2002, Ottawa.

La rencontre entre le premier ministre et le leader du Hezbollah est mentionnée dans *Copies of All Documents Concerning the Presence of Sheik Hassan Nasrallah, the Leader of Hezbollah, at the October 2002 Francophone Summit in Beirut*, ministère des Affaires étrangères, dossier A-2002-00310/jal, 28 janvier 2003.

Pour un article de fond sur Hezbollah et Imad Mugniyah, lire : Jeffrey Goldberg, *In the Party of God* ; *The New Yorker*, 28 octobre 2002.

Pour un aperçu du développement de l'islamisme shiah, se référer à : Bernard Lewis, *The Middle East : A Brief History of the Last 2,000 Years* (New York, Touchstone, 1995).

CHAPITRE 4

Ce chapitre est une adaptation de l'article *The Terrorist Next Door* de Stewart Bell, paru dans *Saturday Night*, 28 avril 2001.

Le procès de Fateh Kamel est décrit de façon exhaustive dans un document rédigé par les enquêteurs français affectés à l'affaire et sous la direction du juge antiterroriste Jean-Louis Bruguière.

La visite du cheik Omar Abdel Rahman au Canada est mentionnée dans un document du CSARS intitulé *Counter-terrorism Study
93-06*, dossier 2800-43, 31 mai 1993 (secret).

Le SITE Institute de Washington DC m'a fourni la transcription
de l'interrogatoire d'Abul-Dahab réalisé par la police égyptienne.
L'interrogatoire a eu lieu les 1, 2 et 3 novembre 1998. L'avocat
d'Abul-Dahab était présent.

Ahmed Ressam n'a pas témoigné lors de son propre procès, par
contre, il racontera son histoire en tant que témoin à charge dans
le procès de son collègue Mokhtar Haouari. Le procès fut présidé par le juge John F. Keenan au Tribunal de première instance
de New York, district Sud. Je me suis basé ici sur ses témoignages des 3 et 5 juillet 2001.

Les liens entre Ahmed Ressam et Samir Ait Mohamed sont exposés dans un procès-verbal réalisé le 8 août 2001 à Seattle par
l'agent Frederick W. Humphries du FBI.

Ce chapitre est également basé sur les documents suivants :

SCRS, *Terrorist Group Profiler, Armed Islamic Group (GIA)*, mai
2003 (non classifié – à l'usage de la police et des services de sécurité seulement).

Ministère de la Défense nationale, *Where Did Bin Laden Come
From ?*, Ottawa, septembre 2001 (confidentiel – à l'intention des
autorités canadiennes seulement).

Ministère de l'Intérieur, France (Unité de coordination de la lutte
antiterroriste), *La formation des volontaires dans les camps d'entraînement du Jihad*, 27 décembre 1996 (confidentiel).

Le Canada contre Mourad Ikhlef, « Fatah Kamel, alias Mustapha »,
annexe G, SCRS, FCC, dossier DES-8-01, 2001 (non classifié).

Le Canada contre Mourad Ikhlef, « Said Atmani (Karim) », annexe F, SCRS, FCC, dossier DES-8-01, 2001 (non classifié).

Le Canada contre Mourad Ikhlef, « Ahmed Ressam », annexe H, SCRS, FCC, dossier DES-8-01, 2001 (non classifié).

Le Canada contre Mohamed Harkat, « Le Groupe islamique armé (GIA) », annexe IV, SCRS, FCC, dossier DES-4-02, décembre 2002 (non classifié).

Abdel Ghani, alias Eduardo Rocha ; New York, district Sud, plainte déposée sous scellé au FBI le 30 décembre 1999. *USA v. Mokhtar Haouari and Abdel Ghani Meskini*, acte d'accusation S1-00-Cr. 15, Tribunal de première instance de New York, district Sud, 19 janvier 2000.

Procureur général, New York, district Sud, communiqué de presse du 19 janvier 2000.

USA v. Ahmed Ressam, factum CR99-666C, Tribunal de première instance de Washington à Seattle, district Ouest, 7 mars 2001.

Les liens entre Mourad Ikhlef et le groupe Ressam sont exposés dans le dossier DES-8-01 de la FCC.

Le complot du groupe Ressam est décrit en détail dans « The Terrorist Within », une série de reportages réalisés par Mike Carter, Hal Bernton, David Heath et James Neff ; *Seattle Times*, 23 juin-7 juillet 2002.

D'autres articles de presse sur lesquels je me suis basé :

Salim Jiwa, « Bin Laden Trainer Was Here », *The Province*, Vancouver, 21 décembre 2001.

Susan Sachs, « Merger Spreads Al-Qaeda Tentacles », *National Post*, 21 novembre 2001.

CHAPITRE 5

Kassem Daher est décrit comme un islamiste extrémiste dans *Le ministre de la Citoyenneté et de l'Immigration et le solliciteur général du Canada contre Mahmoud Jaballah*, transcription de la procédure vol. 3 et 4, division des poursuites judiciaires de la FCC, DES-4-01, 17 et 18 décembre 2001.

Les renseignements concernant les activités commerciales de Kassem Daher au Canada sont tirés d'un rapport que j'ai commandé à *The Search Company* – « Confidential Investigation Intelligence report on : Kassem, Capitol Theatre, Ponoka, Leduc Twin Theatres, Leduc. » Toronto, 15 janvier 2002.

L'arrestation de Daher est décrite dans un article intitulé « Neuf islamistes du maquis de Denniyé capturés dans la Bekaa » ; *L'Orient du Jour* (Beyrouth), 3 février 2000.

Sharq al Awsat (Beyrouth), *Telegrams from Interpol Washington, Canada, Switzerland, Moscow : Canada Acquiring Information about Individuals Tied to Terrorism in N. Lebanon*, 9 octobre 2001.

J'ai parlé pour la première fois de l'affaire Kassem Daher dans les articles suivants : « Lebanon Holds Alberta Men as Terrorists : Allege Links to Bin Laden », et « Canadian and Muslim, but Are They Terrorists ? », *National Post*, 9 février 2002.

CHAPITRE 6

Je me suis référé aux documents officiels suivants :

Le Canada contre Mohamed Harkat, « Ahmed Said Khadr », annexe V, SCRS, FCC, DES-4-02, décembre 2002 (non classifié).

SCRS, *Ahmed Khadr*, 31 juillet 1996 (secret – à l'intention des autorités canadiennes seulement).

Bureau du Conseil privé, *Information on Khadr Family*, 2 septembre 2002 (secret – à l'intention des autorités canadiennes seulement).

Bureau du Conseil privé, *Canadians Detained in Afghanistan*, note de service à Alex Himelfarb, 23 août 2002 (top secret).

Ministère de la Défense nationale, *Briefing Note-Detention in Afghanistan of an Individual Claiming To Be Canadian*, 23 août 2002 (secret).

Bureau du Conseil privé, *Canadians with Al Qaida Links in Detention Abroad*, 20 août 2002 (secret – à l'intention des autorités canadiennes seulement).

Ministère des Affaires étrangères, *Canadians Held in Afghanistan*, communiqué de presse, 5 septembre 2002.

Bureau du Conseil privé, *Factual Information Gathering, Ahmed Khadr Family* (secret, non daté).

Ministère des Affaires étrangères, *Afghanistan, Khadr*, note au dossier, 30 juillet 2002.

Bureau du Conseil privé, *Omar Khadr*, déclaration de presse, 4 septembre 2002.

Le Canada contre Mohamed Harkat, « Background Brief: The Bin Laden Network », annexe I, SCRS, FCC, DES-4-02, décembre 2002 (non classifié).

Mohamed Zeki Mahjoub, FCC, dossier DES-1-00.

Mahmoud Jaballah, FCC, dossier DES-4-01.

Le ministre de la Citoyenneté et de l'Immigration et le solliciteur général du Canada contre Mahmoud Jaballah, transcription de la procédure vol. 3 et 4, division des poursuites judiciaires de la FCC, DES-4-01, 17 et 18 décembre 2001.

Le Canada contre Hassan Almrei, « Background Brief : The Bin Laden Network », annexe A, preuve déposée par le SCRS, division des poursuites judiciaires de la FCC, 2001.

ACDI, *Human Concern International*, note au ministre (secret).

Le HCI contre le ministre de la Coopération internationale et le ministre des Affaires étrangères, division des poursuites judiciaires de la FCC, dossier T-435-99, 9 mars 1999.

Je me suis également référé aux articles de presse suivants :

Isabel Vincent, « The Good Son : Omar Khadr : From Toronto's Suburbs to Bin Laden's Army », *National Post*, 28 décembre 2002.

Tim McGirk, Hannah Block et Massimo Calabresi, « Has Pakistan Tamed Its Spies ? », *Time*, 6 mai 2002.

CBC-TV, *U.S. Most Wanted Man*, 4 mars 2003.

Ottawa Citizen, « Readers Express Views on Afghanistan, Soviet Soldiers », 15 décembre 1986.

Ottawa Citizen, « Canadian Aid Worker Seriously Wounded », 2 mai 1992.

Dave Rogers, « Ahmed Saeed Khadr : Muslim Groups Hope Chrétien Will Intercede », *Ottawa Citizen*, 3 janvier 1996.

Jacquie Miller, « PM to Raise Issue of Canadian Held in Pakistan », *Ottawa Citizen*, 10 janvier 1996.

Autres sources :

Le litige impliquant Ahmed Khadr a fait surface dans un document découvert lors d'une enquête du FBI portant sur Benevolence International Fund, un organisme de secours dont le directeur avait déjà été condamné pour avoir financé le terrorisme.

Jean-Charles Brisard, JCB Consulting, *Terrorism Financing: Roots and Trends of Saudi Terrorism Financing*, rapport préparé pour le président du Conseil de sécurité des Nations unies, New York, 19 décembre 2002.

Steven Emerson, *Inside the Osama Bin Laden Investigation*; *Journal of Counterterrorism and Security International*, automne 1998.

Rohan Gunaratna, *Blowback*; *Jane's Intelligence Journal*, août 2001.

De sa résidence dans l'Utah, le sergent Morris a relaté la fusillade impliquant Omar Khadr au reporter du *National Post* Michael Friscolanti. L'incident fut ensuite rapporté dans « Americans Are Coming. Get Ready to Kill Them », un article paru dans le *National Post* du 21 septembre 2002. Le papier fut rédigé par Stewart Bell et Michael Friscolanti avec des références de Sarah Schmidt et Isabel Vincent.

La description officielle de la bataille est tirée de *Afghanistan Firefight*, un rapport du département de la Défense américain préparé par le major Gary Tallman, Centcom, Public Affairs, 11 septembre 2002.

La journaliste Sarah Schmidt a interviewé madame Speer par courriel pour le compte du *National Post* le 19 septembre 2002.

Paul McGeough du *Sydney Morning Herald*, que j'ai rencontré en Afghanistan, raconte l'offensive de l'Alliance du Nord contre les talibans dans *Manhattan to Baghdad: Dispatches from the War on Terror*. (Crows Nest, NSW, Australie, Allen and Unwin, 2003.)

CHAPITRE 7
Sophie Sureau m'a fourni une copie de son dossier de l'hôpital de Singapour. Je remercie Sophie de même que sa famille pour avoir patiemment répondu à mes questions.

La confession de Mohammed Jabarah est transcrite dans *Information Derived from Mohammed Mansour Jabarah*, un rapport du 21 août 2002 réalisé par le FBI et le département de la Justice américain. J'ai obtenu une copie de ce rapport par le biais d'une source confidentielle. Merci à Jay Solomon du *Wall Street Journal* pour m'avoir lui aussi fait parvenir une copie du document. L'article que j'ai écrit au sujet de la confession de Jabarah est intitulé « Canadian Admits to Role in Hunt for 'White Meat' », *National Post*, 18 janvier 2003.

Je me suis également référé aux documents officiels suivants :

Ministère des Affaires étrangères, *Canadian Linked to Singapore Bomb Plot*, 19 juillet 2002 (protégé A).

Solliciteur général du Canada, *Canadian Citizen Held in U. S Custody in Relation to an Alleged Singapore Bomb Plot*, journal officiel de la Chambre des communes, 29 juillet 2002 (non classifié).

Solliciteur général du Canada, *Jabarah Case : Update*, journal officiel de la Chambre des communes, 1er août 2002 (non classifié).

Ministère des Affaires intérieures de la République de Singapour, *White Paper : The Jemaah Islamiyah Arrests and the Threat of Terrorism*, 7 janvier 2003.

Ambassade royale de l'Arabie Saoudite (Bureau de l'information), *Death of Top Al Qaeda Fugitive*, Washington DC, 3 juillet 2003.

Ambassade royale de l'Arabie Saoudite (Bureau de l'information), *Saudi Arabia Foils Terrorist Plot*, Washington DC, 7 mai 2003.

Lettre de l'Association canadienne des libertés civiles au solliciteur général Lawrence MacAulay, 2 août 2002.

Les livres et articles de presse suivants m'ont également été utiles:

Alex Spillius, *Terrorism*: «A Family Affair for Laughing Bali Bomber», *The Daily Telegraph*, 8 août 2003.

David Case, «Terror in Paradise», *Men's Journal*, janvier 2003.

James Hookway et Jay Solomon, «Sent to the Front: How Al Qaeda Groomed a Youth From Canada To Be a Terrorist», *The Wall Street Journal*, 21 janvier 2003.

Eric Hoffer, *The True Believer: Thoughts on the Nature of Mass Movements* (New York, Harper and Row, 1951).

Robert D. Kaplan, *Soldiers of God: With Islamic Holy Warriors in Afghanistan and Pakistan* (New York, Vintage Departures, 2001).

CONCLUSION

Comité sénatorial permanent de la Sécurité nationale et de la Défense, *Canada's Coastlines: The Longest Under-Defended Borders in the World*, octobre 2003 (Comité présidé par le sénateur Colin Kenny).

GRC (Direction des renseignements criminels), *Strategic Assessment of the Nature and Extent of Organized Crime in Canada*, 30 avril 2003 (protégé B).

Remerciements

Je suis reconnaissant à plusieurs personnes que je ne peux malheureusement pas nommer parce que cela risquerait de mettre leur carrière, voire leur vie en péril. Je mentionnerai simplement qu'il y avait parmi eux des policiers, des agents du renseignement, ainsi que des personnes travaillant à l'immigration et aux affaires étrangères. Ces sources occupaient toute une variété de postes, de la base aux plus hauts échelons de la hiérarchie. Je dois également taire le nom des membres du public qui m'ont informé de ce qui se passait au sein des communautés ethniques les plus hermétiques. Je dois aussi remercier tous les organisateurs, les interprètes, les diplomates, les soldats et les rebelles qui désirent garder l'anonymat et qui m'ont aidé et guidé, souvent au péril de leur vie, lors de mes voyages à l'étranger. Parmi ceux que je peux nommer, il y a Don Loney que je remercie pour son enthousiasme, ses encouragements, et ses suggestions ainsi qu'à l'équipe de Wiley Canada. Merci également à Mark Stevenson, Dianna Symonds, Ken Whyte, Martin Newland, Sarmishta Subramanian et aux éditeurs du *National Post*. Le professeur Martin Rudner de l'école des affaires internationales Norman Paterson de l'université Carleton s'est montré très gentil à mon égard, de même que le professeur Wesley Wark de l'université de Toronto ; ils ont tous deux lu les premiers jets de mon manuscrit et m'ont adressé de précieuses suggestions. Merci à George Jonas, Martin Collacott, David Harris, Lee Lamothe et David Frum, qui ont eux aussi lu mon manuscrit. Je suis également redevable à : Rohan Gunaratna, auteur de *Al Qaeda : Au cœur du premier réseau terroriste mondial* ; à Rita Katz et Josh Devon de l'institut SITE (*Search for International Terrorist Entities*) de Washington D.C. ; et à Steven Emerson qui dirige le *Investigative Project* de Washington D.C. et a écrit *American Jihad*. Merci à Peggy Lumpkin du département de la Justice des États-Unis. Mille mercis à la famille Sureau qui traversait une période éprouvante quand elle m'a gentiment accordé de son temps. Et, pour finir, je tiens à remercier chaleureusement Laura, M., K. et J.

Index

Table des matières

Achevé d'imprimer au Canada
en octobre 2004
sur les presses des Imprimeries Transcontinental Inc.